二十一世纪普通高等教育人才培养"十三五"

ERSHIYI SHIJI PUTONG GAODENG JIAOYU RENCAI PEIYANG SHISANWU XILIE JIAOCAI

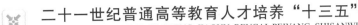

货币金融学

主　编○秦洋　黄滔
副主编○伍雯　刘婧　李倩芸　龙欣

HUOBI JINRONGXUE

西南财经大学出版社
Southwestern University of Finance & Economics Press

中国·成都

图书在版编目(CIP)数据

货币金融学/秦洋,黄滔主编.—成都:西南财经大学出版社,2019.1
(2020.7 重印)
ISBN 978-7-5504-0675-9

Ⅰ.①货…　Ⅱ.①秦…②黄…　Ⅲ.①货币和银行经济学—教材
Ⅳ.①F820

中国版本图书馆 CIP 数据核字(2018)第 294978 号

货币金融学

主　编　秦洋　黄滔

副主编　伍雯　刘婧　李倩芸　龙欣

责任编辑:李晓嵩
责任校对:田园
封面设计:何东琳设计工作室　张姗姗
责任印制:朱曼丽

出版发行	西南财经大学出版社(四川省成都市光华村街 55 号)
网　　址	http://www.bookcj.com
电子邮件	bookcj@foxmail.com
邮政编码	610074
电　　话	028-87353785
照　　排	四川胜翔数码印务设计有限公司
印　　刷	四川五洲彩印有限责任公司
成品尺寸	185mm×260mm
印　　张	13.25
字　　数	303 千字
版　　次	2019 年 1 月第 1 版
印　　次	2020 年 7 月第 2 次印刷
印　　数	2001—4000 册
书　　号	ISBN 978-7-5504-0675-9
定　　价	35.00 元

前言

　　货币金融学作为高等院校经济类专业的核心课程和金融学专业的基础必修课程，其主要任务是使学生对货币金融方面的基本概念、基本理论有较全面的理解和较完整的认识，帮助其掌握观察和分析金融问题的正确方法，培养其辨析金融理论和解决金融实际问题的基本技能，为其今后学习金融学专业知识和理解金融业的基本现象打下良好的基础。

　　本教材力求"厚基础、重理论、宽口径"，在详细介绍金融学基础知识和金融理论的同时，通过设置概念解释、思考题、拓展阅读等栏目，将发展中的金融理论与实践以及大众关心的金融热点整合到教材之中，激发学生的求知欲望，拓展学生的知识面。

　　全书共有十一章，主要结构大致如下：

　　第一章货币与货币制度，是研究货币金融学的前提。在现代经济条件下，货币运行的主要方式是以信用形式出现的，货币经济从某种意义上说也是信用经济，进而引出了第二章信用与信用工具。第二章主要介绍和比较了信用的不同形式。第三章利息与利率，全面介绍了利率体系及利率决定、利率期限结构理论。利率是金融市场上金融工具定价的基础，了解利率后，我们就可以进行金融产品的交易了，进而引出第四章，即金融市场及其构成。第四章主要介绍金融市场的内涵以及传统的股票市场、债券市场等。随着金融市场的发展，出现了大量的衍生工具产品，金融衍生产品的出现不仅丰富了金融市场交易品种，而且由于其交易结构设计的复杂性，还推动了金融产品定价方式及理论的发展。相关内容也一并在第四章进行介绍。

　　在介绍完金融市场和市场上交易的主要金融工具后，全书用了三章介绍金融市场的主要金融机构——商业银行、中央银行和非银行金融机构，即第五章至第七章。这也是货币金融学的重要内容。其中，第五章商业银行经营管理及监管，介绍了金融体系的主体和骨干——商业银行的主要业务和经营管理，并且简单介绍了对银行业的监管要求及现状。第六章中央银行介绍了金融体系的主导和权威——中央银行的产生及主要业务。在金融体系中有很多非银行金融机构，它们和商业银行在业务范围和功能上有着明显的不同。市场中的主要非银行金融机构包括政策性金融机构、投资银行（又称证券公司）、保险公司、信托、投资基金等。在第七章中分别介绍了它们的主要业务和在我国发展的情况。

　　全书的最后四章从宏观经济学的角度审视了金融和货币政策在宏观调控中发挥的作用，包括第八章至第十一章。第八章货币需求主要介绍货币需求理论，回答了"为什么需要货币""需要多少货币"等基础性问题。第九章货币供给，主要介绍货币的供给过程及货币供给模型，回答了"如何投放货币"的问题。而货币供给与货币需求的不均衡导致通货膨胀或通货紧缩，就有了第十章通货膨胀与通货紧缩。为了应对通货膨胀和失业问题，减少经济波动对一国经济的不利影响，国家普遍使用货币政策进行宏观调控。这些问题在第十一章货币政策里进行了探讨。

总体来说，本教材通过探讨货币的相关理论及考察金融市场和金融机构如何运行，来回答货币、信用、银行及金融市场、金融机构和监管、货币政策方面许多令人关注的问题。

本教材是四川大学锦城学院金融学院教师的合作成果。其中刘婧老师负责编写了第一章和第二章，秦洋副教授负责编写了第三章和第八章，李倩芸和伍雯老师分别编写了第四章、第六章和第五章，邱琳妲老师负责编写了第九章，龙欣老师编写了第十章和十一章，黄滔老师编写了第七章并负责全书的统稿工作。在本教材编写过程中，泸州市商业银行的李思捷；四川大学锦城学院的田思琪、丁泓丹、杨星语等在资料收集及文字录入方面提供了帮助。此外，在本教材的出版过程中，西南财经大学出版社的田园编辑给予了热情支持和帮助。对此，我们一并表示衷心的感谢。

本教材可供经济类、管理类专业本科层次的金融学课程教学使用，也可供从事经济、金融管理工作的人员阅读。

由于作者所学有限及时间仓促，且货币金融学是一门仍在发展的学科，书中难免有错漏和不尽如人意之处，敬请读者指正。

秦洋　黄滔

2018 年 11 月于四川大学锦城学院

目录

第一章　货币与货币制度

在现代经济社会中，到处都有货币的身影，货币对经济运行有着重要影响。要理解货币对经济运行产生的重要作用，就必须正确理解什么是货币。通过本章的学习，大家应该掌握货币的含义和基本职能，理解货币形式的演变历史和货币层次划分的依据与方法，了解货币制度演进的过程。

第一节　货币的概念

一、货币的定义

货币与人们的日常社会经济生活息息相关，它在日常生活中可能意味着多样东西，因此想对货币做精准定义非常困难。很多西方经济学家从货币的功能角度来对其进行界定，货币（货币供给）是任何一种被普遍接受的，可以用于购买商品、服务支付行为的，或者偿付债务的物品。[①]

二、货币与类似概念的区别

由货币的定义可知，"货币"一词与人们在日常生活中使用的一些概念，如收入、财富等有明确的区别，为防止出现概念混淆，我们必须明确它们之间的区别。

（一）货币与收入

收入（income）是指在一段时期内新增的收益数额。"一段时间"通常以月或年为单位。收入是一个流量概念，而货币刚好相反，货币是一个存量概念，是指在某一特定时点上的货币总量。比如某人年薪 10 万元，那么工作一年后新增的这 10 万元是他的收入，但当他说现在有 20 万元，那这 20 万元则是他在当下的货币存量。我们还需要指出，人们的收入虽然大多表现为货币形式，但是在当下也存在其他形式的收入，如股份制企业向员工发放的股权。

（二）货币与通货

通货（currency）是指流通中的货币，包括纸币和硬币。人们在日常交谈中提到的货币，大多数时候就是指通货。比如遭遇抢劫时，歹徒持枪恐吓你"要钱还是要命"的时候，你肯定会立刻掏出身上的通货给他以求保命。显然，货币是一个比通货更广的概念。

（三）货币与财富

财富（wealth）是指可以用于价值储藏的各种资产的总和，包括金融资产和实物资产。当我们说某人很有钱时，实际上是说他拥有大量的财富，他可能不仅拥有大量的通货，还可能拥有大量的房产、股票、债券、古董、艺术品等有价资产。货币只是财富的一部分，而不是全部。

---

① FREDERIC MISHKIN. The Economics of Money, Banking and Financial Market ［M］. 6 版. 北京：中国人民大学出版社，2005.

第二节　货币的职能

货币的职能是在商品经济发展中逐渐形成的，马克思把货币的职能概括为价值尺度、流通手段、贮藏手段、支付手段和世界货币五种职能，其中价值尺度和流通手段是货币最基本的职能。

一、价值尺度

价值尺度是指货币是衡量和计算其他一切商品与劳务价值大小的工具。货币在表现商品的价值、衡量商品价值量的大小时就履行了价值尺度的职能。这是货币最基本、最重要的职能。

商品的价值由凝结在其中的社会必要劳动时间决定，而货币则是商品外在价值的尺度。由于商品价值大小不同，其需要表现的货币量就不同。为了比较不同的货币量，就需要确定货币本身的计量单位。作为价值尺度，货币把一切商品的价值表现为同名的量，使它们在质的方面相同、在量的方面可以比较，用一定量的货币单位来衡量和表现商品的价值，就形成了价格。

价值尺度是衡量一种物品是不是货币最重要的标志。在中国，我们用"元"作为标准。一件商品＝1 000 元人民币。这个等式包含的信息是：人民币是货币，价格标准是"元"。一切商品和劳务都必须经由人民币"元"来表现其价值，而其他财富，如房产、股票、古玩等不是货币，不能发挥价值尺度的职能作用。

价值尺度能有效提高商品交换效率，进而推动商品经济的发展。在原始社会的物物交换制下，交换价格的数目为 $C_n^2 = n(n-1)/2$。随着需要交易的商品数量的增加，商品交换价格的数目和次数将变成一个非常惊人的数字。当存在发挥价值尺度职能作用的货币时，交换的过程变得轻松而简单，大大降低了交易成本，提高了交易效率。

货币执行价值尺度职能时，可以是想象中的货币或观念上的货币，因为货币表现商品的价值只是给商品标价，而不是实现价值。比如橱窗中待售的某件商品只需一个表明其价格的价格标签即可，并不需要摆一堆真实的货币在旁边表明其价格。但是，这种观念上的货币必须以现实货币为基础。

货币在执行价值尺度时，具有完全的排他性、独占性。充当价值尺度的货币只能有一种，商品的价值才能得到统一的表现。

二、流通手段

流通手段是指货币在商品流通中充当交换媒介的职能。人们将自己的商品转换成货币，再用货币去换回所需的商品。货币在执行流通手段职能时，必须是现实的货币。作为价值尺度，货币表明商品有没有价值以及有多大价值；作为流通手段，货币则通过货币媒介实现这种价值。

货币出现以前，在物物交易过程中，每种商品的交易个体都需要寻找和自己的需求在时间、空间上完全吻合的交易对象，即满足"需求的双重巧合"才能完成交易，这一过程可能非常漫长。比如一个哲学教授的专长是讲授哲学课程,当他需要食物时,他需要找到一个既能生产食物又想要学习哲学的农夫。显然,这是一个非常困难和费时的事情,很有可能这个哲学教授不得不放弃讲授课程而自己去做农夫,甚至他还有可能被饿死。

货币出现以后,在交易过程中货币发挥着交易媒介的作用,大大降低了商品交易的成本,促进了专业分工,提高了经济效率。以之前那位哲学教授为例,如果在他的世界中出现了货币,他就可以向任何愿意付费的人讲授哲学课程,然后再用赚到的货币去购买食物。这样,他节约了大量交易时间,可以专心从事自己擅长的工作。但也必须指出,这一过程打破了商品直接交换中买卖双方在时间和空间上的统一,使得商品的交易被分解成买和卖两个过程,在提高经济效率的同时也埋下了经济危机的可能性。如果有部分人在卖出商品后不马上去购买其他商品,就会导致另一部分人的商品卖不出去,买卖的脱节孕育了危机的可能性。

三、储藏手段

储藏手段是指货币退出流通领域,被人们当成社会财富的一般代表而持有的职能。

人们在取得收入时,不会将所有收入一次性全部花光,而会根据消费需求分期花费不同数量的货币,使得经常保持一定数量的货币在手中。正如弗里德曼所说,货币是"能够使购买行为从售卖行为中分离出来的购买力的暂栖所"。在人们获得收入与支出之间的这段时间间隔中,货币就是在执行储藏手段职能。

货币并不是唯一的价值储藏手段,任何财富或资产都可以作为价值储藏手段,如债券、珠宝、地产、艺术品等。一般财富作为价值储藏手段,其目的在于保值增值,通过利息、租金、涨价等收益为所有者谋利。相对于其他资产,货币是直接的购买手段,随时可以进入流通。人们之所以喜欢以货币的形式保存价值,其中一个很重要的原因就在于货币是直接的交易媒介。

作为储藏手段的货币不能是想象中或观念上的货币。贮藏金银是货币贮藏的典型形态,因为金银本身有价值。随着现代货币流通的发展,纸币被普遍当成通货使用,而进入银行存储的货币到底执不执行货币的储藏手段职能,这一问题目前学术界存在不同的观点。本书作者认为,虽然纸币不能作为一般财富执行储藏手段职能,但纸币有国家信誉作为保证,具有储蓄手段的职能。纸币作为储蓄手段实质上是人们将价值符号形式的货币代表对社会财富的现期索取权转变为未来财富的索取权。

四、支付手段

支付手段是指在延期支付的情况下,货币作为独立价值形式单方面运动执行的职能。支付手段随着商品交换过程中赊账买卖的出现而产生,比如货币用于清偿债务、租金、工资等。

在经济生活中,"一手交钱一手交货"是货币在发挥流通手段职能。但除了这种交易形式外,还存在大量"一手交钱,另一手没拿到货"或"一手交货,另一手得不到钱"的情况,"另一手"得到的只是延期支付的承诺。在这种情况下,货币不是在充当交易媒介，而是作为一个独立的支付手段存在，货币充当了延期支付或未来支付的工具。

货币执行支付手段职能，是以信用关系为基础的。随着延期支付方式等商业信用的出现，商品让渡与货币支付在时间上分离，使货币作为支付手段的职能扩展到商品流通领域之外，用来支付工资、租金等。由于货币的支付手段职能的存在，当某些商品卖出时，相应的货币并没有真正进入流通，而是在支付日期到来的时候，货币才会从买者手里转到卖者手中。因此，货币执行支付手段的职能会影响货币流通。必须指出，在货币作为支付手段影响货币量的同时，由于许多商品生产者之间形成债权债务关系，形成一系列支付关系链条，如果其中一个环节的人到期不能支付，就会引起连锁反应，导致正常的经济运行秩序混乱。

发挥支付手段职能的货币与发挥流通手段职能的货币，都是处于流通中的现实货币。所谓的"流通中的货币"，实际上就是指发挥支付手段职能和发挥流通手段职能的货币的总和。发挥流通手段职能的货币可用于支付，经过支付后的货币又有可能被再次用于流通，流通中的货币往往交替发挥着这两种职能。

五、世界货币

世界货币是指随着国际贸易的发展，货币在世界市场充当一般等价物的职能。当经济活动不再局限于一国，出现跨国贸易和结算时，货币的价值尺度、流通手段和支付手段也就延伸到了世界范围。

在贵金属货币流通时，足值的金和银起着世界货币的作用，随着金属货币时代的结束，一些币值稳定的经济发达国家的货币在国际经济交往中被普遍接受，代替黄金执行世界货币的职能。但黄金并没有完全退出历史舞台，它有时候仍然被当成国与国之间最后的清偿支付手段、购买手段和社会财富的贮藏与转移形式。

货币的五种职能有机地联系在一起，它们都体现了货币作为一般等价物的本质。[①]在五种职能中，价值尺度和流通手段是货币最基本的两个职能。一般等价物区别于普通商品的两个基本特点是：货币能表现一切商品的价值，具有和一切商品直接交换的能力。正是因为货币能表现一切商品的价值，因此它具有价值尺度职能；正因为货币能与一切商品相交换，因此它具有流通手段职能。只有货币的这两个基本职能进一步发展以后，才会依次出现贮藏手段职能、支付手段职能。世界货币职能是以货币的前四个职能在国内的发展为基础的继续和延伸。

第三节 货币的演变

在商品经济的发展中，货币的形式随着商品经济和信用制度的发展、技术的进步而不断地演变。从其发展历程来看，货币经历实物货币、金属货币、纸币、支票货币、电子货币几个形态，逐步从商品货币演变为信用货币，呈现逐渐去物质化的过程。这

---

① 马克思，恩格斯. 马克思恩格斯全集：第23卷［M］. 北京：人民出版社，1972：163.

些不同形式的货币，在不同时期发挥着货币的各种职能。从整体上看，货币形式的演变可以分成两个阶段：商品货币和信用货币。

一、商品货币

（一）实物货币

实物货币是指作为货币用途的价值和作为非货币用途的价值相等的实物商品，即作为货币价值与作为普通商品的价值相等的货币。实物货币是货币最原始的形式。它是兼具货币和商品双重身份的货币。在人类经济发展史上，各种商品，如贝壳、家畜、米、布等，都曾在不同时期扮演过货币的角色。

实物货币有明显的缺点，主要表现为：第一，许多实物体积笨重，不能分割为较小的单位，携带和运输均极为不便；第二，同种实物质量不一，有些容易腐烂磨损，不适合作为价值标准和用于价值贮藏；第三，实物数量受到自然条件的限制，不能满足日益扩大的交易的需要。实物货币与原始的、落后的生产方式相适应，随着商品生产和商品流通规模的扩大以及商品交换的发展，货币材料逐渐转移到那些适合充当一般等价物的金属身上，出现了金属货币。

（二）金属货币

金属货币是指以金属尤其是贵金属为材质的货币形式。

一般而言，担任货币的物体，必须具备以下几个特征：一是被普遍接受，二是价值稳定，三是便于携带，四是具有耐久性，五是价值统一和可分。金、银等主要金属都具备了这些条件和特征，与实物货币相比，金属货币可以人为制造，更容易控制和评估质量，并且可以实现货币单位的分割。因此，马克思曾说过："金银天然不是货币，但货币天然是金银。"这句话体现了同其他实物货币相比，金属货币更能有效发挥货币的性能。金属货币经历了由称重货币向铸币演变的过程。

1. 称重货币

金属材料充当货币流通的初期，是以金属条块流通的，这带来诸多不变，因为每笔交易都需要称重、鉴定成色，还需要按交易额的大小对金属块进行分割。随着商品生产和交换的发展，一些富裕、有民望的商人在货币金属上打上自己的印记，标明重量和成色，以便于流通。虽然它在交易过程中会造成一定程度的自然磨损和人为磨损，但这种磨损却并不妨碍人们接受它。于是国家便开始有意识地制造与面值不相符的铸币。

2. 铸币

铸币是指由国家铸造，打上印记表明其重量和面值的金属货币。最初的铸币形状多样，后来逐步过渡到圆形，因为圆形不易磨损且便于携带。

虽然贵金属货币具有质地均匀、便于分割、便于携带等优点，但随着商品经济的日益发达，金属货币逐渐暴露出其不足：一是由于流通造成的磨损和人为削刮使铸币的名义价值与实际价值经常背离；二是世界范围内贵金属的数量有限，很难满足商品流通对货币的需要；三是金属货币流通费用较高，无法适应大宗交易的需要。随着商品流通的不断扩张，贵金属货币已不能满足经济发展的需要，逐渐出现了各种代用货币。

二、信用货币

信用货币是指以信用作为保证、以国家权力作为后盾，不以任何贵金属为基础独立执行货币职能的货币。信用货币本身的价值低于货币面值，其作为一种信用凭证，完全依靠政府信用和银行信用在流通领域充当流通手段和支付手段。信用货币是目前世界上几乎所有国家都采用的货币形态。

信用货币的存在形式多样，主要分为通货货币和存款货币两大类。通货是由国家货币当局发行的信用货币，是一国金融体系中流通现金的来源，具有最高的流动性，其基本形态为不兑现纸币。存款货币是商业银行体系以部分准备金为基础进行资产扩张形成的货币，这部分货币由商业银行存款账户进行管理，体现为银行向货币拥有者发放的支票和存折。具体而言，现实中的信用货币包括有实际形式的纸币和支票，基于电子载体的电子货币。

（一）纸币

纸币是指由国家发行并强制流通的价值符号，以纸张为币材印制，具有一定的形状和面值。纸币经历了从兑现纸币向不兑现纸币发展的过程。

1. 兑现纸币

兑现纸币主要指由政府或银行发行，代替金属货币执行流通手段和支付手段的纸质货币。兑现纸币又称代用货币，其代表的是金属货币。因此，纸币在市面上流通需要有十足的金银准备，持有者可以凭兑现纸币自由向发行机构兑现金银。

代用货币代表金属货币在市场流通，与金属货币相比具有避免磨损、携带方便等优点。由于其具有十足的金银准备，可以保证随时兑现，因此具有较好稳定性。但是，对交易者来讲，其关心的不是流通手段本身的价值有无和价值量的大小，而是能否起到交换媒介的作用，因此兑现纸币逐渐被不兑现纸币替代。

2. 不兑现纸币

不兑现纸币是兑现纸币随着商品经济发展的产物，也是目前世界上几乎所有国家都采用的货币形式。20 世纪 20 年代末 30 年代初，世界范围内的经济危机和金融危机爆发，世界主要国家放弃了金本位和银本位，其发行的纸币不能再兑现。

不兑现纸币不再代表任何贵金属，仅以国家信用作为担保。不兑现纸币还包括辅币，即以贱金属铸造的劣金属铸币，其本身包含的金属价值低于其货币价值。世界各国的铸币权都由政府独占。

不兑现纸币在带来方便、促进经济发展的同时，又由于其购买力水平的波动受到批评。纸币也有不足，主要表现在防伪和保管方面。随着信息技术的进步和现代银行体系的发展，支票和电子货币逐渐弥补了纸币的不足。

（二）支票

支票是银行的活期存款客户向银行签发的无条件支付命令书。支票本身只是一种票据，活期存款才是真正的交换媒介或支付手段，因此这种可签发支票的存款通常又称为支票货币或存款货币。

与纸币不一样的是，支票没有政府作为担保，它是在银行信用的基础上产生的。

支票的付款人是银行，比商业票据有更强的信用保证，因此流通范围比较广泛。当支票被存款人用来从银行提取现金时，它只是作为一种普通的信用凭证发挥作用；但当支票被存款人用来向第三者履行支付义务时，其性质发生了变化，从一般的信用凭证变成了信用流通工具，代替货币执行流通手段和支付手段职能。

支票在使用中表现出几个优点：一是便携性，支票使人们无须携带大量通货便可以从事交易；二是便捷性，支票的使用大大提高了支付效率；三是运送便利，在支票流通的基础上产生的非现金结算，即转账结算，不但可以减少因使用现金而遭受损失的风险，而且也减少了支付制度的交易成本，提高经济效率；四是流通性，支票收讫后可以在一定范围内流通。

（三）电子货币

电子科技在金融业的广泛应用，为金融业的业务扩张提供了新的电子化技术手段，催生了电子货币。但电子货币出现的历史较短，其概念并不统一。巴塞尔银行监管委员会认为，电子货币是指"储值"或"预付"类电子支付工具，其中存放着消费者可以使用的资金或币值，通过销售终端、不同电子设备以及在互联网上执行支付功能的储值和预付支付机制。所谓"储值"，是指保存在物理介质中用来支付的价值，这种介质又被称为"电子钱包"，当其储存的价值被使用后，可以通过特定电子设备向其储存价值。所谓"预付"，是指存在特定软件或网络中的一组可以传输并可以用于支付的电子数据，通常被称为"数字现金"。

1. 电子货币的类型

（1）储值卡型电子货币。储值卡型电子货币简称储值卡，一般以磁卡或集成电路卡（IC 卡）形式出现，其发行主体有商业银行、电信部门、商业零售企业、政府机关、学校等。发行主体在预收客户资金后，发行等值储值卡，使储值卡成为独立于银行存款之外的新型"存款账户"。储值卡在消费时以扣减方式支付费用，也就相当于存款账户支付货币。

（2）信用卡应用型电子货币。信用卡应用型电子货币简称信用卡，指商业银行、信用卡公司等发行主体发行的贷记卡或准贷记卡。用户可以在发行主体规定的信用额度内贷款消费，之后在规定时间还款。信用卡的普及使用可以扩大消费信贷，影响货币供给量。

（3）存款利用型电子货币。存款利用型电子货币主要有借记卡、电子支票等，用于对银行存款以电子化方式支取现金、转账结算、划拨资金。该类电子化支付方法的普及使用能减少消费者往返于银行的费用，致使现金需求余额减少，并可以加快货币的流通速度。

（4）现金模拟型电子货币。现金模拟型电子货币主要有两种：一种是基于互联网网络环境使用的且将代表货币价值的二进制数据保存在微机终端硬盘内的电子现金；另一种是将货币价值保存在 IC 卡内并可以脱离银行支付系统流通的电子钱包。该类电子货币具备现金的匿名性、可用于个人间支付、可多次转手等特性，是以代替实体现金为目的而开发的。该类电子货币的扩大使用，能影响通货的发行机制，减少中央银行的铸币税收入，缩减中央银行的资产负债规模等。

2. 电子货币的特征

（1）发行主体多元化。商业银行、电信公司、大型商户和各类俱乐部等都可以成为发行主体，其数量规模基本由市场决定。

（2）货币形态的无纸化。电子货币是一种电子符号或电子指令，不再以实物、贵金属或纸币的形式出现，其存在形式随处理的媒体（磁盘、电磁波或光波、电脉冲）而不断变化。现阶段电子货币的使用通常以借记卡、贷记卡、磁卡和智能卡等为媒体。

（3）技术先进。电子货币采用先进的密码技术、生物统计识别装置、智能卡技术等，并且进行多层加密，提供支付过程的全部安全保障，克服了纸币易伪造、在运输和保存过程中会面临安全问题的缺陷。

（4）货币流通的国际化和网络化。电子货币打破了传统货币在流通上的区域界限。随着经济的国际化和全球化，电子货币逐渐成为未来货币的主要表现形式。

第四节　货币的计量

随着经济的发展，货币的形式日益多样化，除了金银、纸币，还有很多新的金融工具执行着货币的职能，使得货币流通的范围不断扩大。在这种情况下，必须对货币资产进行层次划分，并对货币的供给量进行统计分析，掌握不同层次货币的分布和变化规律以及由此引起的市场总供求和供求结构的变化，为决策者进行宏观金融调控提供决策的参考依据。

一、划分货币层次的依据

货币层次是指根据不同的货币定义和各种信用工具与流动资产不同程度的货币性对货币做的层次分析。一种资产之所以称为货币，是因为人们相信在用它进行支付时别人会普遍接受。这一行为现象促使经济学家根据金融资产的流动性来定义货币，并以此为依据对货币供应量的层次进行划分。

金融资产的流动性是指不同的信用工具在市场上转化为直接支付能力的能力，又称为变现能力。流动性高，即变现能力强；流动性低，即变现能力弱。例如，现金能够直接支付流通，作为购买力很方便；定期存款一般要到后期才能形成市场购买力，转化为购买力不够方便，因此我们就可以说现金比定期存款流动性高。

二、货币层次的划分

根据各种金融工具的流动性对货币供给层次进行划分，已为各国政府和大多数经济学家所接受。各国中央银行用多层次的办法来计算和定期公布货币供应量，再根据本国经济和金融发展变化的实际情况不断加以修正。

（一）货币层次的一般划分

第一层次：狭义货币 $M1 = C + D$

等式中 C（currency）代表通货，D（demand deposits）代表活期存款。这一层次由流通中的货币和可以签发支票的存款构成，可见 M1 代表了现实购买力，是经济周期波动先行指标。

第二层次：广义货币 M2＝M1＋S＋T

等式中 S（saving）代表银行储蓄存款，T（time deposits）代表定期存款。M2 扩大了货币的范围，由现实购买力和潜在购买力构成，但其流动性与 M1 比起来更低，反映社会总需求的变化和通货膨胀的压力。

第三层次：M3＝M2＋Dn

等式中 Dn（non-bank financial institution's deposits）代表非银行金融机构的存款。除了商业银行外，还存在很多能接受储蓄存款和定期存款的机构，如信用合作社、邮政储蓄机构，这些机构的存款除了在流动性上比商业银行的定期存款和储蓄存款差一些之外几乎没有本质区别。

第四层次：M4＝M3＋L

等式中 L 代表银行与非银行金融机构以外的所有短期信用工具，如国库券、承兑票据等，这些金融工具在市场上变现机会很多，具有一定的流动性。

（二）中国货币层次的划分

根据 1994 年的《中国人民银行货币供应量统计和公布暂行办法》的规定，中国人民银行对货币供应层次的划分如下：

M0＝流通中的现金

M1＝M0＋企业活期存款＋机关团体及部队存款＋农村存款＋个人持有的信用卡类存款

M2＝M1＋城乡居民储蓄存款＋企业存款中具有定期性质的存款＋外币存款＋信托类存款＋证券公司客户保证金

M3＝M2＋金融债券＋商业票据＋大额可转让定期存单等

从 1994 年第三季度起，中国人民银行正式推出货币供应量统计监测指标，并按季公布我国的货币供应指标。2001 年 6 月，中国人民银行第一次修订货币供应量指标，将证券公司客户保证金纳入 M2。2002 年年初，中国人民银行第二次修订货币供应量指标，将在中国的外资银行、合资银行、外国银行分行、外资财务公司以及外资企业集团财务公司有关的人民币存款业务纳入 M2。2011 年 10 月，中国人民银行再次对 M2 进行了调整，将住房公积金中心存款和非存款类金融机构在存款类金融机构的存款纳入 M2。

中国的货币层次划分与西方国家主要存在以下两个方面的差别：一是在货币层次的划分上，单独设置了流通中现金 M0 这个指标。我国习惯将 M0 称为流通中的现金，即公众手中的现金和企业的备用金，这部分货币流动性最强，随时可以作为交易媒介。英国编制过 M0，但表示的是基础货币。二是在各层次货币供应量的统计上，虽然原理一样，但统计的内容不完全一样。

（三）各国中央银行货币层次的划分

各国经济发展状况不同，金融工具的种类和创新程度也存在差异，而且各国中央银行对金融调控的重点和技术要求也有差距，因此对货币层次划分的口径并不统一，各国中央银行会根据本国经济金融发展实际情况不断进行修正。

1. 美国联邦储备系统对货币层次的划分

M1＝通货+活期存款+其他支票存款

M2＝M1+小额定期存款+储蓄存款+货币市场存款账户+货币市场基金份额（非机构所有）+隔日回购协议+隔日欧洲美元+合并调整

M3＝M2+大面额定期存款+货币市场基金份额（机构所有）+定期回购协议+定期欧洲美元+合并调整

L＝M3+短期财政部证券+商业票据+储蓄债券+银行承兑票据

2. 英格兰银行对货币层次的划分

M1＝现金+私人部门持有的英镑活期存款

M2＝现金+英国居民（公共及私人部门）持有的英镑存款

M3＝M2+英国居民持有的各种外币存款

3. 国际货币基金组织对货币层次的划分

M0＝现金

M1＝M0+活期存款（私人活期存款、邮政汇划、企业活期存款）

M2＝M1+储蓄存款+定期存款+政府债券

第五节　货币制度

货币制度简称币制，是一个国家以法律形式确定的该国货币流通准则和规范。货币制度是随着商品经济的发展逐步形成和完善的，典型的货币制度包括规定本位货币和辅币的材料，货币单位，货币的铸造、发行和流通程序，准备制度。

一、货币制度的构成要素

（一）货币材料

货币材料是指规一国的货币用哪种材料制成。不同的货币材料形成不同的货币制度。例如，以白银作为币材，就是银本位制；以黄金作为币材，就是金本位制；以黄金和白银同时作为币材，就是金银复本位制；以纸张印制的货币，就是纸币本位制。货币材料虽然表现为国家规定，但实际上要受到客观经济发展的限制。

（二）货币单位

货币单位是指货币本身的计量单位，包括规定货币名称和货币单位的值，在金属货币制度下，货币单位的值是货币单位含的金属重量。例如，英国规定其货币单位为"镑"，美国规定其货币单位为"圆"。《中华人民共和国人民币管理条例》规定：人民币的单位为元，人民币辅币的单位为角、分。人们熟悉的"元""角""分"就是人民币的货币单位，它们构成了人民币的价格标准，标明了人民币代表的价值。

（三）通货的铸造、发行和流通程序

一个国家的通货，通常分为主币（本位币）和辅币，它们各有不同的铸造、发行和流通程序。

1. 本位币

本位币是一国货币制度规定的计算和结算货币。在金属货币制度下，本位币是指用货币金属按照国家规定的货币单位和标准铸成的铸币，它的面值和实际价值相等，是足值货币。在纸币制度下，纸币只是由国家货币制度规定的流通中商品价值的符号。

本位币具有以下特点：

（1）无限法偿，即用本位币作为流通手段和支付手段时，债权人不得拒绝接受，因此本位币被称为无限法偿币。

（2）在金属货币制度下，无论国家还是私人，只需要向铸币厂支付一定的费用，可以自由铸造和融化。

（3）对磨损公差的规定。铸币流通会有自然磨损和人为磨损，为保证本位币的名义价值与实际价值相一致，以保证本位币的无限法偿能力，各国货币制度中通常都规定了每枚铸币的实际重量低于法定重量的最大限度，即铸币的磨损公差。

2. 辅币

辅币是本位币货币单位以下的小额货币，供日常零星交易和找零之用。

辅币具有以下特点：

（1）辅币用较贱的金属铸造。因为辅币的面额较小，因此使用贱金属铸造辅币，可以节省流通费用。

（2）辅币是不足值的铸币。

（3）辅币可以与本位币自由兑换。辅币的实际价值虽然低于名义价值，但法律规定，辅币可以按固定比例与本位币自由兑换，保证了辅币可以按名义价值流通。

（4）辅币实行限制铸造。所谓限制铸造，即只能由国家来铸造。由于辅币的实际价值低于其名义价值，铸造辅币就会得到一部分铸造收入，因此铸造权由国家垄断，其收入归国家所有。同时，因为辅币是不足值的，限制铸造也可以防止辅币排挤本位币。

（5）辅币是有限法偿货币。在金属货币制度下，国家对辅币规定了有限的支付能力，即在每一次支付行为中，使用辅币的数量将受到限制，超过限额的部分，受款人可以拒绝接受。但在纸币时代，无论是主币还是辅币，都是不兑现的信用货币，是依靠国家信用发行而强制流通的价值符号。因此，因贵金属足不足值而产生的无限法偿没有太大意义。《中华人民共和国人民币管理条例》未提及辅币的法偿问题。

（四）准备制度

准备制度是指为约束保障货币的发行，维护货币信用，要求货币发行者在发行货币时必须以某种贵金属或资产，集中于中央银行或国库作为发行准备。准备制度是货币制度的重要内容之一，也是一国货币稳定的必要条件。

在金本位制度下，金准备的主要作用表现为：第一，作为国际支付的准备金。第二，作为国内金属货币流通的准备金。第三，作为支付存款和兑换银行券的准备金。

在当代纸币流通的条件下，金、银已退出货币流通领域，金准备制度的后两项作用已失去存在的意义，只有第一项作用保留下来。黄金作为国际支付准备金的作用依然存在，但形式却发生了变化，已不再像金本位制度下按货币含金量用黄金作为最后弥补国际收支逆差的手段，而是当出现国际收支逆差时，国家可以在国际市场上抛售黄金换取自由外汇，以平衡国际收支。

二、货币制度的演变

货币制度的演变经历了多个阶段，从世界各国的货币制度发展历程看，曾先后经历了银本位制、金银复本位制、金本位制和不兑现的信用货币制度四个阶段。前三个阶段都属于金属货币制度，因此货币制度主要经历了金属货币制度和不兑现信用货币制度两个阶段。

（一）银本位制

银本位制是指以白银作为本位币币材的货币制度。按兑换白银方式的不同，银本位制又分为银两本位制、银币本位制和银汇兑本位制。银本位制的基本特征是：白银作为本位币的价值与其所含的白银的实际价值相等；银币可以自由铸造和熔化；银币具有无限法偿能力；辅币和其他货币可以自由兑现银币；白银可以自由输出、输入国境。

银本位制是最早实行的货币制度之一，而且持续的时间也比较长，但在 19 世纪后期，世界白银产量猛增，使银价波动强烈，长期呈下跌趋势，许多实行银本位制的国家先后放弃了这种货币制度。

（二）金银复本位制

金银复本位制是指由国家法律规定同时以黄金和白银两种金属同时作为本位币材，均可以自由铸造、输出、输入，同为无限法偿的货币制度。金银复本位制是资本主义发展初期最典型的货币制度，先后经历了平行本位制、双本位制和跛行本位制三种类型。

1. 平行本位制

平行本位制是指金、银两种货币各自按实际价值流通的复本位货币制度。国家不规定金币和银币的兑换比例，完全由市场决定。

货币作为价值尺度，要求其本身价值稳定，但是在金银平行本位制度下，流通中的商品具有金币和银币表示的双重价格，商品双重价格随金、银市场价格的波动而波动造成交易秩序紊乱。

2. 双本位制

为了克服平行本位制极不稳定的缺点，一些国家以法律形式规定了金与银的比价，即实行双本位制。但是，用法律规定金与银的比价，这与价值规律的自发作用相矛盾，于是就出现了"劣币驱逐良币"的现象。

"劣币驱逐良币"又称"格雷欣法则"，是指在两种实际价值不同而面额价值相同的通货同时流通的情况下，实际价值高于法定价值的货币（良币）必然会被人们熔化而退出流通领域；实际价值低于法定价值的货币（劣币）反而会充斥市场的现象。货币作为一般等价物具有排他性、独占性，而这与法律规定金、银两种金属同时作为货币相冲突，这一矛盾最终导致出现"劣币驱逐良币"的现象。

在金、银两种货币各按其本身所包含的价值同时流通（平行本位制）的条件下，市场上的每一种商品都必然会出现两种价格，一种是金币价格，另一种是银币价格。而且这两种价格又必然会随着金、银市场比价的变化而变化。这样就必然使市场上的各种交换处于非常混乱和困难的境地。为了克服这种困难，资本主义国家用法律规定了金与银的比价（双本位制）。但是，这种规定又与价值规律的自发作用发生矛盾，因而不可避免地出现"劣币驱逐良币"的现象。

3. 跛行本位制

跛行本位制在金银复本位制向金本位制过渡中产生，在该制度下，法律规定金和银都可以成为本位币，都具有无限法偿能力，两者之间比价固定，但只有金币可以自由铸造，银币却不能。

这种货币制度下的银币实际上已成了辅币，其实际价值与其名义价值无法保持一致，其名义价值取决于银币和金币之间的兑换比率。这是一种不完整的金银复本位制度，因此被形象地称为跛行本位制，是复本位制向金本位制的过渡形式。

（三）金本位制

金本位制是指以黄金作为本位币币材的货币制度。金本位制包括金币本位制、金块本位制和金汇兑本位制三种类型。

1. 金币本位制

金币本位制是指以黄金作为货币制度的基础，实行金币流通的一种货币制度。金币本位制是典型的金本位制。在这种制度下，金币具有无限法偿能力。金币本位制的主要特点有：一是金币可以自由铸造和自由熔化；二是流通中的价值符号（辅币和银行券）可以自由无限地兑换金币；三是黄金可以自由输出和输入国境。

金币本位制自身具有的特点决定了它是一种相对稳定的货币制度，对资本主义国家经济和对外贸易的发展起了积极作用。但随着资本主义经济的发展，这种货币制度的稳定性日益受到削弱。第一次世界大战后，除美国之外，其他国家根据本国的经济状况和黄金储备数量，分别实行了没有金币流通的金块本位制和金汇兑本位制。

2. 金块本位制

金块本位制又称生金本位制，是指不铸造和流通金币，只由中央银行发行以金块为准备的纸币流通的货币制度。

金块本位制没有金币流通，并对货币规定有含金量，但不能自由兑换成黄金。只有达到规定数额才能兑换金块。例如，英国在 1925 年规定银行券 1 700 英镑以上才能兑换金块。因此，有人称这种货币制度是"富人本位制"。1930 年以后，英国、法国、比利时、荷兰、瑞士等国在世界性经济危机冲击下，先后放弃了这一制度。

3. 金汇兑本位制

金汇兑本位制又称虚金本位制，是指不铸造和流通金铸币，只流通央行发行的纸币或银行券，银行券可以兑换外汇，而外汇可以兑换黄金的货币制度。

金汇兑本位制和金块本位制一样，没有流通金币，但都对流通中的货币规定有含金量。两者的区别在于：金块本位制下纸币可以有限制地兑换黄金；金汇兑本位制下纸币不能直接兑换黄金，只能通过兑换外汇间接兑换黄金。

实施金汇兑本位制的国家实际上是将本国货币依附于经济实力雄厚的外国货币上，

是一种附庸货币制度。实施该货币制度的国家将黄金和外汇存放在某一实行金币本位制或金块本位制国家，允许以外汇兑换黄金，规定本国货币与该国货币的法定比率。

（四）不兑现的信用货币制度

1929—1933 年爆发了世界性经济危机，世界各国放弃金本位制，实行不兑现的信用货币制度。不兑现的信用货币制度是以不兑换的纸币作为本位货币的货币制度，是当今世界各国普遍实行的一种货币制度。

不兑现的信用货币制度有以下几个基本特点：

（1）由国家授权中央银行发行、依靠国家法律强制流通的无限法偿货币。

（2）货币不与任何金属保持等价关系，也不能兑换黄金。

（3）货币通过信用程序投入流通领域，货币流通通过银行的信用活动进行调节，而不像金属货币制度那样由铸币自身进行自发调节。

（4）这是一种管理货币制度，靠国家管理来调节和控制货币量，以保持货币流通稳定。

在信用货币制度下，货币发行一般不以金银为保证，也不受金银数量限制，纸币作为货币符号无实际的内在价值，纸币代表的价值量只能是流通中货币需要量代表的价值量。一国中央银行或货币管理当局通过公开市场政策、存款准备金率等手段调节货币供应量，保持货币稳定；通过公开买卖黄金、外汇，管理外汇市场等手段，保持汇率稳定。货币流通的调节构成了国家对宏观经济进行控制的一个重要手段，但流通中究竟能够容纳多少货币量，则取决于货币流通规律。当纸币的发行量超过流通对货币需要量时，就会导致物价上涨，纸币贬值，出现通货膨胀，这是不兑现的信用货币流通特有的经济现象。

习题

概念解释：

货币　货币制度　价值尺度　流通手段　信用货币　电子货币　本位币　格雷欣法则

思考题：

（1）怎么理解货币的定义？它与收入、财富、通货的概念有什么区别？

（2）货币的基本职能有哪些？

（3）划分货币层次的依据是什么？货币可以划分成哪几个层次？

（4）解释劣币驱逐良币现象。

（5）根据货币制度的演变历程，分析我国当前人民币制度面临的主要挑战。

第二章　信用与信用工具

信用是商品经济发展到一定历史阶段的产物，是从属于商品货币关系的一个经济范畴，随着商品货币关系的发展而发展，信用活动构成了整个金融活动的基础。通过本章的学习，大家应该了解信用的本质、特征、作用以及信用的产生与发展，掌握现代信用工具的几种基本形式，掌握主要信用工具的特征及其功能。

第一节　信用概述

一、信用的含义

"信用"起源于拉丁文的"credo"，其意为"信任""相信""声誉"等。从道德角度而言，信用是指人与人之间的相互相信、信任以及履行承诺等，即我们所说的诚实守信、诚信，是评价一个人道德水平的标准。

从经济角度而言，信用是一种能体现特定经济关系的借贷行为，以还本和付息为条件，体现一定的债权债务关系。这种借贷行为有两个基本特征：一是到期还本，二是支付利息。在借贷行为中，贷出时价值单方面转移，贷出者让渡价值，保留了所有权；归还时价值也是单方面转移，借入者除归还本金外还需要支付利息。由此可见，信用是价值运动的特殊形式，它不发生所有权变化，仅仅是价值单方面的暂时让渡或转移，这使得它既区别于一般商品货币交换价值运动形式，又区别于财政分配等特殊的价值运动形式。

二、信用的产生和发展

（一）信用的产生以私有制为前提

信用产生的基本前提条件是私有制条件下的社会分工和剩余产品的出现，没有私有制的存在，贷出的货币无须归还，相应的利息更无从谈起。在公有制经济中，信用关系仍然存在，其存在的前提条件是不同经济主体存在各自的经济利益目标。

（二）信用产生的直接原因是经济主体调剂资金的需要

在商品经济中，各个经济主体的经济活动都伴随着货币收支，而货币收支有可能会相等，也有可能不相等。货币收入大于支出的主体为盈余单位，可以将剩余的资金贷放出去；货币收入小于支出的单位为赤字单位，需要将资金缺口补足。在商品经济条件下，经济主体间经济利益相互独立，资金的调剂不能无偿进行，当盈余单位把剩余资金有偿借给赤字单位后，信用关系由此产生。

（三）最初的信用活动表现为商品赊销

随着商品生产和交换的发展，商品流通时可能会出现商品生产者出售商品时，购买者因为自己的商品未卖出而无钱购买的情况。于是赊销，即延期支付的方式出现。卖方让渡商品的时候得到的是买方未来付款的承诺，商品的让渡和货币的取得在时间上分离，这使得买卖双方除了商品交换关系外又多了债权债务关系，即信用关系。

（四）信用活动发展为广泛的货币放贷活动

信用活动最初表现为商品赊销，但随着经济的发展，货币本身进入交易过程，出现借贷活动，信用交易超出了商品买卖的范围，货币的运动和信用关系联系在一起。货币流动和信用关系以及与之关联的经济活动就是金融，经济和金融的发展，都根植于社会信用中。

三、信用的特征

（一）标示性

信用就像人的身份证、企业组织机构代码一样有着明确的归属。信用的标示性使得各类市场主体必须珍视自身的信用，努力维护自己的信用。

（二）可流通性

除了货币、商业票据、有价证券这些信用产品都可以流通和交换外，信用还作为一种资源，代表市场主体具备一定的经济能力，具有无形资产的性质，同样有价值、能交换、可延续。现代社会正是利用信用的可流通性，借助先进的信息传播技术，广泛记录、征集、扩散信用信息，从而形成有效的守信激励和失信惩戒机制。

（三）时间间隔性

信用的两个重要环节——承诺与兑现，二者要经过一个约定的时间周期才能完成，先承诺后兑现，存在时间上的间隔。

（四）收益性

信用关系是建立在有偿的基础上的，债权人在让渡实物或货币的使用权时，要求在归还时有一定的增值或附加额。因为信用关系属于一种特殊的经济关系，各信用主体有着自身的经济利益，无偿地让渡实物或货币是不可能的。

（五）风险性

借贷不同于普通商品买卖关系。在信用交易中，债务人到期能否收回让渡物在很大程度上取决于债务人的信誉和能力、国家法律的完善程度以及社会道德规范。因此，债务人能否到期偿还本金和按期支付利息事前并不确定，信用关系具有一定的风险性。

第二节　信用形式

信用作为一种借贷行为，通过一定方式具体表现出来。表现信用关系特征的形式称为信用形式，它是信用活动的外在表现。随着商品货币关系的发展，信用形式日趋多样化。信用的主要表现形式有商业信用、银行信用、国家信用、消费信用、国际信用。

一、商业信用

（一）商业信用的定义

商业信用是指企业之间在进行商品和劳务交易时，以延期支付和预付货款的形式提供的信用。其形式有很多，如商品赊销、分期付款、委托代销或预付货款等。

（二）商业信用的特点

1. 商业信用的主体是厂商

商业信用是直接信用，是厂商之间互相提供的信用，提供信用的过程就是买卖的过程，债权人和债务人都是厂商。

2. 商业信用的客体是商品资本

商业信用提供的不是暂时闲置的资本货币，而是处于再生产过程中的商品资本。因此，处于再生产循环中的商品资本是产业资本的一部分。

3. 商业信用和产业资本的动态一致

由于商业信用与处于再生产过程中的商品资本运动结合在一起，使得它与产业资本的动态一致。增长繁荣时期生产扩大，商品增加，商业信用的供应和需求随之增加。衰退萧条时期生产缩减，商品滞销，商业信用供应和需求随之减少，整个商业信用规模缩减。

（三）商业信用的局限性

1. 信用的规模和数量有一定限制

商业信用以商品交易为基础，是企业之间相互提供的，因此商业信用的规模受限于提供信用的企业的信贷能力及其实际经营情况。商业信用能以延期付款方式出售商品，但企业不可能超出自己拥有的商品量向对方提供商业信用。

2. 商业信用受商品流转方向的限制

商业信用是以商品形态提供的，商业信用的需求者是该商品的直接需要者，因此就决定了商业信用的方向只能由商品的生产者提供给需求者，而不能相反。

3. 信用链条的不稳定性

商业信用是分散在企业之间自发产生的，企业数量越多也就意味着信用关系环节越多。多而分散的特点也导致了国家的经济调节机制对商业信用的控制能力有限，如果某个环节出现问题，那就可能导致整条债务链条中断，甚至引发债务危机。

二、银行信用

（一）银行信用的定义

银行信用是指银行或其他金融机构以货币形式提供的信用。银行信用是现代经济关系中的重要形式，也是一国信用制度发达程度的标志。

（二）银行信用的特点

1. 银行信用是间接信用

银行信用与企业之间直接提供信用的商业信用不同；银行信用的借贷双方，一方是金融机构，另一方是从事生产经营活动的企业。但银行和其他金融机构借出的货币规模不受自有资本的限制，其聚集的资金不仅有从产业资本循环过程中分离出来的暂时闲置的货币资本，还有社会各阶层的货币储蓄。因此，银行在信用活动中只扮演了信用中介人的角色，银行信用是一种间接信用。

2. 银行信用的客体是货币资本

银行信用的客体是单一形态的货币资本，是从产业资本循环过程中分离出来的暂时闲置的货币资本，还有社会各阶层的货币储蓄。而货币作为一般等价物的身份使得银行信用可以不受商品流转方向的限制，克服了商业信用在规模和方向上的局限性。

3. 银行信用和产业资本的动态不完全一致

由于银行信用是独立的借贷资本运动，银行贷出的货币不处于产业循环中，使其有可能与产业资本的动态不一致。例如，当经济危机发生时，可能会有大量产业资本不能用于生产而转化为借贷资本，导致借贷资本量大幅上涨。

三、国家信用

（一）国家信用的定义

国家信用是指国家以债务人的身份，从社会上筹集资金以满足财政需要的一种信用形式。国家信用的债务人是国家，债权人包含国内外的金融机构、企业和居民家庭。国家信用分为国内信用和国外信用两种。国内信用是国家以债务人身份向国内居民、企业、团体筹措资金，国外信用则是国家以债务人身份向国外居民、企业、团体和政府筹措资金。

（二）国家信用的主要形式

国家信用的形式主要是发行公债，包括短期国库券和中长期公债券。由于发行主体是国家，因此具有最高的信用度，风险较小，被认为是安全的投资工具。

国库券一般用来调剂财政年度内暂时性的收支不平衡，期限大多在 1 年以下，以 1 个月、3 个月以及 6 个月居多。国库券也是中央银行操作公开市场业务买卖的主要对象。

中长期公债券一般用于弥补财政预算赤字，进行基础设施建设、公用事业建设等非生产性支出、军费支出、福利支出等；期限一般在 1 年以上。

四、消费信用

（一）消费信用的定义

消费信用是指企业、银行或其他金融机构向消费者提供用以满足其生活消费需求的信用。

（二）消费信用的主要形式

1. 分期付款

分期付款是零售企业向顾客提供的以分期付款方式购买所需消费品的一种消费信用形式。这种信用方式最初多用于消费者购买高档耐用消费品，如汽车、房屋、家用电器等商品。随着经济的发展，特别是互联网经济的发展，消费信用越来越普及，大量网购商品都可以选择延期付款或分期付款形式。

2. 消费贷款

消费贷款是由商业银行和其他金融机构以货币形式，通过信用贷款或抵押放款的方式向个人提供用于消费目的的贷款。例如，房屋抵押贷、汽车抵押贷等，消费者按规定期限偿还本息，期限有的可长达 20~30 年，属于长期信用。消费贷款按照直接接受贷款的对象不同，可以分为买方信贷和卖方信贷。买方信贷是指银行直接对消费品的购买者发放的贷款；卖方信贷是指以分期付款单证作为抵押，对销售企业发放的贷款。

3. 信用卡

信用卡是由银行或信用卡公司根据用户的信用度和经济收入状况，对信用合格者发行的信用证明。持有该卡的消费者到有关的商业服务部门消费时无须支付现金，待结账日时再进行还款。信用卡可以在规定的额度内进行透支。

五、国际信用

（一）国际信用的定义

国际信用是指国与国之间的借贷行为。国际信用随着商品经济发展和国际贸易扩大而不断发展，成为国际结算、扩大进出口贸易的主要手段之一。

（二）国际信用的主要形式

根据信用关系主客体的不同，国际信用的主要形式有国际商业信用、国际银行信用、国际政府间信用等。

1. 国际商业信用

国际商业信用是由出口方用商品形式提供的信用，有来料加工、补偿贸易和延期付款等形式。

（1）来料加工。来料加工是指出口国企业提供原料、设备零部件或部分设备，在进口国企业加工，成品归出口国企业所有，进口国企业从原料和设备中扣留一部分作为加工费。

（2）补偿贸易。补偿贸易是指出口国企业向进口国企业提供机器设备、专利、技术、人员培训等，待项目完成或竣工投产后，进口国企业以该项目的产品或按合同规定的收入分配比例清偿债务的信用方式。

（3）延期付款。延期付款是指出口国企业和进口国企业协定在货物出口后一定时期内支付款项的信用形式。进口企业一般按一定比例支付部分货款，剩余部分货款则延期支付。延期付款一般发生在关系密切的进出口商之间或出口商得到出口国银行出口信贷支持的情况下。

2. 国际银行信用

国际银行信用是以国际银行为授信主体提供的国际信用形式。国际银行信用可以分为出口信贷和进口信贷。在国际银行信用的操作中，由于国际贸易一般要求进口商预付15%定金，因此银行提供的资金一般都只占进出口贸易额的85%。

（1）出口信贷。出口信贷是一国政府为了促进本国出口，提升国际竞争能力，对本国出口企业给予利息补贴和提供信用担保的信用形式，是一种中长期贷款形式。在进出口贸易中，由于交易规模一般都比较大，买方常会没有足够的资金偿清货款，如果此时以赊销的方式进行交易，则会造成出口方资金周转的困难。在这种情况下，出口国为了支持和鼓励本国出口，就会向出口方或进口方提供贷款。因此，根据补贴和贷款的对象不同，出口信贷又可分为卖方信贷和买方信贷两种。

（2）进口信贷。进口信贷是进口方银行提供贷款以满足买方资金需求，支持本国进口所需商品或技术等。

3. 国际政府间信用

国际政府间信用是各国政府之间发生的信用关系，一般由政府财政部出面借款，以政府贷款的形式存在。政府贷款是一国政府利用本国财政资金向另一国政府提供的优惠性贷款，期限较长，利率较低，条件较为优惠，带有经济援助的性质。但政府贷款用途受到限制，通常用于非生产性支出。

第三节 信用工具

一、信用工具概述

（一）信用工具的含义

信用工具是指在金融活动中，能够证明金融交易金额、交易期限、交易价格的合法凭证，又称为金融工具，是一种具有法律效力的契约。

（二）信用工具的基本特征

1. 偿还性

偿还性是指信用工具的发行者或债务人必须按期归还全部本金和利息的特性。信用工具一般都注明期限，债务人到期必须偿还信用凭证上记载的应偿付的债务。

2. 收益性

收益性是指信用工具能定期或不定期为其持有人带来收益的特征。信用工具的收益有三种：第一种是固定收益，是投资者按事先规定好的利息率获得的收益，如债券和存单到期时，投资者即可领取约定利息。固定收益在一定程度上就是名义收益，是信用工具票面收益与本金的比例。第二种是即期收益，又叫当期收益，是按市场价格出卖信用工具时获得的收益，如股票买卖价格之差即为一种即期收益。第三种是实际收益，是指名义收益或当期收益扣除由物价变动引起的货币购买力下降后的真实收益。在现实生活中，投资者所能接触到的是名义收益和当期收益。

3. 流动性

流动性指金融资产可以迅速变现而不遭受损失的能力。金融工具可以买卖和交易变现，即为具有变现力或流通性。在短期内，在不遭受损失的情况下，金融资产能够迅速出卖并换回货币，称其流动性强，反之则称其流动性弱。

4. 风险性

风险性是指信用工具不能充分履约或价格不稳定的程度，包括市场风险和违约风险等。风险相对于安全而言，因此风险性从另一个角度讲就是安全性。为了获得收益提供信用，同时必须承担风险，任何信用工具都有风险，只是程度不同而已。市场风险是指由于市场各种经济因素发生变化，如市场利率变动、汇率变动、物价波动等各种情况造成信用凭证价格下跌，遭受损失的可能性。违约风险一般称为信用风险，是指发行者不按合同履约或公司破产等因素造成信用凭证持有者遭受损失的可能性。

二、信用工具的种类

信用工具种类繁多，这里介绍几种常用信用工具：票据、股票和债券。

（一）票据

票据是指具有一定格式并载明金额和日期，到期由付款人对持票人或指定人无条件支付一定款项的信用凭证。按票据的性质划分，票据主要有汇票、本票和支票等几类。

1. 汇票

汇票是出票人签发的，委托付款人在见票时，或者在指定日期无条件支付确定的金额给收款人或持票人的票据。按付款人的不同，汇票可以分为银行汇票、商业汇票；按有无附属单据的不同，汇票可以分为光票汇票、跟单汇票；按付款时间的不同，汇票可以分为即期汇票、远期汇票。汇票具有以下几个基本特征。

（1）汇票有三方当事人：出票人、付款人和收款人。出票人是签发汇票的人，付款人是受出票人委托支付票据金额的人，收款人是凭汇票向付款人请求支付票据金额的人。

（2）汇票是委付证券，是一种无条件支付命令。汇票是出票人签发的无条件支付命令，要求汇票的出票人和付款人之间必须具有真实的委托付款关系，并具有支付汇票金额的可靠的资金来源。

（3）汇票必须承兑。承兑是汇票独有的法律行为，是指付款人承诺在汇票到期日支付汇票金额的一种票据行为。付款人承兑前，汇票上所载付款人没有绝对的付款义务，但一经承兑，付款人就取代出票人而成为票据的主债务人。

2. 本票

本票是由出票人签发，保证即期或定期，或者在可以确定的将来时间向收款人无条件支付一定金额的票据。本票具有的基本特征如下：

（1）本票是自付证券。本票是由出票人自己对收款人支付并承担绝对付款责任的票据。这是本票和汇票、支票最重要的区别。在本票法律关系中，基本当事人只有出票人和收款人，债权债务关系相对简单。

（2）本票无须承兑。本票在很多方面可以适用汇票法律制度，但是由于本票是由出票人本人承担付款责任，无须委托他人付款，因此本票无须承兑就能保证付款。

3. 支票

支票是银行存款户对银行签发的要求于见票时对收款人或持票人无条件支付一定金额的票据。支票出票人签发的支票金额，不得超出其在付款人处的存款金额。如果存款低于支票金额，银行将拒付给持票人，这种支票称为空头支票，出票人要负法律责任。支票一经背书即可流通转让，具有通货作用，成为替代货币执行流通手段职能和支付手段职能的信用流通工具。支票主要分为以下几类：

（1）记名支票。记名支票是在支票的收款人一栏写明收款人姓名，如"限付某甲"或"指定人"，取款时须由收款人签章方可支取。

（2）不记名支票。不记名支票又称空白支票，支票上不记载收款人姓名，只写"付来人"。取款时持票人无须在支票背后签章，即可支取，此类支票仅凭交付而转让。

（3）划线支票。划线支票是在支票正面划两道平行线的支票。划线支票与一般支票不同，划线支票非由银行不得领取票款，因此只能委托银行代收票款入账。使用划线支票的目的是在支票遗失或被人冒领时，有可能通过银行代收的线索追回票款。

（4）保付支票。保付支票是指为了避免出票人开出空头支票，保证支票提示时付款，支票的收款人或持票人可要求银行对支票"保付"。保付是由付款银行在支票上加盖"保付"戳记，以表明在支票提示时一定付款。支票一经保付，付款责任即由银行承担。出票人、背书人都可免于追索。付款银行对支票保付后，即将票款从出票人的账户转入一个专用账户，以备付款，因此保付支票提示时，不会退票。

（5）现金支票。现金支票是专门制作的用于支取现金的一种支票。现金支票是当客户需要使用现金时，随时签发现金支票，向开户银行提取现金，银行在见票时无条件支付给收款人确定金额的现金的票据。

（6）银行支票。银行支票是由银行签发，并由银行付款的支票，也是银行即期汇票。银行代顾客办理票汇汇款时，可以开立银行支票。

（7）旅行支票。旅行支票是银行或旅行社为旅游者发行的一种固定金额的支付工具，是旅游者从出票机构用现金购买的一种支付手段。

（二）股票

股票是股份公司为筹集资金发行的，用以证明投资者股东身份并借以取得股息的一种所有权凭证。股票是股份公司资本的构成部分，可以转让、买卖，是资本市场的主要长期信用工具，但不能要求公司返还其出资。股票主要分为普通股和优先股两类。

1. 普通股

普通股构成股份公司资本的基础，是股票的一种基本形式，其收益随着企业利润变动而变动。拥有者在对企业的经营管理和盈利以及财产的分配上享有普通权利的股份，代表满足所有债权偿付要求及优先股股东的收益权与求偿权要求后对企业盈利和剩余财产的索取权。普通股具有以下特征。

（1）收益不稳定。公司支付了债息和优先股股息后才会分配普通股股利，因此普通股的收益是不稳定的，企业经营业绩好，净利润高，收益就高；反之，收益就低。

（2）公司决策参与权。普通股股东有权参与股东大会，并有建议权、表决权和选举权，也可以委托他人代表其行使股东权利，但要遵循"一股一票"的原则。

（3）对公司剩余财产的分配权。当公司破产或清算时，若公司的资产在偿还欠债后还有剩余，其剩余部分按先优先股股东、后普通股股东的顺序进行分配。

（4）优先认股权。当公司增发新普通股时，现有普通股股东有权按其持股比例，以低于市价的某一特定价格优先购买一定数量的新发行股票，从而保持其对企业所有权的原有比例。

2. 优先股

优先股是指公司成立后为筹集新的追加资本而发行的证券。优先股具有以下特征：

（1）股息固定。优先股的收益不受企业经营状况影响，领取固定股利。

（2）优先分配权。在公司分配利润时，优先股股东先于普通股股东分配。

（3）优先求偿权。公司若破产，在分配剩余财产时，优先股股东在普通股股东之前分配，但须排在债权人之后。

（三）债券

债券是债务人发行的承诺按约偿还本金并支付利息的债务凭证。债券是一种金融契约，是当政府、企业、金融机构向社会借债筹措资金时证明债权债务关系的契约。按发行主体分类，债券可以分为政府债券、金融债券和公司债券。

1. 政府债券

政府债券是政府为筹集资金而发行的债券，主要包括中央政府债券和地方政府债券。

（1）中央政府债券。中央政府债券主要指国库券和公债券。中央政府债券因其信誉好、利率优、风险小而被称为"金边债券"。中央政府债券包括为筹措战争费用为目的的战争债券、为弥补财政赤字而发行的财政债券等。除了政府部门直接发行的债券外，有些国家把政府担保的债券也划归为政府债券体系，称为政府保证债券。这种债券由一些与政府有直接关系的公司或金融机构发行，并由政府提供担保。

（2）地方政府债券。地方政府债券又称市政债券，是地方政府为发展当地经济，进行公共事业建设而发行的债券。其信用度略低于国债，但利率通常高于国债。

2. 金融债券

金融债券是由银行和非银行金融机构按照法定程序发行，并约定在一定期限内偿付本息的债务凭证。我国金融债券主要由国家开发银行、进出口银行等政策性银行发行。金融机构一般有雄厚的资金实力，信用度较高，因此金融债券往往有良好的信誉。金融债券一般为中长期债券，发行量大，因为其信用度较高、利率不低，所以交易活跃。

3. 公司债券

公司债券是公司依照法定程序发行、约定在一定期限内还本付息的债务凭证。在实践中，中国存在一种特殊法律规定的债券形式，即企业债券。企业债券和公司债券除了发行主体外，没有本质区别。

企业债券发债主体为中央政府部门所属机构、国有独资企业或国有控股企业，是根据《企业债券管理条例》的规定发行与交易，很大程度上体现了政府信用。公司债券发债主体为根据《中华人民共和国公司法》的规定设立的公司法人，在实践中，其发行主体为上市公司，发行主体管理机构为中国证券监督管理委员会，其信用保障是发债公司的资产质量、经营状况、盈利水平和持续赢利能力等。

2008年4月15日起施行的《银行间债券市场非金融企业债务融资工具管理办法》进一步促进了企业债券在银行间债券市场的发行，企业债券和公司债券成为我国商业银行越来越重要的投资对象。

习题

概念解释：

信用　商业信用　银行信用　消费信用　国家信用　汇票　本票　股票　债券

思考题:

（1）简述商业信用的特点及其局限性。

（2）比较商业信用与银行信用的区别。

（3）为什么银行信用会取代商业信用成为现代信用的主要形式？

（4）简述信用工具的基本特征。

（5）比较股票与债券二者之间的区别和联系。

第三章　利息与利率

利息和利率是金融市场上最重要的金融资产价格之一。对其他金融资产价格和整个国民经济活动有着极为重要的影响。同时，利率是连接金融市场和商品市场的主要中介变量之一，是调节经济活动的重要经济杠杆。因此，利率理论也是货币理论中的一个重要部分。

第一节　利息的本质及来源

一、利息的概念

西方经济学的观点认为，利息是借款人支付给贷款人的报酬，是贷款人让渡资本使用权的代价。利息是伴随着信用关系的发展而产生的经济范畴，并构成了信用的基础，偿还是现代信用关系的一个重要特征。利息分实物形式和货币形式。早在远古时代，就有了借贷行为，利息作为一种占有使用权的报酬就已出现了。但是真正意义上的利息是资本主义的利息。在资本主义社会，资本家分为货币资本家和产业资本家。利润的一部分转化为利息。利息的多少受这两类资本家竞争的影响，于是产生了利息率。随着商品经济的发展，人们也越来越能正视利息的存在，利息不是贷款人对借款人的剥削，而是借款人使用资金的成本。早在 17 世纪，英国古典政治经济学家威廉·配第指出，利息是同地租一样公道、合理、符合自然要求的东西。他认为，利息是对货币贷出者由于贷出货币而带来的不便的补偿。

二、马克思关于利息的来源和本质的理论

利息的本质决定于利息的来源。由于不同社会条件下利息的来源不同，因此利息的本质也不同。由于资本主义的利息才是真正的利息，这里仅就资本主义利息加以分析。

利息的存在，使人们对货币产生了一种神秘的感觉，货币似乎可以自行增值。要理解这个问题，需要从利息的来源和利息的本质两方面来说明。

在资本主义制度下，剩余价值被划分为两部分：一是产业资本家的利润，二是货币资本家的利息。可见，借贷资本的利息只是剩余价值的一部分，而不是全部。

马克思认为，借贷资本的利息是劳动者创造的剩余价值的一部分。在资本主义制度下，随着商品货币经济的不断发展，因为所有者不同，货币资本产生了闲置和需求。又由于信用的发展，资本的所有权和使用权相分离，货币资本家就将其闲置的货币资本贷给产业资本家，经过一段时间，产业资本家将所借资本归还给货币资本家。贷出的资本作为资本商品，不断运动，而且带来了利润。产业资本家使用贷款追加投资进行生产，因此产业资本家要将工人创造的剩余价值中拿出一部分给借贷资本家，作为使用贷款的代价。在借贷资本的回流中，产业资本家除了偿还本金之外，还要将增殖的一部分作为利息支付给货币资本家。利息也就成为借贷资本的价格。由此可以看出，利息实际是部分平均利润，是剩余价值的特殊转化形式。

在资本主义条件下，货币转化为资本，借贷资本成为资本商品，资本所有权和使用权的分离，形成货币资本家与产业资本家的对立，构成了利息产生的经济基础。

马克思认为，把利息视为资本的价格，是不合理的。从这个角度，马克思再次论证了利息是剩余价值的转化形式——利润的一部分。从表面上看，产业资本家支付给货币资本家的利息是资本商品的价格。但资本的价格和商品的价格截然不同。普通商品的价格是商品价值的货币表现，它与使用价值无关。而资本商品本身是一定的货币额，代表一定量商品的价值。那么，一个价值额，怎么能够在它本身价格之处，还有一个价格？因此，利息是资本的价格的说法是不合理的，表现的不是借贷资本商品的价值，而是其特殊使用价值的报酬。同一货币具有双重资本，借贷资本家和产业资本家按各自资本执行职能，双重资本并不会使利润增加一倍，双方可以按一定比例参与利润的分割。产业资本家获得部分利润，货币资本家也获得部分利润，货币资本家获得的利润就是利息。因此，利息是利润的一部分，是剩余价值的转化形式。

综上所述，可以概括为三点内容：第一，利息来源于劳动者创造的剩余价值；第二，利润分割为两部分，即企业主收入——资本使用权的报酬和利息——资本所有权的报酬，二者按一定比例分割剩余价值；第三，利息的形式与利息的内容之间存在一定的关系，利息表现为借贷资本商品的价格，实际上则是借贷资本商品特殊使用价值的价格。

回到前面的问题，货币可以自行增值吗？货币资本家不必自己开办工厂和经营商业，单凭资本的所有权就可以得到利息，这就造成一种假象：好像借贷资本本身就能够生出利息，或者说，货币本身就能够生出更多的货币。利息是对货币所有者的"忍欲牺牲"的报酬，是由货币自身产生出来的，等等。这完全是荒诞无稽的谬论。如果货币资本家不是把他的货币贷放给产业资本家去组织生产，执行生产职能，而是把货币窖藏起来，那么即使他"忍欲牺牲"到临死前的最后一秒钟，这些货币也不会为他生出一分钱的利息来。

三、西方学者对利息本质的认识

关于利息的性质，古典经济学家、近现代西方经济学家和马克思主义经济学家的观点是不一致的。

（一）早期的利息性质理论

1. 利息报酬论

利息报酬论认为，利息就是因暂时放弃货币或货币资本的使用权而获得的报酬。这种观点最早是由配第提出的，后来在洛克、休谟的著作中也有涉及。

2. 利息货币价格论

利息货币价格论认为，货币同商品一样，在买卖或借贷中，利息是货币或货币资本的交易价格。最先提出利息是货币的价格的是坎蒂隆。

3. 利息租金论

利息租金论认为，利息是资本出租收取的租金。这种理论最早是由诺思在他的代表作《贸易论》一书中提出的。

4. 利息利润论

利息利润论认为，利息来源于利润，而且是利润的一部分。第一个提出利息利润论的是马西。利息直接来源于利润，这是马西的一个伟大发现，也是利息学说史上的一大进步。

5. 利息剩余价值论

利息剩余价值论认为，利息来源于剩余价值，而且是剩余价值的一种特殊表现形式。明确地说明利息是剩余价值一部分的是亚当·斯密。

亚当·斯密认为，利息不完全来源于利润，还会来自"动用别人的收入"。亚当·斯密在其代表作《国民财富的性质和原因的研究》一书中明确指出，一个人借钱以后，如果用作资本，即用来维护生产性劳动，可再生产价值，并提供利润。在这种场合，他无须割让或侵蚀任何其他收入的资源，便能偿还资本及其利息。如果用作目前消费的资财，他就成为浪费者，他夺取了维持勤劳阶级的基金，来维持游荡阶级。在这种场合，除非他侵蚀某种收入的资源（如地产或地租），否则他无法偿还资本并支付利息。即在斯密看来，利息具有双重来源：当借贷的货币作为资本进行生产时，利息来源于利润；而当借贷的货币用于直接消费时，利息来源于别的收入（如地租）。这在对利息的认识上显然又进了一步。

（二）现代西方经济学利息性质理论

现代西方经济学的利息理论派别较多，主要有以下几种：

1. 资本生产力论

资本生产力论认为，利息是资本自身生产力的产物。这种观点最早由萨伊提出。

萨伊认为，利息是指借用资本所付的代价。为什么借用他人资本要支付报酬呢？萨伊说，资本具有像自然力一样的生产力；资本的生产力经常与自然的生产力混在一起，共同产生对生产的贡献；不论借出的是自然力、资本还是土地，由于它们协同创造价值，因此它们的使用是有价值的，而且有报酬。对借用劳动力所付的代价叫作工资，对借用资本所付的代价叫作利息，对借用土地所付出的代价叫作地租。因此，当借款人借用了资本的生产力从事商品生产后，其生产价值的一部分必须用来作为资本的生产力的报酬。

2. 节欲等待论

节欲等待论认为，利息是资本持有者对眼前享乐和满足的牺牲，是对自己的欲望和消费节制等待的报酬。英国资产阶级经济学家纳思·威廉·西尼尔认为，工资是工人劳动的报酬，利润则是资本家节欲的报酬，而利息是总利润的一部分，因此利息就是借贷资本家节欲的结果。

3. 利息时差论

利息时差论也称为时间偏好论，该理论认为，利息的产生和水平高低都取决于人们对同一等量商品在现在和将来的两个不同时间内主观评价的差异。尽管利息时差论起源较早，但系统的论证并使之成为一种学说的是奥地利著名经济学家庞巴维克。

后来，美国的经济学家费雪又将这一理论发展为时间偏好论，他把利息看成期待将来幸福和延期消费而获得的公正报酬。他发现人性具有偏好现在即可提供收入的资本财富的心理，这就是所谓的"人性不耐心等待"或"时间偏好心理"。费雪进一步指出，庞巴维克的时差论忽视了未来和现在供应不足是利息形成的重要原因，有了这些差别，即人性不耐心的时间偏好心理，才引起了借贷行为，才产生了利息。

4. 购买力使用论

购买力使用论认为，利息来源于购买力的使用。这种理论是由熊彼特所创立的。

5. 灵活偏好论

灵活偏好论也称流动偏好论，该理论认为，利息是人们在特定时期内放弃货币周转灵活性（或流动性）的报酬。这个理论是由凯恩斯在攻击古典学派利息理论时首先提出的。

凯恩斯在他的《就业、利息与货币通论》一书中指出，个人心理上的时间偏好分别由两组决定来完成。第一组决定是指在既定收入水平时，多少用于消费或储蓄；第二组决定是指在预定的储蓄中，用多少购买生息的债券，多少以现金形式保留。在债券和货币两种资产形式中，债券形式的资产能获一定收益，但持有者要在一定时期内放弃对货币的使用权，这既不便，也可能蒙受损失。货币形式的资产虽不能带来收入，但具有高度的灵活性，因此是一种被人们普遍接受的特殊资产。企业和商人要想取得一定的货币，就必须支付一定的报酬来诱使公众放弃对货币灵活偏好的控制权。

凯恩斯进一步指出，利息就是在一定时期内放弃周转灵活性的报酬，而对应的周转灵活性的大小便决定了经济运行中货币需求量的大小，货币需求量又与货币供给量一起决定利率水平的高低。

6. 可贷资金论

可贷资金论又称利息非完全货币论或新古典综合利息论，该理论认为，利息起源于证券的不完全货币性和借贷资金的供求。这一理论是由英国剑桥学派的罗伯逊提出的。

第二节　利率的种类与利息的计算

一、利率的概念、表现形式与基本特征

（一）利率的概念

利率即利息率，是指一定时期内利息额同贷出资本额（本金）的比率。它体现着借贷资本或生息资本增殖的程度，是衡量利息的量的尺度。西方的经济论述中也称之为到期的回报率、报酬率等。

（二）利率的表现形式

利率的表现形式有以下两种：

第一种是一般表现形式，利率等于利息与本金的比率，即年利息额/本金额。例如，存入本金100元，一年后连本带利收回108元，则年利率为（108-100）/100＝8%。在我国民间传统上，一般以分、厘、毫、丝来表示利率。它们之间的换算是十进位，即1分＝10厘，1厘＝10毫，1毫＝10丝。当年利率为4厘时，则表明年利率为4%；当月利率为4毫时，则表明月利率为4‰。

第二种表现形式为利润率一定，利息占利润的比例关系。例如，年利润率为30%，利息占利润的比例为1/3，则年利率＝年利润率×利息占利润的比例＝30%×1/3＝10%。

这两种利率的表现形式有着不同的意义。第一种表现形式表明本金的增殖程度；第二种表现形式反映了利息的来源，即利润的分割，由此我们可以看出，利率的高低取决于利润率的高低和分割比例（利息占利润的比例）。因此，既然利息是利润的一部分，利息率的上限不会超过利润率，就整个社会而言，不会超过社会平均利润率。利润是利息的最高界限，达到这个界限，产业资本家所得就为零。而利息的最低界限则无法界定，一般认为，不会低于零，因为货币资本家不可能在没有任何所得的情况下贷出资本。利率的理论上限是社会平均利润率，理论下限为零。除此之外，利率还取决于分割比例，这个比例取决于资本贷出者（货币资本家）与借入者（产业资本家）之间的竞争。

（三）利率的基本特征

1. 可变性

利率是一个变量，利率是在不断变化之中的。

2. 有限性

利率的变化和波动不是任意的、无限的，利率在平均利润率与零之间变动。

3. 可调节性

利率决定的客观内容可以表现为主观约定，尤其是分割比例。因此，在一定限度内可以主观调节利率。例如，国家调节利率，实质上是企业与银行之间的一次利益再分配（调整）。

4. 平均利息率有一定稳定性

由于生产力水平决定平均利润率，而在一段时期内生产力水平又是比较稳定的，因此平均利息率在一定时期内也表现为一个稳定的变量。

二、利率的种类

（一）官定利率、市场利率、公定利率

官定利率又称计划利率，是由政府金融管理部门或中央银行确定的利率。官定利率反映了非市场的强制力量对利率形成的干预，是国家实行宏观调控目标的一种政策手段。凡是建有中央银行制度的国家——无论是计划经济国家，还是市场经济国家——都有一种重要的官定利率，即中央银行利率，西方国家称之为再贴现利率或中央银行贴现率，我国则包括再贷款利率和再贴现利率。在现代经济生活中，利率作为国家调节经济的重要杠杆，利率水平不再是完全随资金供求状况自由波动，国家通过中央银行确定的利率调节资金供求状况，进而调节市场利率水平，因此官定利率在整个利率体系中处于主导地位。除中央银行利率外，由计划决定的各种存贷款利率也属于官定利率范畴。例如，我国在计划经济体制下，一直实行计划利率。改革开放以来，我国逐渐引入了市场利率机制。随着社会主义市场经济体制的建立和完善，市场利率将成为利率体系的主体。

市场利率就是在借贷货币市场上由借贷双方通过竞争而形成的利率，随着借贷资

金供求状况而自由变化。官定利率代表了货币当局货币政策的意向，对市场利率有着重要影响，市场利率往往随官定利率的变化而变化。但市场利率又要受借贷资金供求关系等一系列因素的影响，因此并不一定与官方利率保持绝对一致。

公定利率是由非政府部门的民间金融组织，如银行公会等为了维护公平竞争环境所确定的利率，属于行业自律性质，对会员银行有一定约束作用。例如，香港银行公会就定期调整并公布各种存款利率、贷款利率，会员银行必须执行公定利率反映了非市场的强制力量对利率形成的干预。通常，发展中国家公定利率的范围较大，而发达的市场经济国家公定利率的范围则较小。

（二）固定利率与浮动利率

根据在借贷期内利率是否调整，利率可以分为固定利率和浮动利率。

固定利率是指利率在借贷期内不随借贷资金的供求状况而波动，不随市场利率的变化而变化。因此，固定利率计算简便，是传统的计算利息的方法，适用于短期、市场利率变化不大的情况。

浮动利率是一种随市场利率的变化而定期调整的利率，调整期和作为调整基础的市场利率在借款时议定。浮动利率因为手续繁杂、计算麻烦而增加费用，但是借贷双方承担的利率变化的风险较小，利息负担同资金供求情况紧密结合在一起，一般适用于中长期贷款。由于存在通货膨胀，实行固定利率，对债权人，尤其是对长期放款的债权人会带来较大的损失。因此，在越来越多的借贷中开始使用浮动利率。

（三）差别利率与优惠利率

差别利率是指银行等金融机构针对不同部门、不同期限、不同种类、不同用途和不同借贷能力的客户的贷款实行不同的利率。由于利率水平的高低直接决定利润在借贷双方的分配比例，影响借款者的经济利益，因此金融机构对国家支持发展的行业、地区和贷款项目实行低利率贷款；对国民经济发展中的长线和经济效益不好、经营管理水平差的企业实行高利率贷款，有利于支持产业结构的调整和经济协调发展。因此，实行差别利率是动用利率杠杆调节经济的一个重要手段。

优惠利率是指银行等金融机构在发放贷款时，向客户提供低于一般贷款利率水平的利率。在我国，优惠利率对于实现国家的产业政策有着重要的推动作用。国家对重点扶植或照顾的企业、行业或部门、技术改造、重点行业基本建设，贫困地区经济建设，外贸出口，实行优惠利率。

（四）名义利率与实际利率

名义利率是以名义货币表示的利息率，是指不考虑物价上涨率而计算出来的利率。名义利率通俗地说就是票面利率或银行挂牌利率。名义利率是包含物价上涨风险的利率。

实际利率是指名义利率剔除通胀因素后的真实利率，是以实物为标准计算的利率。判断利率水平的高低，不能只看名义利率，必须以实际利率为依据。

如果以 i 代表实际利率，以 r 代表名义利率，以 p 代表借贷期内的通货膨胀率，则名义利率和实际利率的关系可以有以下两种表示方法。

$i = r - p$

$$i = (r-p) / (1+p)$$

第一种表示方法仅考虑本金的保值。举例来说，假如名义利率不变，而通货膨胀率上升5%，那么根据公式，实际利率就下降了5%。这说明本金贬值，购买力下降，相同的货币现在只能购买到过去95%的实物。

通货膨胀对于利息也有贬值的影响，第二种表示方法不仅考虑到本金还考虑到利息的保值，是较为精确的计算公式，也是目前国际上通用的计算实际利率的公式。

划分名义利率和实际利率的理论意义在于：提供了分析通货膨胀下的利率变动的工具。在经济调控中，能操作的是名义利率，对经济关系产生实质性影响的则是实际利率，而实际利率的高低又决定于货币利率与通货膨胀率之差。因此，考察名义利率具有重要的意义。

当名义利率小于通货膨胀率，即实际利率小于零时，就出现了负利率。负利率对经济以及社会公众的储蓄和投资都会产生重大影响。

（五）基准利率

基准利率这个概念在谈及利率水平问题时，经常可以看到。基准利率就是指在多种利率并存的条件下起决定作用的利率，即这种利率发生变动，其他利率也会相应变动。在我国，中国人民银行对商业银行等金融机构的存款利率、贷款利率和再贴现率叫作基准利率，市场利率受基准利率的影响较大。例如，中国人民银行决定从2004年10月29日起上调金融机构存贷款基准利率，一年期存款基准利率上调0.27个百分点，为2.25%，一年期贷款基准利率上调0.27个百分点，为5.58%，其他各档次商业银行存贷款利率也相应调整，中长期上调幅度大于短期。

（六）存款利率和贷款利率

存款利率是银行等金融机构吸收存款时付给存款人的利率。贷款利率则是银行等金融机构发放贷款时向借款人收取的利率。存贷款利率依期限不同而有所差别，一般长期利率大于短期利率，因为根据金融资产的"三性"分析，长期存贷款的流动性差，时间越长，借款者面临的风险就越大；另外，时间越长，贷款者所能赚取的利润也就越多，贷款者的利息也应该越多。对于同一期限的贷款利率要大于存款利率，其中的利差收入就是商业银行获利的主要来源之一。

（七）同业拆借利率

同业拆借利率是指在同业拆借市场上，各金融机构之间提供的短期融资时使用的利率。这种融资一般仅仅是为了弥补头寸的不足，因此期限较短，短至隔夜，一般是几天。同业拆借利率是市场上波动最为剧烈，同时又最能反映货币市场资金供求情况的指标。

同业拆借利率是拆借市场上的资金价格，其确定和变化要受制于银根松紧、中央银行的货币政策意图、货币市场其他金融工具的收益率水平、拆借期限、拆入方的资信程度等多方面因素。在国际货币市场上，比较典型的、有代表性的同业拆借利率有三种，即伦敦银行同业拆放利率（London interbank offered rate，LIBOR）、新加坡银行同业拆借利率和香港银行同业拆借利率。

三、利息的计算

（一）单利与复利

1. 单利

单利的特点就是对已经计提的利息不计利息。其计算公式为

$$I = P \cdot r \cdot n$$

$$S = P(1 + r \cdot n)$$

式中，I 为利息；P 为本金；r 为利率；n 为利率相对应的借贷期限；S 为本利和。例如，一笔为期 5 年、年利率为 6% 的 10 万元贷款，按单利计算，其利息总额为

$$I = 100\ 000 \times 6\% \times 5 = 30\ 000\ （元）$$

其本利之和为

$$S = 100\ 000 \times (1 + 6\% \times 5) = 130\ 000\ （元）$$

单利的计息方法简便，由于利息不再滚入本金再次计息，因此有利于减轻借款人的利息负担，一般适用短期借贷。

2. 复利

以复利方法计算利息时，按一定期限（如一年），将所生利息加入本金再计算利息，逐期滚算。例如，按年计息的话，第一年按本金计息，第二年按第一年本金与所生利息之和计息，第三年按第二年年末本利和计息，以此类推。其计算公式为

$$S = P \cdot (1 + r)^n$$

$$I = S - P$$

上例按复利计算如下：

$$S = 100\ 000 \times (1 + 6\%)^5 = 133\ 822.56（元）$$

$$I = 133\ 822.56 - 100\ 000 = 33\ 822.56（元）$$

$$\Delta I = 33\ 822.56 - 30\ 000 = 3\ 822.56（元）$$

复利的计息方法较之单利，更符合生活实际的计算利息的观点，这种计算方法强化了资金的时间观念，促进资金使用效益提高，一般适用于长期、大额借贷。

（二）终值与现值

由于贷出货币具有收益（获得利息），持有货币具有成本（需要支付或损失利息），因此在不同时间获得的货币，其价值是不同的。现在获得的一定量的货币比未来获得的等量货币具有更高的价值。这就是货币的时间价值。这种货币的时间价值可以通过计算现金的现值或终值来反映。

1. 终值

终值是用复利计息方法计算的一笔投资在未来某个时间获得的本利和。其计算公式为

$$FV_n = (1 + i)^n PV$$

式中，FV_n 为第 n 年的本利和，即以复利计算的 n 年终值；PV 为初始本金。

与初始本金 PV 相乘的系数 $(1 + i)^n$ 称为终值系数。终值即为终值系数与初始本金的乘积。利率相同、期限相同的终值系数是相同的。因此，其不同金额的投资的终

值是其投资额与同一终值系数的乘积。终值系数会随着利率的提高和期限的延长而增大。

存款和贷款的利率通常以年度百分率（如每年 6%）和一定的计息次数（如按月计息或按天计息）表示。在同样的时间内，相同的利率不同的计息次数将得到不同的复利终值。为使利率能够直接进行比较，通常使用实际年利率，即每年进行一次计息时的利率。

例如，住房贷款按 6% 的年度百分率每月计复利，每月计算利息的利率为 $6\%/12 = 0.5\%$。其实际年利率以 1 年期复利计息的终值系数减 1 计算，即

$$EFF = 1.005^{12} - 1 = 0.061\ 677\ 8 = 6.168\%$$

可见，当按月计息时，实际年利率大于年度百分率。

实际年利率的计算公式为

$$EFF = \left(1 + \frac{APR}{m}\right)^{m} - 1$$

式中，m 为每年计息次数。

考虑计算次数的终值公式为

$$FV_n = \left(1 + \frac{i}{m}\right)^{mn} PV$$

式中，$\left(1 + \frac{i}{m}\right)^{mn}$ 为终值系数。

2. 现值

现值是与终值相对应的概念。当你现在有 1 万元资金，按一定的利率（10%）投资，1 年后可得到 11 000 元的收益（本金加利息），在此用到终值的概念。相反，如果 1 年后有 1 万元的收益，相当于现在多少钱呢？在此将用到现值的概念。现值就是未来收益按一定的贴现率贴现后的当前价值。其计算公式为

$$PV = \frac{1}{(1 + i)^n} FV_n$$

式中，PV 为现值，FV 为未来现金流；i 为贴现率；n 为贴现期数；$1/(1 + i)^n$ 为贴现系数，它与贴现率（i）和贴现期数（n）负相关。上例中 1 年后 1 万元收益的现值（以 10% 的贴现率计）为

$$PV = \frac{1}{(1 + 0.1)} \times 10\ 000 = 0.91 \times 10\ 000 = 9\ 100 \text{（元）}$$

2 年后 1 万元收益的现值，以 10% 的贴现率计算为

$$PV = \frac{1}{(1 + 0.1)^2} \times 10\ 000 = 0.826\ 446 \times 10\ 000 = 8\ 264.46 \text{（元）}$$

以 8% 的贴现率计算为

$$PV = \frac{1}{(1 + 0.1)^3} \times 10\ 000 = 0.857\ 339 \times 10\ 000 = 8\ 573.39 \text{（元）}$$

可见，贴现系数和现值随贴现率与贴现期数的增加而减少，但是以递减的速度减少，即为负线性负相关。当 1 年的计息次数大于 1 次时，现值公式为

$$PV = \frac{1}{(1 + \frac{i}{m})^{mn}} FV_n$$

式中，i 为年贴现率；m 为 1 年内计息次数；n 为贴现年数。

（三）连续复利

上述复利计息方法中，假定计息的时间为一年，现在如果将一年分为若干期计息，设名义年利率仍为 r，一年分为 t 期，则每期利率按年利率的比例计算为 $\frac{r}{t}$，则 n 年共有 nt 期，故 n 年年末本利和为

$$S = C(1 + \frac{r}{t})^{nt}$$

显然，$(1 + \frac{r}{t})^t > (1 + r)$，因此 $C(1 + \frac{r}{t})^{nt} > C(1 + r)^n$。

这就是说，按相同的名义年利率 r，每年 t 次复利比只计算一次复利的利息要多，并且可以证明 t 越大，利息越多，但不会无限增大。根据微积分中有关极限知识：

$$\lim_{t \to \infty} C(1 + \frac{r}{t})^{nt} = \lim_{t \to \infty} C(1 + \frac{r}{t})^{\frac{t}{r}nr} = Ce^{nr}$$

因此，本金 C 按名义利率 r 计算复利，n 年后本利和为

$$S = Ce^{nr}$$

这种计息方法称为连续复利计息法，上式称为连续复利公式。

第三节　利率的决定和影响因素

一、平均利润率和分割比例

马克思认为，既然利息来源于利润，因此利息的多少就取决于利润的大小，这里所说的利润不是个别企业或个别行业的利润，而是整个社会的利润，即社会平均利润。利率的高低也就取决于社会平均利润率的高低。社会平均利润率构成了利率的最高界限。此外，利率还取决于银行家和企业主讨价还价的能力——利润的分割比例，在利润率一定的情况下，如果借贷资本分割利润的比例较小，那么利率相应就会较低。

二、货币资金的供求关系

马克思认为，社会平均利润率和零只是利率的理论界限，而在一段时期内社会的平均利润率是较为稳定的，因此利率就主要取决于分割比例，分割比例主要依靠借贷双方竞争确定。双方竞争的结果就形成了利率，当资金供给大于需求时，形成资金的买方市场，分割比例偏向于贷方，市场利率就会下降；反之，当资金需求大于供给，市场利率就会上升。

三、货币政策

由于利率变动对经济有很大影响，因此许多国家通过调节利率来调节经济，利率

也越来越成为国家较为重要的一种货币政策工具，在相当程度和范围为国家所控制。当货币当局实行紧缩性货币政策时，收紧银根，就会提高利率，我国在 2004 年 10 月将基准利率提高了 0.27 个百分点，目的是要遏止经济的过热。反之，当经济低迷时，货币当局为刺激经济复苏，就会相应降低利率，以刺激投资和消费，如前几年我国经历的 8 次降息过程。

不仅是货币政策，财政政策同样也会影响利息的变化。财政政策对利率的影响主要通过增减开支和税收变动来实现。当政府支出增加时，直接提高了投资水平，扩大了资金的需求，引起利率水平的上升。在一定收入水平下，政府征税使得人们的可支配收入减少，投资和储蓄下降，导致国民收入下降；同时减少货币需求，货币供应量不变时利率下降。

四、通货膨胀

通货膨胀对利率的影响通过物价表现出来，主要表现为货币本身的增值或贬值。物价对利率的确定也有影响，这是因为资本的供求双方在决定接受某一水平的名义利率时，都会加进对未来物价变动的估计值，以防止自己因货币本身价值的变动而发生实际的损失。如果物价不断上升，则货币就会贬值。在这种情况下，如果保持原有利率不变，贷款者的实际收益就会减少。因此，为保护资金供给者的利益，在确定利率水平时还必须考虑物价的因素。通常的情况是，通货膨胀率越高，名义利率也就越高。

五、国际资本流动

在各国经济联系日益加强的情况下，国际资本流动也成为影响一国利率水平的重要因素。国际资本流动又会受国际利率差异的影响。例如，当国内利率水平高于国际利率水平时，外国资本为了获得利差收益，就会向国内流动，这样就改变了货币市场上的资金供求。反之，当国内利率水平低于国外利率时，不仅外国资本要"抽逃"，连国内资本也会流出，同样也会改变资金的供求状况。因此，这必然会引起国内利率的变动。政府在确定利率水平时，需要考虑到国际的利率水平。

六、经济周期

在危机阶段，由于物价下降、工厂倒闭、商品积压、资本需求减少，因此利率开始下降；在萧条时期，由于生产缩减，对资本的进一步需求减少，因此利率下降到最低程度；在复苏阶段，由于投资逐步增加，生产及交易规模渐渐扩大，因此利率开始回升；在繁荣阶段，由于生产大规模扩张，对资本的需求大幅度增加，这就必然导致利率上升到最高水平。

除了以上六个因素外，利率水平还受到诸如历史水平、银行成本、利率的管制等诸多因素的影响。对于这些因素，在这里不再加以详细论述。

第四节　利率对经济活动的调节

一、宏观调节功能

（一）聚集社会资金

在商品经济社会中，人们往往根据各种商品价格的变动趋势，不断改变投资的决策，将利润率低的部门和企业的资源，用于利润率趋于上升的部门和企业，对资源做结构性调整。而利率作为资金的价格可以把有限的社会资源分配给利润率较高的部门使用。这样可以把闲散资金聚集起来，转化为生产资本，另外利息来自利润，如果利息越少，企业的利润就越高，因此就会促使企业节约资金、提高生产效率、加速资金运转，从而提高资金的使用效率；也可以优化资源配置，使资金流到能产生最大经济效益的地方。

（二）调节信用规模

中央银行的贷款利率、再贴现率作用于中央银行对商业银行和其他金融机构的信用规模，当中央银行提高贷款利率和再贴现率时，有利于缩小信用规模，相反的操作则有利于扩大信用规模。商业银行的贷款利率、贴现率作用于商业银行对顾客的信用规模，当商业银行降低贷款利率、贴现率时，有利于扩大信用规模；反之则有利于缩小信用规模。

（三）调整经济结构

随着经济的发展，信用在调节经济结构方面的职能变得越来越重要。信用调节经济的职能主要表现为国家利用货币和信用制度来制定各项金融政策与金融法规，利用各种信用杠杆来改变信用规模及其运动趋势。国家借助于信用的调节职能既能抑制通货膨胀，又能防止经济衰退和通货紧缩，刺激有效需求，维持资本市场行情。国家利用信用杠杆还能引导资金流向，通过资金流向的变化与转移来实现经济结构的调整，使国民经济结构更合理，经济发展的持续性更好。

（四）抑制通货膨胀

在信用货币流通的情况下，通货膨胀的治理便成了现代经济中的一个主要问题。当通货膨胀发生或预期通货膨胀将要发生时，通过提高贷款利率调节货币需求量，使得货币需求下降，信贷规模收缩，促使物价趋于稳定。如果通货膨胀不是由于货币总量不平衡所致，而是由于商品供求结构失衡所致，则对于供不应求的短线产品的生产可降低对其贷款的利率，促使企业扩大再生产，增加有效供给，迫使价格回落。

（五）平衡国际收支

当国际收支严重逆差时，可以将本国利率调到高于其他国家的程度，一方面可以阻止本国资金流向国外；另一方面可以吸引国外的短期资金流入本国。当国内经济衰退与国际收支逆差并存时，就不能简单地调高利率水平，而应调整利率结构。因为投资主要受长期利率的影响，而国际间的资本流动主要受短期利率的影响，因此在国内经济衰退与国际收支逆差并存时，一方面降低长期利率，鼓励投资，刺激经济复苏；另一方面提高短期利率，阻止国内资金外流并吸引外资流入，从而达到内外部同时均衡。

二、微观调节功能

（一）激励经济主体提高资金使用效率

在经济生活中，企业向商业银行借款，而商业银行和其他金融机构又向中央银行借款。对于它们来说，利息始终是利润的抵减因素。因此，为了自身利益，企业（包括商业银行等）就必须加强经营管理，加速资金周转，减少借款额，通过提高资金使用效率来减少利息的支付。

（二）影响家庭和个人的金融资产投资

人们将货币转化为金融资产，主要考虑金融资产的安全性、收益性和流动性三个方面。而各种金融资产的收益与利率有着密切的联系。在安全性和流动性一定的情况下，通过调整利率，就可以引导人们选择不同的金融资产。

（三）作为租金计算的基础

资产所有者贷出资产，在到期后收回并取得相应的租金。租金的变量受多种因素的影响，如传统的观念与习惯、政府的法规、供求关系等，但通常是参照利率来确定的。

第五节　利率理论

一、古典利率理论

古典利率理论从 17 世纪逐渐形成，流行于 19 世纪末到 20 世纪 30 年代。大多数西方学者都倡导和信奉这一理论。其代表人物有庞巴维克、费雪和马歇尔。古典利率理论认为，利率是由储蓄和投资决定的，把资本的供给和需求与利率变化联系在一起，认为资本供求的均衡点决定利率水平。根据这一理论，资本供给来自储蓄，而储蓄是一种延期的消费，它决定于人们的偏好和愿望。人们为了使收入的总效用达到最大，就要在现在消费和未来消费之间进行选择。因此，利率是诱使人们储蓄而不去消费的一种支付，是储蓄的报酬。这样利率越高，人们收入中用于储蓄的部分就越大，资本的供给就越多；而利率越低，储蓄就越少，资本供给也就越少。同时，资本需求决定于投资，而投资取决于资本的边际效率和利率的比较。如果预期的资本边际效率大于利率，那么投资必然产生；如果预期的资本边际效率小于利率，那就不会产生投资。换言之，只有在投资收益大于利率的情况下才可能发生净投资。在此前提下，利率越低，投资需求就越多；利率越高，投资需求越少。图 3-1 说明了这种关系。

在图 3-1 中，I 曲线为投资曲线，曲线向下倾斜，表明投资和利率之间的负相关关系。S 曲线为储蓄曲线，曲线向上倾斜，表示储蓄与利率之间的正相关关系。两线的交点所确定的利率 r_0 为均衡利率。如果边际储蓄倾向提高，则 S 曲线向右平移，形成 S' 曲线，与 I 曲线的交点所确定的利率 r_1 即为新的均衡利率。因此，在投资不变的情况下，储蓄的增加会使利率水平下降。如果边际投资倾向提高，I 曲线向右平移，形成 I' 曲线，则 I' 曲线与 S 曲线的交点确定新的均衡利率 r_2。因此，若储蓄不变，投资增加，均衡利率上升。

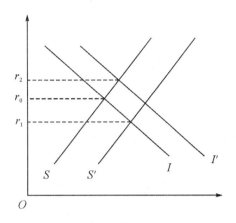

图 3-1　古典利率理论

二、流动性偏好利率理论

20 世纪 30 年代的西方经济大危机撼动了古典经济学的基石，同时也摧毁了以利率自动调节为核心的古典利率理论。随着凯恩斯经济思想的盛行，流动性偏好利率理论逐渐占了上风。

流动性偏好利率理论是凯恩斯提出的一种利率理论，其主要的观点就是认为利息是在一定的时期放弃货币、牺牲流动性应得到的报酬，而不是古典利率理论所讲的利息是对节欲、等待或推迟消费的报酬。凯恩斯认为，由于未来存在一定程度的不确定性，因此虽然股票、债券等投资工具可以为投资者带来一定的收益，但它们的流动性，或者说它们的变现能力较差，而与之相比，货币作为一种特殊形式的资产，是财富的真正代表，并得到了社会的承认，由于它可以随时转化为其他商品，并具有完全的流动性和最小的风险性，因此受到人们的喜爱。当人们选择持有资产形式时，往往会偏好货币资产，如果想要人们在一定时期内放弃货币、牺牲流动性，那么就应支付给货币的所有者一定的利息作为转移流动性的报酬。

凯恩斯认为，利率就是由货币的供给与需求共同决定的。货币需求量又取决于人们的流动性偏好。如果人们对流动性的偏好强，愿意持有的货币数量就多，当货币的需求大于货币供给时，利率上升；反之，人们的流动性偏好转弱时，那将使对货币的需求下降，利率下降。因此，利率是由流动性偏好曲线与货币供给曲线共同决定的。凯恩斯的流动性偏好利率理论如图 3-2 所示。

在图 3-2 中，M_s 表示货币供给，M_d 表示货币需求，r 表示利率。当货币供给 M_s 固定时，利率高低就取决于货币需求 M_d。如果货币需求曲线向上移动，则与供给曲线相交所确定的利率上升，反之则下降。当货币需求不变时，利率高低就取决于货币的供应量，如果货币供应量增加，利率就会降低。在图 3-2 中，供应量从 M_{s1} 增加到 M_{s2}，利率由 r_1 下降到 r_2。货币供给曲线 M_s 由货币当局决定，货币需求曲线 M_d 是一条由上而下、由左向右的曲线。越向右，越与横轴平行，当货币供给曲线与货币需求曲线的平行部分相交时，利率将不再变动，即无论如何增加货币供给，货币均会被储存起来，不会对利率产生任何影响，这就是"流动性陷阱"。在图 3-2 中，自 M_{s2} 之后，

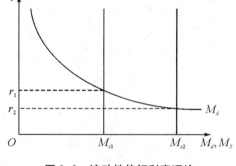

图 3-2　流动性偏好利率理论

货币供给量无论如何增加，利率也不会从 r_2 继续下降。

三、可贷资金利率理论

无论是古典利率理论还是凯恩斯的流动性偏好利率理论，都是单纯从某一个方面来分析利率决定的，古典理论过分地强调了实物因素的作用，认为利率是完全由实物因素决定的；而与之相反，凯恩斯的流动性偏好利率理论则过分地强调了货币因素在利率决定中的作用，认为利率完全是由货币供求决定的，是货币市场均衡的一个结果。显然这两种理论都过于偏激，利率既不是单纯由实物因素决定的，也不是单纯由货币因素决定的，而是由实物和货币两种因素共同决定的。因此，分析利率的决定机制就必须同时考虑实物和货币两种因素。正是基于这样一种考虑，可贷资金利率决定理论以古典学派的利率理论为基础，并依据经济现实和理论的发展，修补了古典利率理论的缺陷，形成了以可贷资金为中心概念、以流量分析为主要线索的新的理论体系。

可贷资金利率理论认为，古典利率将利率的决定因素仅局限于实物市场，认为利率的形成和高低与货币无关，这显然是片面的，不符合经济发展的现实。因为其忽视了经济中商业银行创造信用的功能以及以货币形式表现的"窖藏"与"反窖藏"的现象。研究利率若不考虑货币数量与"窖藏"这两个因素，肯定是不全面的。储蓄和银行体系创造的货币量的增减及"窖藏"货币量的变化组成了可贷资金的供给和需求。利率同时取决于储蓄与投资及货币的数量与货币"窖藏"的数量相等之时。

可贷资金利率理论认为，利率是由资金的供求决定的，而资金的供给来源主要有两个方面：一个方面是储蓄 $S(r)$；另一方面是货币供给量的净增加 $\Delta M(r)$。而资金的需求也主要有两个方面：一个方面是投资需求 $I(r)$，另一个方面是人们"窖藏"货币量的净增加 $\Delta H(r)$。其中，储蓄 S 和货币供给量的净增加 ΔM 都是利率 r 的增函数；而投资 I 和人们的货币"窖藏"净增加 ΔH 都是利率 r 的反函数。可贷资金利率理论认为，利率取决于可贷资金的供给和需求的均衡，即当如下等式成立时，将产生均衡利率（如图 3-3 所示）。

$$S(r) + \Delta M(r) = I(r) + \Delta H(r)$$

可贷资金利率理论是现代相当流行的一种利率决定理论。这一理论形成之后，逐渐取代了古典利率理论的地位。可贷资金利率理论的主要特点是同时兼顾了货币因素和实际因素以及存量分析和流量分析，但它的缺点是忽视了收入和利率的相互作用。

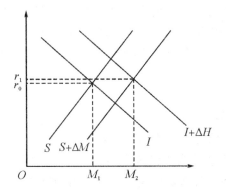

图 3-3　可贷资金利率理论

四、基于 *IS-LM* 分析的利率理论

古典利率理论和凯恩斯的流动性偏好利率理论分别从商品市场与货币市场的均衡来说明利率的决定，可贷资金利率理论则试图把两者结合起来。但是英国著名经济学家希克斯等人认为，以上三种理论都没有考虑收入的因素，因此无法确定利率水平。于是，希克斯于1937年发表了《凯恩斯与古典学派》一文，首倡著名的 *IS-LM* 模型，后来在美国经济学家汉森的进一步研究说明下，建立了一种使利率与收入在储蓄和投资、货币供应和货币需求四个因素相互作用下同时决定的利率理论（如图3-4所示）。

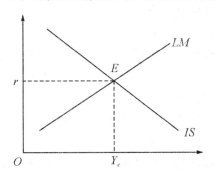

图 3-4　基于 *IS-LM* 分析的利率理论

在 *IS-LM* 分析框架中，汉森认为，利率是由货币市场和实物领域的同时均衡共同决定的。其中，*IS* 曲线就表示实物领域均衡点的集合，而 *LM* 曲线就表示货币市场的均衡点的集合。*IS* 曲线说明任意给定的利率水平所对应的总产出均衡水平的位置，或者说是商品市场处于均衡状态时的利率与产出的组合。*LM* 曲线说明任意给定的利率水平所对应的货币供需均衡的位置，或者说是货币市场处于均衡状态时的利率与产出的组合。

基于 *IS-LM* 分析的利率理论认为，只有实物领域与货币市场同时实现均衡时决定的利率才是真正的均衡利率。在坐标图上，两条曲线的交点 *E* 表示：在产品市场上，总产出等于总需求；在货币市场上，货币供给等于货币需求，也就是 *E* 点同时确定了均衡产出和均衡利率。

IS-LM 模型克服了古典学派的利率理论只考虑商品市场均衡的缺陷，也克服了凯恩斯学派只考虑货币市场均衡的缺陷，同时还克服了可贷资金利率理论在兼顾商品市场和货币市场时忽视两个市场各自均衡的缺陷，因而该理论被认为是解释名义利率决定的最成功的理论。

五、利率的期限结构理论

上述四种利率理论都假定市场上只有一种利率。但事实上，市场上的利率是多种多样的，而上面的几种理论不能解释这个问题。由于不同的利率对经济的影响不同，因此为了有利于调节经济，就需要从理论上解释市场复杂的利率结构是如何形成或决定的，特别是要分析利率的期限结构，即长期利率和短期利率的形成原因或决定因素，由此形成了利率的期限结构理论。

利率的期限结构是指证券到期时的利息或收益与到期期间的关系。这一关系可以有四种不同的情况：短期利率高于长期利率、长短期利率一致、短期利率低于长期利率、长短期利率处于波动之中。期限结构理论研究的主题正是长短期利率二者的关系以及二者变动发生的影响等问题。为什么利率曲线呈现出这几种形状？为什么不是简单的向上倾斜，体现期限越长，利率越高的结果？在具体分析时，又分成三种理论：预期理论、市场分割理论和偏好利率结构理论。

第一，预期理论。预期理论是利率期限结构理论中最主要的理论，它认为任何证券的利率都同短期证券的预期利率有关。如果未来每年的短期利率一样，那么现期长期利率就等于现期短期利率，收益曲线表现为一条水平线；如果未来的短期利率预期要上升，那么现期长期利率将大于现期短期利率，收益曲线表现为一条向上倾斜的曲线；如果未来的短期利率预期要下降，那么现期长期利率将小于现期短期利率，收益曲线表现为一条向下倾斜的曲线。

第二，市场分割理论。市场分割理论把市场分成长期市场和短期市场。从资金需求方来看，需要短期资金的投资者发行短期证券，需要长期资金的投资者发行长期证券，并且这些长短期证券之间是不能互相替代的，因此短期证券市场与长期证券市场是彼此分割的。从资金供给方来看，不同性质资金来源使不同的金融机构限制在特定的期限内进行借贷，以致短期资金利率由短期资金市场决定，长期利率由长期资金市场决定。如果短期资金缺乏而长期资金较为充裕，短期利率将比长期利率高；如果长期资金缺乏而短期资金较为充裕，则长期利率高于短期利率。

第三，偏好利率结构理论。该理论认为，预期理论忽视风险因素的避免是不完善的，因为不同利率之间的相互关系部分地与风险因素的避免有关，部分地与对未来利率的预期的趋势有关。因此，预期和风险的避免二者对利率结构都有重要影响，应将二者结合起来完善利率结构理论。

根据偏好利率结构理论，在存在风险的情况下，长期债券比短期债券的风险大，长期利率要比短期利率高。其理由为：其一，短期债券比长期债券的流动性大，而且对于利率变动的预测较为可能和接近，资产价值损失的风险较小，因此流动性报酬低；其二，以短期资金转期筹措长期资金，除短期资金转期续借成本较大以外，还有转期续借时可能发生的不确定性风险，会使长期利率比短期利率高；其三，长期贷款往往要采用票据再贴现形式，也要一定的手续费用。不难看出，偏好利率结构理论，实质上是将投资者对资本价值不确定性风险的回避因素导入预期理论。

总体来说，影响利率期限结构的最主要因素包括对未来短期利率的预期、流动性偏好和供求关系。

第六节　我国的利率体制及其改革

我国利率管理体制的形成有特殊的历史。自 1949 年 10 月 1 日中华人民共和国成立以来，在计划经济体制下，我国的利率属于管制型利率，利率由国务院统一制定。1995 年通过的《中华人民共和国中国人民银行法》规定，利率事项由中国人民银行做出决定，报国务院批准后执行。

一、我国利率体制的不足

（一）利率市场化改革严重滞后

经过 20 多年的改革，我国初步建立起市场经济体系，其他领域的改革已初见成效，而金融体制改革却滞后于经济和金融发展形势，成为经济体制改革的"瓶颈"。在价格领域里，我国已初步形成了以市场机制为主体的、竞争有序的价格形成及管理机制。但在要素市场领域，价格约束机制仍然比较僵化，特别是作为重要生产要素的资金，其价格表现形式——利率仍然受到严格管制，不仅弱化了利率在资源配置方面的优化引导功能，同时也不利于利率作为宏观调控最重要的政策工具而发挥作用，进而制约了金融体制改革的深化。可以说，利率市场化改革的滞后已成为我国金融体制改革的"瓶颈"。

（二）利率的结构性调整成为调节利益的杠杆

由于中国人民银行总行制定了绝大部分的利率种类和明细的利率品种，因此利率体系中利率水平的结构性调整将起到明显的利益再分配和再调节作用。例如 1996—1999 年的 7 次降息，贷款平均利率水平累计下降了 6.47%，企业减少利息支出达2 600亿元。企业少付利息，意味着银行少收了利息，即银行让利给企业；同时，存款平均利率水平下降了 5.73%，意味着存款户得到的利息减少，即存款户让利给银行，利率结构性的调整，引起了利益在银行、存款户和企业之间的再分配与再调整，这种调整的依据和力度值得深入研究和探讨。

（三）利率水平调整的时滞

根据《中华人民共和国中国人民银行法》的规定，我国利率决定权集中在中央政府，中央银行只是受权发布机关和代管部门，这就决定了利率决定的最后发言权在于中央政府。中央银行在中央政府的授权下，分析客观的经济金融环境，根据国家政策，评估各种相关因素，最终测算得出不同种类的利率水平，再经国务院批准后发布执行。整个决策程序环节较多，加之我国中央银行对经济的敏感程度、利率管理艺术、金融监管水平等都有待提高，因此决策周期长，制约了政策效用的发挥。例如，在 1999 年

6月至2001年12月，美国已经17次调整联邦基金利率，而我国在这一周期中，人民币利率水平一直保持固有水平。

（四）利率结构体系存在扭曲现象

我国利率种类如同计划体制下各种实物指标般琐细复杂。利率种类繁多，并不意味着利率结构的比价关系合理。各种利率之间缺乏内在联系和联动，比价关系失衡。例如，利率体系中基准利率错位、存贷款利差太小、存贷款利率倒挂等。

（五）利率传导机制不畅

长期以来，我国利率传导主要通过行政管理手段，由央行分支机构督促商业银行组织实施，从而降低了利率的宏观调控效能。央行很难通过货币供应量的控制来影响市场利率水平，进而实现货币政策目标，因此也就难以真正实现宏观调控从直接方式向间接方式的彻底转变。此外，我国以货币供应量为货币政策中介目标，利率是从属目标，加上我国经济金融领域一些非理性因素的存在，致使利率传导机制不畅，市场对利率信号反应迟滞，利率政策效益不明显。这可以从利率调整与股市的关联分析中集中反映出来，利率的降低往往伴随股市的走低，这与理论分析正好相反。

（六）利率管制牺牲了社会效益

在低利率管制的情况下，利率被控制在均衡利率水平之下，使得经济体系内部始终存在超额资金需求。在资金供求失衡、利率不能自发对其进行调节的情况下，发展中国家对超额资金需求只能采取信用配给方式进行。这样的资金分配方式很难符合市场效率原则，因此很难做到合理和有效，往往会导致国民经济畸形发展和经济结构失衡。

二、利率市场化改革

中国人民银行货币政策委员会2000年第二季度例会第一次为我们明确了利率市场化改革的目标，即建立以中央银行利率为基础、以货币市场利率为中介、由市场供求决定金融机构存贷款利率的市场利率机制。

（一）利率市场化的含义

利率市场化是指金融机构在货币市场经营融资的利率水平由市场供求来决定。利率市场化包括利率决定、利率传导、利率结构和利率管理的市场化。具体来讲，利率市场化是指存款贷款利率不由上级银行统一控制，而是由各商业银行根据资金市场的供求变化来自主调节，最终形成以中央银行基准利率为引导，以同业拆借利率为金融市场基础利率，各种利率保持合理利差和分层有效传导的利率体系。

（二）利率市场化至少应该包括的内容

（1）金融交易主体享有利率决定权。

（2）利率的数量结构、期限结构和风险结构应由市场自发选择。

（3）同业拆借利率或短期国债利率将成为市场利率的基本指针。

（4）政府（或中央银行）享有间接影响金融资产利率的权力，但中央银行调节利率一定要以优化资金资源配置为目标。

习题

概念解释:

基准利率　官定利率　复利　现值　终值　流动性陷阱

案例分析:

日本中央银行日本银行于 2016 年初意外宣布降息至-0.1%，令投资者备感意外。

日本银行宣布负利率决定后，亚洲股市上涨，日元汇率下跌，国债反弹。

日本银行在声明中说："如果认为有必要，日本银行将在负利率区间进一步降息。"

日本银行引入负利率的举动令市场意外。日本银行行长黑田东彦说，央行现在并未考虑采取负利率政策。他告诉日本国会，央行可能继续扩大资产购买项目，以实现进一步货币宽松。

有评论说，负利率最主要的意义是体现了日本央行进一步货币宽松的决心。自2013 年推出 QQE（定性与定量宽松）以来，日本实施了史无前例的货币宽松政策，但并未达到2%的通胀目标，结构性改革进展也非常有限，企业工资增长乏力。所以此次日本央行再次加码，表达了进一步宽松的决心。因此宣布负利率之后，日元汇价断崖式暴跌，美元兑日元大涨超 200 点，涨幅逾2.2%。日本进一步宽松，或引发各国货币竞相贬值，加大人民币贬值压力。同时日本的宽松政策也会对美联储的后续政策产生一定的影响。

（1）什么是负利率？

（2）日本为什么要实行负利率？

（3）负利率对居民投资将会有什么影响？

思考题:

（1）简述流动性偏好利率理论的主要内容。

（2）简述利率期限结构理论。

（3）已知实际利率为 5%，名义利率为 8%，市场预期的通货膨胀率是多少？说明原因。

第四章　金融市场及其构成

金融市场作为资金融通的市场,是资金供应者和资金需求者双方通过信用工具进行交易的重要场所。金融市场理论是最核心、最前沿的金融理论之一。本章主要介绍金融市场的融资结构、特征、功能以及货币市场和资本市场。

第一节 金融市场概述

金融市场是资金供求双方借助各类金融工具进行各种投融资活动的场所,是交易金融资产并确定金融资产价格的一种机制。金融市场是货币借贷、资金融通、买卖票据和有价证券等所有金融交易活动的总称,是包括直接融资和间接融资在内的所有金融投资活动。

一、金融市场的特征

现代市场经济按交易对象的具体内容分为商品市场、技术市场、劳动力市场、金融市场、信息市场,其中金融市场是最为重要的子市场之一。同其他市场相比,金融市场的特征主要表现为以下几个方面:

(一) 交易对象为金融资产

一般的产业投资是指投资于实体经济的活动,如投资于工业、农业、服务业等,但表现在金融市场的交易活动,即金融投资,是以金融资产为投资标的,如买卖票据、大额存单、股票、债券、外汇等的投资活动。与产业投资相比,金融投资的工具一般都具有流动性、收益性、风险性等特征。

(二) 交易价格为资金的合理收益率

金融市场的交易对象是各类金融工具,如票据、大额存单、股票、债券等,交易价格更多表现为借贷资金的合理收益率,反映的是货币供应者因为让渡使用权而获得投资收益。金融资产的定价机制是金融市场的核心机制之一。

(三) 交易场所可表现为有形或无形

一般市场通常都有一个固定有形的场所,但金融市场比较特殊,它既包括固定有形的场所也包括电子计算机系统无形的交易场所。一般的证券交易所形式就是固定有形的交易场所,特点是交易者集中在有固定的地点和交易设施的场所内进行金融产品的交易,比如我国的两大证券交易所——上海证券交易所和深圳证券交易所。众所周知的美国的"全国证券交易商协会自动报价系统"即 NASDAQ 是典型的电子化无形证券交易市场。

(四) 交易目的是让渡或获得一定数量资金的使用权

一般的商品市场的交易目的是获得一定商品的使用权和所有权。与商品市场不同的是,金融市场的交易活动更多表现为货币、信用活动,交易双方更多的是信用关系,交易目的是获得资金的使用权而非所有权,即两权的分离。例如,资金盈余单位以某种方式让渡了一定量资金的使用权,为此获得了利息收益;相应地,资金的紧缺方因为获得一定量资金的使用权，付出一定的资金使用成本。

二、金融市场的融资形式

金融市场是实现货币借贷和资金融通、办理各种票据和有价证券交易活动的市场，而依据不同类型的金融工具实现不同途径的资金融通，又可以将金融市场融资结构分为直接融资和间接融资。

（一）直接融资

直接融资也称直接金融，是指资金盈余者与资金需求者通过股票、债券等金融工具直接实现融通资金的方式。资金供求双方通过一定的金融工具直接形成债权债务关系，没有银行等金融机构介入，但可能要借助证券公司的承销等金融服务。一般资金盈余单位在金融市场通过直接购买资金需求单位发行的有价证券，将货币资金的使用权转移给资金需求单位。直接融资的主要形式包括商业信用、证券信用等。

1. 直接融资的优点

（1）提高资源使用效率。直接融资是资金供求双方通过相应的金融工具直接形成债权债务关系，资金供给方直接投资于企业生产经营之中，无需金融机构的介入，提高了资源使用效率。因此，资金供求双方联系紧密，有利于资金快速合理配置和使用效率的提高。

（2）投资收益高。资金提供者通过投资直接金融工具获得的收益通常要比间接金融工具的高。各个融资者的资信高低不一，对于投资者而言要承担更多的不确定性，即更高的风险，投资者因此会获得更高的报酬。

2. 直接融资的缺点

（1）投资风险较大。我们提到投资者通过直接金融工具一般可以获得更高的投资收益，主要原因正是其要承担更高的风险。无金融中介做引导，就无法准确判断资金需求者的真实状况，出现信息不对称风险。由直接融资形成的证券市场存在很多类型的风险，包括系统性风险和非系统性风险，因此才有"股市有风险，入市需谨慎"这句话来告诫投资者。

（2）公开性要求。企业想要在直接融资市场实现筹资目的，就必须满足公开信息的制度要求。而这一公开性要求是一把双刃剑，方便投资者公平及时获得企业信息的同时也泄露了企业的商业秘密，这是资金需求者想要实现目的必须付出的成本。

（二）间接融资

间接融资是直接融资的对称，亦称间接金融，是指拥有暂时闲置货币资金的单位通过存款的形式，或者购买银行、信托、保险等金融机构发行的有价证券，将其暂时闲置的资金先行提供给这些金融中介机构，然后再由这些金融机构以贷款、贴现等形式，或者通过购买需要资金的单位发行的有价证券，把资金提供给最终的需求者使用，从而实现资金融通的过程。在这种融资方式下，资金的最终供求双方不直接发生债权债务关系，而是由金融机构以债权人和债务人的身份介入其中，实现资金余缺的调剂。

比较两种融资结构的特点可发现，区分直接融资和间接融资的标准之一在于是否有金融机构做中介，有金融中介的一般为间接融资。另一个区分直接融资和间接融资的标准为金融中介是否扮演了债权债务的双重角色，比如在直接融资形式中，企业在证券市场通过发行股票融资会涉及一类金融机构——证券公司，但此时的证券公司只为发行企业提供承销、咨询服务，收取的是手续费和服务费等，证券公司本身并未承担债权债务的双重角色。

1. 间接融资的优点

（1）规模优势。间接融资同直接融资比较，其最大的优势在于能够广泛筹集社会上分散、闲置的小额资金，然后通过银行等金融中介机构的一些业务提供给最终的资金需求者。这些金融机构网点众多，普及程度高，能够实现规模效应。

（2）安全性高。金融中介机构拥有较多的信息和专业人才，对保障资金安全和提高资金使用效率等方面有独特的优势，这对投融资双方都有利。金融中介能够很好地保护投融资双方的隐私，保密性强。

2. 间接融资的缺点

（1）资源使用效用低。间接融资由于资金供给者与需求者之间加入金融机构为中介，隔断了资金供求双方的直接联系，在一定程度上减少了投资者对投资对象经营状况的关注和筹资者在资金使用方面的压力，资金的运行效率更多地依赖于金融机构的素质。

（2）投资收益低。资金盈余者想要通过间接融资途径获得高投资收益是不可能的。间接融资必然会涉及银行等金融机构做中介，金融机构的专业、规模、信息优势，使得间接投资方式要比直接投资安全性高得多，但相应投资收益也低。

三、金融市场的功能

金融市场作为金融资产交易的场所，从整个经济运作的角度来看，发挥了以下几项重要的经济功能：

（一）资源配置功能

金融市场最基本的功能是连接社会两大主体——资金盈余者和资金短缺者，引导货币资金从资金盈余者流向资金短缺者，即通过直接融资和间接融资两个基本途径实现资源的配置。此外，金融市场的定价机制可以引导资源从低效益部门流向高效益部门，实现资源的优化配置。

（二）分散风险功能

金融市场中的交易对象是各类金融工具，不同的金融工具在收益性、流动性和风险性方面存在巨大差异。投资者可以根据自身风险偏好选择多样化的投资组合来达到降低风险的目的。如果投资者认为自身投资专业水平不高，那就可以选择投资基金，交由专家理财，分散投资，实现投资的安全性和盈利性。金融市场为投资者提供了这样一个具备流动性、收益性和分散风险的交易场所。

（三）反映功能

金融市场被称为国民经济的"晴雨表"或"气象台"，是公认的国民经济信号系统。第一，通过资本市场上上市公司的交易价格行情、发布的财务信息和经营状况等，金融市场反映了微观经济的运行状况。第二，通过市场上借贷资金的利率高低或各类借贷活动特征等，金融市场反映了国家货币供应量的状况，有利于政府及时调整宏观经济政策。

（四）经济调节功能

调节功能是指金融市场对宏观经济的调节作用。一方面，金融市场中的直接融资活动将资金提供者和资金需求者紧密联系在一起，通过金融市场的自动调节机制，资本一定会流向高效益、高质量的部门。另一方面，金融市场是一国政府宏观调控的重要途径，由其为货币政策的顺利实施提供了操作场所和经济信息。

四、金融市场的分类

金融市场根据不同的划分依据有很多分类。以下我们根据交易区域范围、交易期限的长短、金融资产的发行和流通特征、有无固定交易场所和金融工具的交割时间五个标准来划分。

（一）国内金融市场和国际金融市场

按交易区域范围的不同，金融市场分为国内金融市场和国际金融市场。金融交易的作用范围仅限于一国之内的为国内金融市场。金融资产的交易跨越国界进行的为国际金融市场。

国际金融市场与国内金融市场之间有着一定的联系。一般而言，先出现的为国内金融市场。随着各国金融市场的业务活动逐步延展，相互渗透和融合后，就促成了以某几国国内金融市场为中心的、各国金融市场联结成网的国际金融市场。或者说，国际金融市场的形成是以国内金融市场发展到一定高度为基础的。同时，国际金融市场的形成又进一步推动了国内金融市场的发展。

（二）货币市场和资本市场

按交易期限长短的不同，金融市场分为货币市场和资本市场。

货币市场是指进行一年以下的短期资金交易活动的市场。在货币市场上，通常利用发放短期债券、商业票据，通过某些交易方式，如贴现和拆借业务，实现资金的短期借贷，以满足金融市场上供求双方对短期资金的需求。

资本市场是指进行一年以上的长期资本交易活动的市场。资本市场的职能是为资金的需求者筹措长期资金。资本市场的交易活动方式通常分成两类：一是资本的需求者通过发放和买卖各种证券，包括债券和股票等筹集资金；二是资本的需求者直接从银行获得长期贷款。

（三）一级市场和二级市场

按金融资产的发行和流通特征不同，金融市场分为一级市场和二级市场。

一级市场又称为初级市场或发行市场，是指各种新发行的证券第一次售出的活动及场所。证券的发行一般需要承销商协助发行，有包销、代销等方式。

二级市场又称为次级市场或流通市场，是指不同投资者之间进行证券转手买卖流通的市场。二级市场可以分为场内市场和场外市场，前者指有组织的、在某一具体场所内进行的交易活动，比如证券交易所；后者是在交易所之外进行证券买卖的市场。

（四）有形市场和无形市场

按有无固定的交易场所，金融市场分为有形市场和无形市场。

有形市场是指有固定的交易场所、有专门的组织机构和人员以及有专门设备的组织化市场。

无形市场是一种观念上的市场，即无固定的交易场所，其交易是通过电传、电话、电报等手段联系并完成的。

（五）现货市场和期货市场

按金融产品的交割时间不同，金融市场分为现货市场和期货市场。

现货市场是指即期交易市场，即买者付出现款，收进证券或票据；卖者交付证券或票据，收进现款。这种交易一般是当天成交当天交割，最多不能超过三天。

期货市场是指交易双方达成协议后，不立即交割，而是约定在一定时间，如几周或几个月之后进行交割。

第二节　货币市场

一、货币市场概述

（一）货币市场的概念

货币市场又称为短期资金市场，是指一年期以内的短期金融工具交易场所形成的供求关系及其运行机制的总和，是金融市场的重要组成部分。这些短期金融工具因具有期限短、流动性强和风险低等特点，具有较强的货币性，因此该市场称为货币市场。

（二）货币市场的特点

1. 货币市场交易的金融工具期限短、安全性高、流动性强

货币市场的金融交易期限都在一年以下，短则半天，是为了满足短期融资需求，反映工商企业、政府短期资金周转的需要，融资者信誉高，借款能在短期内归还，违约风险较小，相应的收益率也比较低。货币市场交易的金融工具通过贴现方式提取兑现，变现能力强，流动性很强。

2. 货币市场的参与者以机构投资者为主

货币市场的交易金额比较大，一般涉及的参与者资信要求比较高，主要是商业银行、证券公司、基金管理公司、政府、中央银行等。个人一般作为资金的供给者不能直接参与货币市场交易，主要通过投资货币市场基金间接参与，当然也有个人持有国库券和大额存单的情况。政府主要以短期资金需求者的身份参与货币市场。中央银行主要是为了实施货币政策，实现宏观调控目标而参与货币市场。

3. 货币市场交易品种多、交易量大

货币市场的交易品种有商业票据、银行承兑汇票、中央银行票据、短期国库券、同业拆借、证券回购协议、大额存单和货币市场基金等。这些交易品种一般涉及资金数额庞大，即交易量大。因此，货币市场是一个典型的"批发市场"。

4. 货币市场是无形市场

货币市场不存在特定的交易场所，大量交易是通过电话或计算机网络等通信设施实现的。无形市场克服了地域分割的限制，适应货币市场交易量巨大的特点，使交易者能在同一时间不同地点迅速完成交易，提高了市场效率。

二、货币市场体系

货币市场可以根据投资工具的不同分为票据市场、同业拆借市场、大额可转让定期存单市场、国库券市场和回购市场。

(一) 票据市场

票据发行与流通的市场称为票据市场。票据市场上的票据主要包括商业票据、银行票据、中央银行票据三类。

1. 商业票据市场

商业票据起源于商业本票,是最古老的货币市场工具之一。最初的商业本票建立在商业信用的基础上,即工商企业之间因为商品往来而发生的以延期付款或预付货款等形式表现的信用。商业本票的特征可以总结为以下三点:第一,商业本票是自付证券。商业本票是由出票人签发的,承诺自己在见票时无条件支付确定的金额给收款人或者持票人的票据,出票人本人对持票人付款。第二,商业本票只涉及两方当事人。一般票据都会涉及三方当事人,即出票人、付款人和收款人,但商业本票的出票人便是付款人,因此商业本票只涉及两方当事人。第三,商业本票不需要承兑。商业本票未委托他人付款,无须承兑,直接由出票人保证付款。

19世纪初,商业本票的性质发生了变化,一些大工业企业为了获得银行短期贷款之外新的短期资金,开始发行纯粹融资性的本票,即创新型融通票据。这些票据意味着脱离了真实的商品往来,完全是公司出于融资目的而签发的票据。20世纪之后商业票据市场迅猛发展,究其原因主要是其具有以下特征:第一,商业票据发行成本低,一般比同期银行贷款成本要低。第二,商业票据采用信用发行方式,无须抵押,发行程序简便。第三,商业票据市场是一个发行市场,票据的期限都很短,持有者大多持有至到期,无转让动机,因此二级市场也不发达。

2. 银行承兑汇票市场

汇票是出票人签发的,委托付款人在见票时或在指定日期无条件支付确定款项给收款人或者持票人的一种票据。跟本票相比,汇票具有以下特征:第一,汇票是委付证券。出票人委托他人来执行付款,付款人作为受托人在票据承兑后成为第一债务人。第二,本票涉及三方当事人,即出票人、付款人和收款人。第三,汇票必须承兑。承兑是指汇票开出后,付款人按照汇票票面记载事项,包括汇票的金额、付款时间等,做出保证到期无条件兑付款项的表示,即在汇票票面上签字盖章,写明"承兑"字样,承诺到期保证付款的一种票据法律行为。汇票的绝大多数承兑人是银行,因此就形成了银行承兑汇票市场。不同于商业票据市场的是,银行承兑汇票市场有庞大的二级交易市场,流通转让市场会涉及一种票据行为,即票据贴现。票据市场贴现种类按贴现关系的不同,可分为贴现、转贴现和再贴现。

贴现是指汇票持有人将已承兑的未到期的汇票转让给银行,银行扣除贴息后付给持票人现款的一种行为。

转贴现是指贴现银行在需要资金时,将已贴现的票据再向其他同业银行办理贴现的票据转让行为,是商业银行之间的资金融通。

再贴现是指商业银行将贴现过的票据向中央银行办理贴现的票据转让行为。再贴现体现的是中央银行对商业银行融通短期资金的一种方式，是中央银行作为"最后贷款人"的角色和地位的具体体现。

在贴现和转贴现的过程中，使用的贴现率是由市场来决定的，是指商业银行办理贴现时预扣的利息与票面金额的比率。而再贴现率是由中央银行来确定的。银行贴现付款额的计算公式为

发行价格＝票据面额－贴现利息

贴现利息＝票据面额×贴现率×（未到期天数/360 天）

贴现率＝贴现利息/票面×（360 天/未到期天数）×100%

实际收益率＝贴现利息/发行价格×360 天/未到期天数×100%

例如，某企业将一张面额为 100 元、半年期的银行承兑汇票向银行请求贴现，如果企业已经持有该票据 2 个月，银行贴现利率为 6%，则票据贴现价格为 100－100×6%×（4/12）＝98 元。

3. 中央银行票据

中央银行票据是中央银行为了调节商业银行超额准备金而向商业银行发行的短期债务凭证，其实质是中央银行债券。之所以叫中央银行票据，是为了突出其短期性特点。我国的中央银行票据由中国人民银行在银行间市场通过中国人民银行债券发行系统发行，其发行的对象是公开市场业务一级交易商。目前一级交易商共有 48 家，其成员包括商业银行、证券公司等。

中央银行票据的作用可以总结为以下三点：

第一，丰富公开市场业务操作工具。引入中央银行票据后，增加了中央银行公开市场操作的灵活性和针对性，增强了其货币政策的效果。

第二，为市场提供基准利率。国际上一般采用短期的国债收益率作为该国基准利率。但从中国的情况来看，财政部发行的国债绝大多数是三年期以上的，短期国债市场存量极少。在财政部尚无法形成短期国债滚动发行制度的前提下，由中央银行发行票据，利用设置票据期限可以完善市场利率结构，形成市场基准利率。

第三，推动货币市场的发展。目前，中国的货币市场上的工具和种类较少，中央银行票据的发行将改变货币市场基本没有短期工具的现状，为机构投资者灵活调剂手中的头寸、减轻短期资金压力提供重要工具。

（二）同业拆借市场

1. 同业拆借市场的形成与发展

同业拆借市场是除中央银行之外的金融机构之间进行短期资金融通的市场。该市场最早出现在美国，其形成源于法定存款准备金制度的实施。按照美国 1913 年通过的《联邦储备法》的规定，所有联邦储备银行的会员银行必须按存款数额的一定比率向联邦储备银行缴纳法定存款准备金。由于银行每日大量的清算业务活动，导致其在央行的存款准备金超额或短缺，这样就出现了拥有超额储备的银行希望将这部分资金短期融出，以获取收益并保持一定的流动性，而未达到法定存款准备金要求的银行则希望临时融入一部分资金来弥补准备金缺口，否则就会因延缴或少缴准备金而受到中央

银行的经济处罚。于是准备金多余或不足的银行经常进行短期资金的互相调剂，这样，就形成了美国纽约最早的同业拆借市场——联邦基金市场。此后，银行间的拆借活动在拆借方式、期限等方面不断丰富，最终发展成为各银行调节流动性的主要场所。

同业拆借市场的短期借贷利率，即同业拆借市场利率通常被作为基准利率，对整个经济活动和宏观调控具有特殊的意义。同业拆借市场的参与者主要是各金融机构，市场特性最活跃、交易量最大。这些特性决定了拆息率非同凡响的意义，因为它的高低灵敏地反映了货币市场资金的供求状况。在整个利率体系中，基准利率是在多种利率并存的条件下起决定作用的利率。拆借利率的升降，会引导和牵动其他金融工具利率的同步升降。因此，同业拆借利率被视为观察市场利率趋势变化的风向标。中央银行更是把同业拆借利率的变动作为把握宏观金融动向，调整和实施货币政策的指示器。例如，伦敦银行同业拆放利率，即 LIBOR 利率是指伦敦银行同业间短期资金的借贷利率，该利率已成为伦敦金融市场乃至国际金融市场的基础性利率，许多浮动利率的融资工具在发行时都以该利率作为浮动的依据和参照。美国纽约的联邦基金市场是国际著名的同业拆借市场，以调剂联邦储备银行的会员银行的准备头寸为主要内容，美国联邦基金市场利率是美联储货币政策的中间目标。

2. 同业拆借市场的特点

（1）参与者的特殊性。进行同业拆借的机构一般为银行或非银行金融机构，基本上都在中央银行开立了存款账户，其拆借交易资金是通过该存款账户进行的。

（2）融通资金期限较短。同业拆借市场是典型的短期资金融通市场。期限有隔夜、1 日、1 周、2 周、1 个月、3 个月、6 个月、9 个月不等，期限最长不超过 1 年，期限最短的有半日。

（3）一般是信用拆借。同业拆借活动都是在金融机构之间进行，市场准入条件比较严格，金融机构主要以其信誉参与拆借活动，一般无抵押、无担保。

拓展阅读

上海银行间同业拆放利率（Shanghai interbank offered rate，Shibor），从 2007 年 1 月 4 日开始正式运行，是由信用等级较高的银行组成报价团自主报出的人民币同业拆出利率计算确定的算术平均利率，是单利、无担保、批发性利率。Shibor 报价团由 18 家商业银行组成，分别是工商银行、农业银行、中国银行、建设银行、交通银行、招商银行、中信银行、光大银行、兴业银行、浦发银行、北京银行、上海银行、汇丰银行、邮政储蓄银行、华夏银行、广发银行、国家开发银行和民生银行。报价银行是公开市场一级交易商或外汇市场做市商以及在中国货币市场上人民币交易相对活跃、信息披露比较充分的银行。

全国银行间同业拆借中心授权 Shibor 的报价计算和信息发布，每个交易日根据各报价行的报价，剔除最高、最低各 4 家报价，对其余报价进行算术平均计算后得出每一期限品种的 Shibor。目前 Shibor 品种包括有隔夜、1 周、2 周、1 月、3 月、6 月、9 月和 1 年共 8 个。

（三）大额可转让定期存单市场

大额可转让定期存单（negotiable time certificates of deposit，CDs）是商业银行印发

的一种特殊定期存款凭证，凭证上印有一定的票面金额、存入和到期日以及利率，到期后可以按票面金额和规定利率提取全部本利。大额存单是由商业银行或储蓄机构发行的，证明投资者有固定金额的货币存于银行或储蓄机构的凭证。

1. 大额可转让定期存单的推出和发展

20世纪50年代末，美国银行仍要遵循美国联邦储备委员会"Q条例"规定的法定利率上限的约束，即明令禁止商业银行对活期存款支付利息，对定期存款有利率上限限制。随着美国金融市场利率的走高，客户大量流失，客户们纷纷提出存款，转而投资购买国债、回购协议和其他货币工具。银行可贷资金大幅下降，出现了"脱媒"现象。为了扭转这种不利局面，纽约花旗银行首先于1961年开始为大公司客户提供大额可转让定期存单业务。1963年年底，大额可转让定期存单引入不到两年，业务量已增长到100亿美元。到1967年，美国大型银行发行的大额可转让定期存单额已经超过了当时的大宗商业票据发行额，达到185亿美元。世界各国银行纷纷效仿，发展到现在，大额可转让定期存单已成为各商业银行重要的主动负债工具。

2. 大额可转让定期存单的特点

大额可转让定期存单与普通定期存款不同，集中了活期存款和定期存款的优点。其特点如下：

（1）面额大。大额可转让定期存单的面额较大且金额固定。在美国，大额可转让定期存单最低面额为10万美元，二级市场大额可转让定期存单的最低交易单位为100万美元。

（2）可流通转让。大额可转让定期存单本质就是一种金额较大的定期存款，但一般的定期存款不能在市场上转让流通，而大额可转让定期存单不记名，有相应的市场可以流通转让。

（3）期限短。大额可转让定期存单的期限一般在一年以内，一般可分为30天、60天、90天、120天、150天、180天、一年等。大额可转让定期存单在期限内是不能提前支取的，想要变现只能通过流通转让的方式。

（4）利率的多样性。大额可转让定期存单有固定利率和浮动利率，利率一般要比同档银行定期存款高。

从以上特点可以看出，大额可转让定期存单是一种非常成功的创新货币市场工具。一方面，对银行而言，其可以避开"Q条例"的限制，募集更多的资金，成为银行重要的主动性负债工具。另一方面，对投资者而言，其通过投资大额可转让定期存单在可以获得高收益的同时还能保证高流动性。

（四）国库券市场

1. 国库券市场概述

国库券（treasury securities-TB）是指中央政府发行的期限不超过一年的短期政府债券，是货币市场上重要的融资工具。

国库券以国家信用为基础，是一国政府作为债务人，从社会上筹集短期资金满足财政需要的工具。一般弥补财政赤字的手段主要有三种：增税，发行货币、向中央银行透支或借款，发行国债。其中，通过增加税收的方式弥补财政赤字不容易被纳税人接受，采用增发货币的方式很容易易引起通货膨胀。相比较而言，通过发行国债弥补财政赤字的副作用最小，对货币流通只是结构上的影响，不会影响货币发行总量。

根据期限长短，国债又分为国库券和公债，国库券指期限在一年以下的金融工具，主要是为了弥补季节性、临时性的财政赤字，期限以 1 个月、3 个月、6 个月居多。

2. 国库券的特点与功能

（1）国库券的特点：第一，国库券不记名并以贴现方式发行；第二，期限短、流动性好，国库券的期限在一年以下且有良好的二级交易市场；第三，风险性低，国库券以国家信用为基础，安全性高，通常称为"金边债券"。

（2）国库券的功能：第一，国库券是解决国家财政临时资金短缺的重要工具；第二，国库券为商业银行的二级准备提供了优良的资产，具备一定收益的同时安全性、流动性很高；第三，国库券为中央银行的公开市场业务提供了调控平台，丰富了公开市场操作手段；第四，国库券成为货币市场上重要的投资工具。

3. 国库券的发行

国库券的发行通常采取招标方式发行，即每次发行前，财政部根据近期短期资金的需要量、中央银行实施货币政策调控的需要等因素，确定国库券的发行规模，然后向社会公告。国际上通用的招标方式有两种：美国式招标与荷兰式招标。美国式招标又称多种价格招标，是指出价最高的购买者首先被满足，然后按照出价的高低顺序，购买者依次购得国库券，直到国库券售完，每个购买者支付的价格都不相同。荷兰式招标又称单一价格招标，是指发行者按募满发行额为止的最低中标价格作为全体中标商的最后中标价格，这样不同的购买者支付的是同一个价格。

例如，政府准备发行 500 亿元的国库券，现有三个投标人，分别为投标人 A、投标人 B 和投标人 C，如表 4-1 所示。他们的投标价分别为 88 元、86 元和 85 元，他们的投标额分别为 100 亿元、150 亿元和 400 亿元，那么如果采用美国式招标，他们三者都中标，中标价分别为 88 元、86 元和 85 元，中标额分别为 100 亿元、150 亿元和 250 亿元。如果采用荷兰式招标，他们三者都中标，中标价统一为 85 元，中标额分别为 100 亿元、150 亿元和 250 亿元。

表 4-1 国库券竞标情况

投标人	投标人 A	投标人 B	投标人 C
投标价/元	88	86	85
投标额/亿元	100	150	400
中标额/亿元	100	150	250
荷兰式中标价	85	85	85
美国式中标价	88	86	85

因为国库券期限较短，通常采用折现发行的方式，即以低于票面面额的价格发行，到期时按票面面额还本。投资者的主要目的是获得贴现利息（面额与发行价格之差），贴现利息与面值之比称为贴现率。与前面票据贴现的公式相似，国库券发行价格计算

公式如下：

发行价格=面值×（1-贴现率×发行期限/360）

（五）回购市场

1. 回购协议概述

回购协议是指交易双方在买卖证券的同时按协议约定，由证券卖方将一定数额的证券临时性地出售给买方，并承诺在指定时间以约定的价格将该证券赎回的交易。

回购协议从本质看上其实是一种短期质押贷款协议，协议涉及两方当事人，即资金需求者和资金供给者。融资方的交易顺序是先出售一定数量的证券，过一段时间后再赎回证券。融券方的交易顺序刚好与融资方相反，是先买进一定数量的证券，过一段时间后再出售证券。因此，整个过程我们可以看成融资方以持有的证券做抵押，取得一定期限内的资金使用权，到期按约定的条件赎回证券来还本付息；融券方则以获得证券质押权为条件，暂时让渡资金的使用权，到期归还质押的证券，并收回融出资金和获得利息收入。这里将以抵押证券借入资金的交易称为正回购；主动借出资金，获取抵押证券的交易称为逆回购。正回购方就是抵押出证券，取得资金的融入方；而逆回购方就是获得证券质押权，借出资金的融出方。

2. 回购协议市场

回购协议市场简称回购市场，是指通过回购协议进行短期资金融通交易的场所。回购市场的参与者比较广泛，包括商业银行、非银行金融机构、中央银行、企业等。其中，商业银行主要作为融资方，因为回购协议是一种较优的短期资金来源选择，通过回购交易可以大大增强融资的安全性和盈利性，而且无须缴纳存款准备金，从而可以更好地实施资产负债管理。中央银行通过回购协议进行公开市场操作，比如中央银行向一级交易商购买有价证券，并约定在未来特定日期将有价证券卖给一级交易商的交易行为，是典型的逆回购操作。此操作是央行向市场上投放流动性，同理，当逆回购到期时央行从市场收回流动性。中央银行向一级交易商出售有价证券，并约定在未来特定日期将有价证券赎回的交易行为，是典型的正回购操作，正回购是央行从市场上收紧流动性，当正回购到期时央行向市场释放流动性。

企业主要作为资金提供者参与回购协议，目的是提高流动资金的使用效率。

回购协议的期限一般都以短期为主，比如上海证券交易所债券回购交易的品种有1天、2天、3天、4天、7天、14天、28天、91天和182天等。

第三节　资本市场

一、资本市场概述

（一）资本市场的概念

资本市场又称长期资金市场，是指期限在1年以上的资金融通的市场，其参与者主要是企业、政府、金融机构和个人，其交易对象主要是中长期政府债券、股票、企业债和银行中长期信贷。广义的资本市场包括证券市场和银行中长期信贷市场。狭义的资本市场仅指证券市场。银行中长期信贷市场属于间接融资，主要在商业银行业务中体现，我们这里着重讨论的是证券市场。

（二）资本市场的特点

（1）长期性。资本市场流通的金融工具期限在1年以上，甚至像股票这样的金融工具是没有到期日的，也就是永久不归还的。

（2）资本市场的主要功能是满足长期融资需求，获得高额投资收益，实现盈利增值的目的。

（3）资本市场流通的金融工具的安全性、流动性均不如货币市场流通的金融工具，其风险性高，同样收益也高。

二、资本市场体系

狭义的资本市场就是证券市场。按金融工具的发行、流通顺序将证券市场分为一级市场和二级市场，即发行市场和流通市场。

（一）证券发行市场

1. 定义

发行市场又称为初级市场或一级市场，是指融资者将其新发行的证券出售给第一批购买者的市场，是政府或企业通过发行股票或债券以筹集资金的场所。发行市场可以进一步划分为初次发行市场和再发行市场。初次发行又称首次公开募股（initial public offerings，IPO），是指一家企业或公司第一次将它的股份向社会公众出售，即首次公开招股的发行方式。再发行是指已上市公司为了再融资而再次发行股票的行为。

2. 证券的发行方式

（1）公募与私募。按照公司在发行证券时选择的发行对象是公众投资者还是特定的少数投资者，可以将证券发行分为公募和私募两种形式。

公募又称公开发行，是指发行对象面向公众投资者，即面向不特定的社会公众发行证券。为了保障广大投资者的利益，各国对公募发行都有严格的要求，发行人必须遵守有关事实全部公开的原则，满足向有关管理部门和市场公布其各种财务报表及资料的要求。

公募的优势是：第一，面向社会公众发行证券，可以迅速筹集大量资金；第二，公募发行的证券可以申请在交易所上市，提高证券的流动性。公募的不足是发行成本高，程序烦琐，登记审核时间长。

私募又称内部发行，是指发行对象面向少数特定的投资者，即以非公开发行证券的方式发行证券。私募发行的对象主要有金融机构、与发行人有特殊关系的企业、往来客户、发行人内部职工等。

私募发行的优势是发行手续简单，可以节省发行时间和费用，不足之处是投资者数量有限，流通性较差。

（2）代销和包销。筹资人在发行证券时，大多会委托证券承销机构出售证券，这样可以缩短发行时间，降低发行风险，提高公司知名度。证券承销机构主要有代销和包销两种方式。

代销是指承销商与发行公司之间是代理委托关系，承销商作为证券销售代理人，按规定条件推销证券，发行结束后未售出部分退还给发行人，承销商不承担任何发行风险，因此佣金很低。一般信誉好、知名度高的企业为降低发行成本而选择代销方式。承销商对发行公司信心不足时，也会采用代销方式。

包销是指承销商与发行公司之间签订合同，由承销商低价买下全部证券或销售剩余的证券，然后再出售给投资者。承销商必须在规定期限内将包销所筹全部资金交给发行公司。这样对于发行公司而言，不会面临证券销售不完而筹措不了资金的风险，由承销商承担了全部销售风险。与代销相比，包销的成本虽然较高，但对发行公司而言，采用包销方式能如期得到所需资金，又无须承担发行风险。对于一些资金需求量大、知名度一般且缺乏发行经验的公司，包销成为最常采用的发行方式。

3. 证券发行制度

发行公司想要申请发行证券，必须遵循证券监督管理机构要求的一系列程序化规范，即证券发行制度，包括发行监管制度、发行定价和发行配售等。这里介绍注册制和核准制两种主要发行制度。

（1）注册制。注册制又称申报制或登记制，是指证券监管机关公布发行公司上市的必要条件，公司只要符合公布的条件即可上市。证券监管部门的职责是对申报文件的全面性、准确性、真实性和及时性做形式审查，主管部门对证券发行公司不做实质条件的限制，即不对证券发行行为及证券本身做出价值判断。因此，关于发行证券的质量高低交给市场去判断，并不禁止质量差、风险高的证券上市，遵循"买者自行小心"的原则。

一般在比较成熟的市场，如美国证券市场，采用的是注册制。注册制要求发行方、投资方和中介机构有高度的自律性和业务操作的规范性。

（2）核准制。核准制又称准则制或实质审查制，是指发行公司在申请发行证券时，不仅要公开披露与发行证券有关的信息，还必须符合有关法律规定的发行条件，证券监管部门对证券发行人资格及其发行证券做出审查和决定，只有符合条件的发行人经证券监督机构的核准才能发行证券。

核准制与注册制相同的是都强调信息公开披露原则，不同的是核准制下，证券监管机构除进行注册制要求的形式审查外，还会考察发行公司的法人治理结构、资本结构、运营状况、公司竞争力、发展前景等，监管机构有权否决不符合规定条件的证券发行申请。该制度以维护公众投资者的利益为出发点，为证券市场的健康发展提供辅助措施。目前我国的证券市场采用的就是核准制。

（3）债券的信用评级。与发行股票不同的是，债券发行有一个非常重要的过程，即信用评级（信用评价）。信用评价是指对企业发行的某一特定债券按期还本付息的可靠程度进行评估，并标示其信用程度的等级。这种信用评级是为投资者购买债券和证券市场债券的流通转让活动提供信息服务。市场上的广大投资者，因为受地域、时间、知识水平等的限制，面临信息不对称风险，这个时候就需要专业机构对证券进行客观、公正和权威的评定。而对发行者来说，通过信用评级的债券才易为公众所接受并打开销路，评级的高低也会在一定程度上影响筹资成本的高低。

国际上著名的三大资信评级机构分别是穆迪投资者服务公司、惠誉评级公司和标准普尔公司。表4-2是标准普尔公司和穆迪投资者服务公司的债券评价级别。

表4-2 债券评价级别

标准普尔公司		穆迪投资者服务公司	
债券级别	级别含义	债券级别	级别含义
AAA	归于最高信用等级，偿还能力非常强	Aaa	信用质量最高，本金安全，利息支付有充足保证
AA	偿还债务能力很强，与最高评级差距很小	Aa	信用质量很高，有较低的信用风险
A	偿还债务能力较强，但易受环境和经济条件变化时的不利影响	A	投资品质优良，但未来某个时候还本付息的能力可能会下降
BBB	目前有足够的偿还能力，但不利的经济条件变化和环境变化可能导致风险	Baa	缺乏优良的投资品质，保证程度一般
BB	相对于其他投机级评级，违约的可能性最低	Ba	还本付息的保证有限，具有不稳定的特征，有投机性质的因素
B	违约可能性较BB级高	B	缺乏理想投资的品质，支付保护能力小
CCC	目前有可能违约	Caa	劣质债券，有可能违约
CC	目前违约的可能性较高	Ca	高度投机性，经常违约
D	债务到期未能按期偿还债务	C	最低等级评级。高度投机，往往拖欠

（二）证券流通市场

1. 证券流通市场及其重要性

流通市场又称次级市场或二级市场，是指不同投资者之间转让买卖已发行证券的交易场所。流通市场根据交易组织形式又可以分为场内市场和场外市场，前者是指有组织的、在某一固定场所内进行的交易活动，即证券交易所；后者是指在证券交易所之外进行证券买卖的市场。股票二级市场的主要场所是证券交易所，但也存在场外交易市场；债券二级市场则主要以场外市场为主。

一级市场与二级市场是相辅相成的关系。一方面，一级市场是二级市场的存在前提，先有证券的发行，才有证券的流通转让。另一方面，二级市场为一级市场提供了流动性，如果新发行的证券缺乏流动性，则其在一级市场就很难销售，一级市场也难以发展。因此，一级市场与二级市场之间紧密联系，相互促进发展。

2. 证券流通市场的组织方式

（1）证券交易所。证券交易所是指专门的、有组织的、有固定地点的证券买卖集中交易的场所。证券交易所是证券市场发展到一定程度的产物，是为证券集中交易提供服务的组织机构。

目前，世界各国都设立有证券交易所。荷兰阿姆斯特丹证券交易所成立于1602年，是世界上第一个证券交易所。伦敦证券交易所成立于1773年，是世界上历史最悠久的证券交易所之一。美国纽约证券交易所是目前世界上规模最大的证券交易市场，它的起源可以追溯到1792年5月17日，24名证券经纪人在纽约华尔街68号外一棵梧桐树下签署了"梧桐树协议"，成立了一个临时证券交易场所。我国上海证券交易所和深圳证券交易分别成立于1990年12月和1991年7月。

证券交易所的基本功能如下：

第一，证券交易所提供了一个集中的、设施齐全的交易场所，为证券交易各方提供交易设施和服务，如通信系统、电脑设备、办理证券的结算和过户等，使证券交易各方能迅速、便捷地完成各项证券交易活动。

第二，证券交易所制定市场交易规则。其主要包括上市退市规则、报价竞价规则、信息披露规则以及交割结算规则等，维持一个有秩序和公平竞争的市场。

第三，形成市场价格。集中交易汇集了买方和卖方的各种信息，需求和供给的均衡形成市场价格。

第四，收集和发布市场价格变动信息及其他相关信息。

第五，维护交易秩序。监管各种违反公平原则及交易规则的行为，使交易公平有序地进行。

目前，国际上的证券交易所组织形式主要有以下两种：

①会员制证券交易所。该交易所是由会员组成且不以营利为目的的社会法人实体。其会员一般为证券公司、投资银行等证券交易商，只有会员公司才能进入证券交易所直接参与交易活动。目前，世界上许多国家的证券交易所都采取会员制证券交易所形式，比如美国、欧洲大多数国家以及巴西、泰国、印度尼西亚、南非等国的证券交易所，我国的证券交易所目前实行的也是会员制。

②公司制证券交易所。该交易所是以股份公司形式成立并以营利为目的的法人实体。该交易所一般是由银行、证券公司、投资信托公司等共同出资建立起来的。该交易所虽然以营利为目的，但为了保证交易的公平性和公正性，证券交易所自身不在交易所内参与证券买卖，它的收益有收取发行公司的"上市费"，抽取证券成交的"经手费"等。实行公司制证券交易所的国家主要有加拿大、澳大利亚、新加坡、日本等。

（2）场外交易市场。场外交易市场也称柜台交易市场或店头交易市场，是指分散在证券交易所大厅以外的各种证券交易机构柜台上进行的证券交易活动场所。因此，场外交易市场没有集中统一的交易制度和场所，所有交易主要利用电话、电报、传真以及计算机网络进行，交易的证券包括不在交易所上市的证券和部分已上市的证券。场外交易市场具有以下特征：

第一，场外交易市场是一个分散的无形市场。其没有固定的、集中的交易场所，主要通过电话、网络系统联系成交的。

第二，场外交易市场的交易方式采取做市商制。场外交易市场与证券交易所的区别在于场外交易市场不采取经纪制，投资者直接与证券商进行交易。

第三，场外交易市场是一个拥有众多证券种类和证券经营机构的市场，以未能在证券交易所批准上市的股票和债券为主。

第四，场外交易市场的管理相比证券交易所较宽松。由于场外交易市场分散，缺乏统一的组织和章程，不易管理和监督，其交易效率也不及证券交易所。

拓展阅读　美国 NASDAQ 市场

　　纳斯达克（NASDAQ），即全美证券交易商协会自动报价系统，建于 1971 年，是世界上第一个电子化证券市场。它利用现代电子计算机技术，将美国众多证券商网点连接在一起，形成全美甚至全球上非常重要的股票交易市场。纳斯达克将股票市场分为三个层次："纳斯达克全球精选市场""纳斯达克全球市场"（原来的"纳斯达克全国市场"）以及"纳斯达克资本市场"（原来的"纳斯达克小型股市场"），优化了市场结构，吸引不同层次的企业上市。

　　在纳斯达克创立以前，美国便有许多场外交易证券市场。场外交易有两个含义：其一是指一些满足不了纽约证交所或美国证交所苛刻上市条件的非上市的小公司，其证券有组织地在某个固定交易场所被券商交易；其二是指通过电话或计算机网络连接证券商来买卖证券的市场。为了改进对证券业的监管，1961 年，美国国会责成联邦证券交易委员会（SEC）对证券市场进行调查，发现场外交易证券市场混乱不堪，因此建议其从业者向自动化方向发展，并责成全美证券商协会予以实施。1968 年，场外交易证券体系自动化工程开始启动，并形成了后来的纳斯达克。1971 年 2 月 8 日，纳斯达克开始正式运作。1975 年，纳斯达克建立了自己的上市标准。1990 年，场外交易报告板设立，向投资者提供未在全国性股市上市的公司股票信息。1991 年，横跨大西洋的纳斯达克国际服务网开通。1998 年 10 月 30 日，纳斯达克同美国证券交易所合并，组成纳斯达克-AMEX 集团。1991—2000 年，这一个时期是全球股市最为活跃的时期，也是纳斯达克市场最辉煌的时期。以纳斯达克为代表的科技股在全球股市大幅上扬的情况下，凭借以网络经济为主的新经济的迅速扩展，在全球股市中创造了惊人的奇迹，其预期价值远远超乎人们预料。

　　3. 证券流通市场的交易方式

　　根据交易合约的签订与实际交割之间的关系，证券交易的方式可分为现货交易、远期交易和期货交易。如果投资者买卖证券时允许向经纪商融资或融券，则发生信用交易。因为内容重复，此处我们主要介绍现货交易和信用交易。

　　（1）现货交易。现货交易是指证券买卖双方在达成一笔交易后的 1~3 个营业日内进行交割的证券交易方式。双方交易成交后就办理交收手续，买入者付出资金并得到证券，卖出者交付证券并得到资金，即"一手交钱，一手交货"，以现款买现货方式进行交易。

　　现货交易的基本特征如下：

　　①成交和交割基本上同时进行。

　　②实物交割。

　　③交易技术简单，易于操作。

　　在实际操作中，现货交易机制表现为"T+N"制。这里的 T 表示交易日，N 表示交割日。T+0 是指即时清算交割，即交易日当天交割；T+1 是指交易日后的第一个营业日交割，即隔日交割；T+2 是指交易日的第二个营业日交割；T+3 是指交易日的第三个营业日交割。目前，我国上海证券交易所和深圳证券交易所实行的是 T+1 的交易方式，即当日买进的证券，要到下一个交易日才能卖出。

（2）信用交易。信用交易又称保证金交易，是指客户在买卖证券时，只向证券公司交付一定比例的保证金，由证券公司提供融资或融券进行交易的一种方式。投资者首先要在证券公司开立保证金账户，并存入一定量的保证金，再向证券公司借入相应证券或资金进行交易，即投资者交易证券的一部分是由证券公司代为垫付的，因此信用交易又称"垫头交易"，在我国也称为"融资融券"业务。信用交易的最大特征便是具有财务杠杆效应。投资者通过向证券公司融资融券，扩大交易筹码，可以利用较少的资本来获取较大的利润，这就是信用交易的财务杠杆效应。信用交易有两种基本形式——买空或卖空。

买空又称保证金买长或融资交易，是指当投资者预期某种证券价格上涨时，支付一定比例的保证金，同时由证券公司垫付其余款项而购入股票的一种信用交易方式。买空者购入的股票必须存入证券公司或相关机构，作为垫头贷款的抵押。

卖空又称保证金卖短或融券交易，是指投资者出于对股票价格将下跌的预期，支付一定比例的保证金，同时向经纪人借入股票后按现行价格卖出的一种信用交易方式。卖空者卖出股票所得的款项必须存入证券公司或相关机构，作为股票贷款的抵押。

不管是买空还是卖空，都会涉及一个非常重要的比例，即保证金比率。保证金比率是指投资者在进行证券融资或融券买卖时缴纳的价款（或抵押证券）占总交易证券总市值的比率。最低维持保证金率是为能维持亏损的弥补和还款的比率。保证金比例是调节融资融券规模的重要工具。

以买空为例，假设初始保证金率为 60%，某客户想通过保证金账户按 50 元/股的价格买入 A 股票 100 股，此时客户需支付交易总额 5 000 元（50 元/股×100 股）的 60%，即 3 000 元，其余的 2 000 元则由经纪公司贷给该客户，此时 100 股 A 股票充当着 2 000 元贷款的抵押品。如果股价上涨到每股 55 元，投资者委托经纪人将 100 股全部卖出，获得 5 500 元的收入，向证券公司偿还 2 000 元的贷款，若不考虑手续费等费用，扣除本金该投资者净获利 500 元，收益率为 16.67%。如果未进行融资交易，投资者仅用自有资金 2 000 元进行交易，则只可获利 200 元［40 股×（55 元/股－50 元/股）］，收益率仅为 6.67%。可以看出，同样的资本采用信用交易方式产生杠杆效应，能给投资者带来更大的收益。同理，当股价下跌时，杠杆交易风险也随之扩大。如果股价下跌到每股 30 元，投资者委托经纪人将 100 股全部卖出，获得 3 000 元的收入，向证券公司偿还 2 000 元的贷款，投资者的信用账户仅剩 1 000 元，而投资者初始投入本金是 2 000 元，因此该投资者净亏损 1 000 元。如果未进行融资交易，投资者仅用自有资金 2 000 元进行交易，则会亏损 800 元。

第四节　金融衍生工具市场

一、金融衍生工具

金融衍生工具又称派生金融工具或金融衍生产品，是相对于原生工具而言的。金融衍生工具是对一种事先约定的事项进行支付的金融合约，其合约价值取决于原生金融工具的价格及其变化。国际互换和衍生协会的定义是：金融衍生工具是旨在为交易者转移风险的双边合约。合约到期时，交易者所欠对方的金额由基础商品、证券或指数的价格决定。我国《金融机构衍生产品交易业务管理暂行办法》的定义是：衍生产品是一种金融合约，其价值取决于一种或多种基础资产或指数，合约的基本种类包括远期、期货、掉期（互换）和期权。巴塞尔委员会定义金融衍生工具是："任何价值取决于相关比率或一项或多项基础资产或指数之价值的金融合约。"

二、金融衍生工具的基本特征

（一）衍生性

金融衍生工具依托于基础性金融工具。一般金融衍生工具的形式无论多么复杂，都是以某种或某几种原生工具作为基础，还有些是从金融衍生工具的基本类型上通过组合等方式再继续衍生而成的。原生工具的价格支配着衍生工具价格的变化，原生工具市场的规模、完善程度直接影响金融衍生市场的发展。

（二）高风险性

金融衍生工具的交易结果取决于交易者对基础工具未来价格的预测和判断的准确程度。基础工具价格的波动决定了金融衍生工具交易盈亏的不稳定性，这是金融衍生工具高风险性的重要诱因。

（三）高杠杆性

金融衍生工具交易一般只需要支付少量的保证金或权利金就可进行巨额资金的交易。例如，若期货交易保证金为合约金额的 5%，则期货交易者可以控制 20 倍于所投资金额的合约资产，实现以小搏大的效果。从另一方面来说，保证金"四两拨千斤"的杠杆作用把收益成倍放大的同时，也让投资者承担的风险与损失成倍放大。即金融衍生工具的杠杆效应一定程度上决定了它的高投机性和高风险性。

三、金融衍生工具市场的分类

根据基础资产不同，金融衍生工具可以分为股票衍生工具、利率衍生工具、货币或汇率衍生工具。根据交易场所的不同，金融衍生工具可以分为场内金融衍生工具、场外金融衍生工具。根据交易形式的不同，金融衍生工具可以分为远期、期货、期权和互换四大类，这种分类是最普遍和最基本的分类方式。本章也主要以此分类方式对金融衍生工具市场进行介绍。

（一）远期合约市场

远期合约（forward contracts）是指交易双方约定在未来的某一确定时点，按照事先约定的价格（如商品、汇率、利率或股票价格等）买卖一定数量、质量标的资产的一种协议。协议要规定交易的标的物、交割时间、执行价格等内容。标的物是指双方约定交易的资产；交割时间是指双方约定的未来进行交易的具体时间；执行价格是指双方约定的交易价格，此价格一经确定不会变化。

1. 远期合约的特征

（1）远期合约是非标准化合约。在签署远期合约之前，双方可以就交割地点、交割时间、交割价格、合约规模等细节进行谈判，以便尽量满足双方的需要。因此，远期合约跟期货合约相比，灵活性较大。

（2）远期合约是场外交易。远期合约没有固定的、集中的交易场所，一般是在柜台市场进行交易。

（3）远期合约流动性差。每份远期合约千差万别，所以转让起来不容易找到交易对手。

（4）远期合约无须缴纳保证金，同时违约风险也较高。

（5）远期合约以实物交割为主。不同于期货期权，绝大多数的远期合约在到期时选择进行实物交割。

远期合约主要有远期利率协议、远期外汇合约、远期股票合约等。这里我们主要介绍远期利率协议。

2. 远期利率协议

远期利率协议（forward rate agreement，FRA），是关于利率交易的远期合约，是指交易双方协议在未来一定时间后，以名义本金为计算基础，在到期时根据协议利率与市场利率的差额，由一方支付此差额给另一方的合约。这里的协议利率则是交易双方在合同中约定的固定利率。

远期利率协议交易具有以下几个特点：

（1）具有极大的灵活性。作为一种场外交易工具，远期利率协议的合同条款可以根据客户的要求"量身定做"，以满足个性化需求。

（2）并不进行资金的实际借贷，尽管名义本金额可能很大，但由于只是对以名义本金计算的利息的差额进行支付，因此实际结算量可能很小。

（3）在结算日前不必事先支付任何费用，只在结算日发生一次利息差额的支付。

例如，A 公司准备在 3 个月后借入 1 500 万英镑，借款期为 6 个月，A 公司准备以 LIBOR 利率获得资金。现在 LIBOR 利率为 5%，A 公司希望筹资成本不高于 5.5%。而 B 银行担心未来利率会下降，希望资金投资收益率为 5% 以上。因此，A 公司和 B 银行达成了一份 3×9 的远期利率协议，其名义本金是 1 500 万英镑，协议利率是 5.25%。

协议规定，如果 3 个月有效期内市场的 LIBOR 高于 5.25%，B 银行向 A 公司提供补偿，补偿的金额为利率高于 5.25% 的部分 6 个月的利息；如果 3 个月有效期内 LIBOR 利率低于 5.25%，A 公司向 B 银行提供补偿，补偿的金额为利率低于 5.25% 的部分 6 个月的利息；如果 3 个月有效期内 LIBOR 利率正好 5.25%，则双方不必支付也得不到补偿。

（二）期货市场

期货（futures）是在远期合约的基础上发展起来的一种标准化买卖合约，是由期货交易所统一制定，规定在将来某一特定的时间和地点交割一定数量标的物的标准化合约。

金融期货（financial futures）是指交易双方在金融市场上，以约定的时间和价格，买卖某种金融工具的具有约束力的标准化合约，以金融工具为标的物的期货合约。根据标的物类型的不同，金融期货一般分为三类：货币期货、利率期货和股票指数期货。金融期货作为期货中的一种，具有期货的一般特点，但与商品期货相比较，其合约标的物不是实物商品，而是传统的金融商品。

1. 货币期货

货币期货是指以汇率为标的物的期货合约。货币期货交易是交易双方约定在未来某一时间依据现在约定的汇率，以一种货币交换另外一种货币的标准化合约的交易。货币期货是适应各国从事对外贸易和金融业务的需要而产生的，目的是借此规避汇率风险。1972年，美国芝加哥商业交易所的国际货币市场推出第一张货币期货合约并获得成功。其后，英国、澳大利亚等国相继建立货币期货的交易市场，货币期货交易成为一种世界性的交易品种。目前国际上货币期货合约交易涉及的货币主要有英镑、美元、日元、瑞士法郎、加拿大元、澳大利亚元以及欧洲货币单位等。

2. 利率期货

利率期货是指以利率为标的物的期货合约。利率期货交易是交易双方约定在未来某一时间依据现在约定的利率进行一定数额的有价证券交割的标准化合约交易。世界上最先推出的利率期货是于1975年由美国芝加哥商业交易所推出的美国国民抵押协会的抵押证期货。之后，各种类型的利率期货层出不穷。利率期货根据基础金融工具期限长短主要分为长期利率期货和短期利率期货。短期利率期货是指期货合约标的的期限在一年以内的各种利率期货，即以货币市场的各类债务凭证为标的的利率期货均属短期利率期货，包括各种期限的商业票据期货、国库券期货以及欧洲美元定期存款期货等。长期利率期货是指期货合约标的的期限在一年以上的各种利率期货，即以资本市场的各类债务凭证为标的的利率期货均属长期利率期货。

3. 股票指数期货

股票指数期货是指以股票指数为标的物的期货合约。股票指数期货交易是交易双方约定在未来某一时间依据现在约定的价格买卖股票指数的标准化合约交易。股票指数期货是目前金融期货市场最热门和发展最快的期货交易。像一种"数字游戏"，股票指数期货不涉及股票本身的交割，其价格根据股票指数计算，合约以现金清算形式进行交割。股价指数期货交易的标的物是货币化的某种股票价格指数，合约的交易单位是以一定的货币与标的指数的乘积来表示，以各类合约的标的指数的点数来报价的。美国标普500股指期货为每点250美元，纳斯达克100指数期货为每点100美元，德国法兰克福指数期货为每点5欧元，香港恒生指数期货为每点50港元。如果恒生指数每降低一个点，则该期货合约的买者每份合约就亏50港元，卖者每份合约赚50港元。

（三）期权市场

期权（options）也称选择权，是指一种能在未来某特定时间以特定价格买进或卖出一定数量某种特定商品的权利。金融期权则是以金融基础资产或金融期货合约为标的资产的期权交易形式。期权买方能在合约到期日或有效期内以一定价格出售或购买一定数量的标的物，作为代价要向期权的卖方支付一定数额的期权费。

1. 期权交易的构成要素

（1）执行价格。执行价格又称履约价格，是指期权合约中确定的协议价格，即期权的买方行使权利时执行的标的物买卖价格。

（2）期权费。期权费是指期权的买方支付的期权价格，即买方为获得期权而付给期权卖方的费用。期权费就是双方买卖权利的价格，也称为期权价值。

（3）期权的交易者。期权的买方代表的是权利方，期权的卖方代表的是义务方。买卖双方代表的权利和义务不对等。买方支付权利金后，有执行和不执行的权利而非义务；卖方收到权利金，无论市场情况如何不利，一旦买方提出执行，则负有履行期权合约规定的义务而无权利。

2. 期权交易的分类

（1）看涨期权和看跌期权。

①看涨期权也称买入期权，是指期权买方拥有在规定时间以执行价格从期权卖方买入一定数量标的资产的权利。若交易者买进看涨期权，之后市场价格果然上涨，并且升至执行价格之上，则交易者可以执行期权从而获利。从理论上说，价格可以无限上涨，因此买入看涨期权的盈利理论上是无限大的。若到期一直未升到执行价格之上，则交易者可以放弃期权，其最大损失为期权费。

②看跌期权也称卖出期权，是指期权买方拥有在规定时间以执行价格向期权卖方出售一定数量标的资产的权利。若交易者买进看跌期权，之后市场价格果然下跌，并且跌至执行价格之下，则交易者可以执行期权从而获利，由于价格不可能跌到负数，因此买入看跌期权的最大盈利为执行价格减去期权费之差。若到期一直涨到执行价格之上，则交易者可以放弃期权，其最大损失为期权费。

（2）欧式期权和美式期权。

①欧式期权，期权买方只能在期权到期日当天行使其选择权。合约的交割日为合约的到期日。目前我国的外汇期权交易大多采用欧式期权。

②美式期权，期权买方可以在期权到期日之前的任何一个营业日行使其选择权。目前，世界上主要的金融期权市场上，美式期权的交易量远大于欧式期权的交易量。

3. 期权交易的特征

因为期权的买方代表的是权利方，期权的卖方代表的是义务方，买卖双方代表的权利和义务不对等，所以期权交易双方的盈亏具有非对称特点，如图4-1所示。

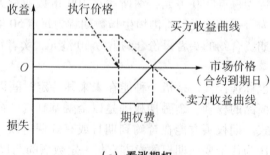

（a）看涨期权

图4-1　期权交易双方损益图

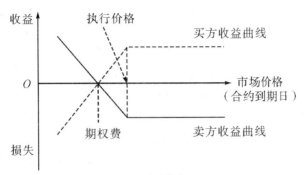

（b）看跌期权

图 4-1　期权交易双方损益图（续）

从图 4-1 中我们可以得出期权交易双方的盈亏特征如下：

（1）无论是看涨期权还是看跌期权，期权卖方的最大收益是期权费，同时也是期权买方的最大损失。

（2）无论是看涨期权还是看跌期权，期权买方的潜在收益是无限大的，期权卖方的潜在损失也是无限大的。

（3）期权盈亏平衡点是指期权标的资产达到某一价位时，买入或卖出该期权将实现盈亏平衡，即期权交易双方刚好不赚也不亏的平衡价格。

看涨期权盈亏平衡点：市场价格＝执行价格＋期权费。

看跌期权盈亏平衡点：市场价格＝执行价格－期权费。

（4）期权合约买卖双方的损益之和等于零，即期权本身是一个零和博弈。

（四）互换交易市场

互换（financial swaps）也译作"掉期"，是指交易双方达成协议，约定在未来某个时间以事先约定的方法交换两笔货币或资产的金融交易。互换交易中交换的具体对象可以是不同种类的货币、债券、利率、汇率等。一般互换交易的具体步骤是：互换双方先各自在自己的优势市场上融资，并相互交换；互换协议到期后，互换双方将互换的资金还给对方，或者是将利息按期支付给对方。

金融互换合约根据基础资产的不同，主要有货币互换和利率互换。货币互换是指将一种货币的本金和固定利息与另一种货币的等价本金和固定利息进行交换。利率互换是指双方同意在未来的一定期限内根据同种货币的同样的名义本金交换现金流，其中一方的现金流根据浮动利率计算出来，而另一方的现金流根据固定利率计算出来。

例如，有 A、B 两家公司，都想借入一笔 5 年期、金额为 1 000 万美元的资金。两家公司各自在浮动利率资金市场和固定利率资金市场融资的利率如表 4-3 所示。

表 4-3　　　　　　　　　　**A、B 两家公司融资成本比较**

借款方	固定利率资金市场借款利率	浮动利率资金市场借款利率
A	8.00%	LIBOR+0.30%
B	9.50%	LIBOR+1.00%
成本差异	1.50%	0.70%

假设 A 公司计划筹借浮动利率资金，B 公司计划筹借固定利率资金，两家公司如何互换才能做到"双赢"？

我们可以看出，A 公司无论在固定利率市场还是浮动利率市场融资成本都比 B 公司要低，即 A 公司具有绝对优势。这表明 A 公司的信用等级要高于 B 公司。但从两个市场的融资成本差异来看，A 公司在固定利率市场的融资成本比 B 公司节约 1.5%，大于其在浮动市场的成本优势。因此，A 公司在固定市场有比较优势，相应地，B 公司在浮动利率市场上有比较优势。于是按照比较优势原理，两家公司可以达成利率互换协议。双方签订互换协议，内容是 A 公司承诺以浮动利率 LIBOR 定期向 B 公司支付利息，B 公司承诺以固定利率 8.2% 定期向 A 公司支付利息。互换交易流程如图 4-2 所示。

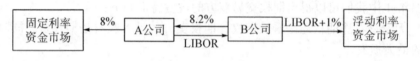

图 4-2　互换交易流程

首先，两家公司去各自有比较优势的市场融资。A 公司去固定利率资金市场，以 8% 的利率取得 1 000 万美元的借款。B 公司去浮动利率资金市场，以 LIBOR+1% 的利率取得 1 000 万美元的借款。这里我们可以看出，双方的借款本金都是自筹的，只是在之后的利息支付阶段是彼此替对方支付利息。

其次，A 公司将固定利率交换给 B 公司使用，因此 B 公司需要向 A 公司支付协议约定的固定利率 8.2% 计算的利息。相对应，B 公司将浮动利率交换给 A 公司使用，因此 A 公司需要向 B 公司支付协议约定的浮动利率 LIBOR 计算的利息。

最后，两家通过互换交易实现了降低融资成本的目的。

A 公司期间发生了三笔现金流：第一，支付给贷款银行固定利率 8% 计算的利息；第二，支付给 B 公司协议约定的浮动利率 LIBOR 计算的利息；第三，收到 B 公司支付的协议约定固定利率 8.2% 计算的利息。因此，A 公司的融资成本为 LIBOR−0.2%，而 A 公司不通过互换交易资金去浮动利率资金市场融资的成本是 LIBOR+0.3%，可以看出，互换帮 A 公司节约了 0.5% 的成本。同样，B 公司期间发生了三笔现金流：第一，支付给贷款银行浮动利率 LIBOR+1% 计算的利息；第二，支付给 A 公司协议约定的固定利率 8.2% 计算的利息；第三，收到 A 公司支付的协议约定浮动利率 LIBOR 计算的利息。因此，B 公司的融资成本为 9.2%，而 B 公司不通过互换交易资金去固定利率资金市场融资的成本是 9.5%，可以看出，互换帮 B 公司节约了 0.3% 的成本。互换合约给双方带来的收益之和为 0.8%，恰好等于固定利率成本差异与浮动利率成本差异之差。

习题

概念解释：

货币市场　资本市场　大额存单　回购协议　注册制

思考题：

（1）银行用 90 元的折扣价购买了期限为 65 天、价值为 100 元的商业票据，其贴现利率和实际收益率分别为多少？

（2）建设银行于 2018 年 4 月 1 日将一张面值为 10 万元的汇票向央行再贴现，汇票到期日为 7 月 1 日，再贴现率为 6%，建设银行可以获得多少再贴现金额？

（3）甲支付 300 美元向乙购买一张看涨期权合约。该合约允许甲在未来 3 个月内以每股 60 美元的价格买入 100 股通用汽车公司的股票。

①请找出这份合约的期权费与执行价格。

②如果约定的期限内通用汽车公司的股票价格上涨为每股 95 美元，请问该如何操作？请计算交易双方损益。

③如果约定的期限内通用汽车公司的股票价格下跌为每股 40 美元，请问该如何操作？请计算交易双方损益。

（4）A 公司需要浮动利率资金，它可以在信贷市场上以半年 LIBOR 加上 30 个基点或在债券市场上以 13.05% 的年利率筹措长期资金。与此同时，B 公司需要固定利率资金，它能够在信贷市场上以半年 LIBOR 加上 40 个基点或在债券市场上以 13.75% 的年利率筹措长期资金。

①哪家公司在浮动利率市场上有比较优势？原因是什么？

②互换交易的总收益是多少？

③假定互换协议规定：B 公司将浮动利率交换给 A 公司使用，互换报价为 LIBOR。请给出合适的贷款和互换方案，使两家公司受益相同。

第五章 商业银行经营管理及监管

金融是经济的核心，目前来看，商业银行占据的社会融资规模的比重是最大的，商业银行已成为金融体系的重要组成部分。学术界围绕"银行更重要还是股市更重要"这一问题讨论的时日已久，并形成了三类观点。第一派观点我们称作银行派，即认为银行有利于与企业形成长期稳定的借贷关系，银行更了解企业的财务、运营状况和风险，同时银行在贷后对企业的监控和催收都具有优势，能够更好地促进经济发展。第二派观点我们称作市场派，即认为股市为企业融资、兼并收购提供便利，在流动性较好的股市中，投资者转让股份壁垒较少，因此更愿意投资在长周期的项目中，能够促进经济。第三派观点我们称作金融派，即认为资本市场和银行之间并不互斥，对实体经济发展起关键作用的不再是银行和股市谁更重要、谁占多少比重，而是建立一个有效的金融系统，提高金融服务的效率。

本章介绍商业银行的经营管理与银行监管，必然会涉及许多新的话题——传统的银行业务走到尽头了吗？靠存贷利差还能否支撑一家商业银行？互联网金融对现代商业银行的影响如何？我们会在基本知识点阐述的过程中，结合最新的银行发展动向，向大家阐述这些问题。

第一节　商业银行的经营模式与组织制度

一、商业银行的经营模式

商业银行主要有两种经营模式，即分业经营和混业经营，混业经营也叫综合经营。商业银行经营管理体制是采用分业经营还是混业经营，是商业银行的一个重要问题，涉及银行的经营策略、业务范围、竞争状况等。一个国家的商业银行究竟是实行分业经营还是混业经营，必须考虑当时的社会经济金融发展状况，同时还要受到国家法律限制。

（一）分业经营

所谓分业经营，是指银行业与证券业、保险业和信托业实行分开经营、分开管理。一个金融机构如果经营银行业，就不能同时经营证券业或保险业或信托业，这几类金融业务不能交叉经营。实行分业经营可以使各金融机构集中精力开拓自己的业务领域；可以减少对客户利益的损害，防止内幕交易；可以防止金融垄断集团的出现。20 世纪30 年代之前，西方国家的金融业主要以综合经营为主。1929—1933 年的经济大危机后，分业经营成为各国监管机构的共识，各国纷纷出台措施严禁商业银行从事投资银行等高风险业务。美、英、日等国相继实行了分业经营制度，但德国、奥地利、瑞士，以及北欧一些国家仍然继续实行综合经营。

从本源上来说，商业银行是存贷款银行，负债业务、贷款业务及其相关的中间业务和国际业务构成其经营活动的全部内容，而不得从事证券业务（尤其投资银行业务、保险业务）。在最新一轮改革开放之前，美国、英国、日本、法国、加拿大、比利时等多数发达国家和韩国等一些发展中国家均实行分业经营制度，现在它们逐步放开了商业银行的经营范围。我国于1995年颁布的《中华人民共和国商业银行法》对中国商业银行业务做了如下规定：商业银行在中华人民共和国境内不得从事信托投资业务和股票业务，不得投资于非自用不动产，也不得向非银行金融机构和企业投资。这明确规定了中国商业银行与投资银行分业经营的原则。分业经营模式，在理论上受"真实票据论"的影响。该理论认为，负债多为活期存款，流动性要求高，因此商业银行的资产业务应集中于短期贷款，而且贷款一定要以真实交易为基础，以真实票据作抵押，以保证银行贷款的安全。根据这种理论，商业银行不宜发放长期贷款、消费贷款，更不能将银行资金用于债券、股票以及实物资产等高风险、低流动性的投资。

（二）混业经营

混业经营（全能经营）与分业经营正好相反，管理当局对银行的业务范围限制较少，允许商业银行开展多种业务，既能经营传统银行业务，又能涉足证券、投资、保险和其他多种金融业务，实行银行业与证券业、保险业等的相互渗透与一体化经营。最近30年，所谓的分业经营和混业经营的区别已日益模糊，实行分业经营的国家正在朝混业经营模式过渡。

混业经营全面的业务范围为商业银行的发展提供了广阔的空间。

商业银行可以从事多种业务，开拓了除传统业务利润以外的多种收入来源。证券投资业务使得商业银行在业务经营上具有较大的灵活性，证券资产因其流动性可以作为商业银行的二级准备，可以在一级准备充足时带来一定的收益，在一级准备不足时又可以随时变现以满足银行的支付需要。

相对于分业经营而言，混业经营使商业银行具有更大的稳定性。其一，混业经营使商业银行资产多元化，尤其是在证券资产选择时可以拥有相当大的空间，这进一步分散了银行的资产风险，降低了非系统性风险。其二，由于存款市场的利率与证券市场价格反向变动的特性，兼营证券业务可以降低银行风险，银行的部分亏损可以由其他业务的盈利来弥补，从而有利于保持银行整体稳定。其三，有价证券提高了资产的流动性，降低了银行流动性风险，避免发生支付危机。

混业制度下银行对企业提供包括投资在内的全方位金融服务。这既有利于企业的发展，又有利于建立起密切的银企关系，提高银行企业的综合竞争能力，使银行在经济发展中发挥更大作用。全能银行提供的多种金融服务有利于动员社会储蓄，促进储蓄向投资的转化。

混业经营模式的劣势在于增大了监管当局的工作难度。

二、商业银行的组织制度

（一）商业银行内部组织结构

现代商业银行大多是按照其所在国公司法组织起来的股份银行，其组织结构大致分为四个系统——决策系统、执行系统、监督系统和管理系统。

1. 决策系统

股东大会是商业银行的最高权力机构。银行的优先股股东可以取得固定股息，但无权参与银行的经营管理决策。普通股股东取得的股息随银行盈利的多少而变动，同时有权参加股东大会，有权参与银行的经营管理决策。银行每年至少召开一次股东大会。股东有权听取和审议银行的一切业务报告，并有权提出质询，有权对银行的经营方针、管理决策和各种重大议案进行表决。

2. 执行系统

商业银行的执行系统由银行行长、各条线分管行长、各部门经理、负责人及若干业务、职能部门组成。商业银行的信贷、个人金融、投行、营业及会计等部门一般被称作业务部门，专门经办各项银行业务。商业银行的人事、综合、企业文化等部门被称作职能部门，主要负责内部管理，协助业务部门开展经营。

3. 监督系统

商业银行的监督系统由股东大会选取产生的监事会、董事会中的审计委员会以及银行的审计部门组成。根据我国的规定，监事会应当包括股东代表和适当比例的公司职工代表，其中职工代表的比例不得低于1/3。监事会每半年至少召开一次会议。会议由监事会主席召集和主持，其决议应当经半数以上监事通过。监事可以提议召开临时监事会会议。监事会的主要职责是对银行的财务活动进行检查和监督，对董事、行长和其他高级管理层成员的职务行为进行监督等。

4. 管理系统

商业银行的管理系统由五个方面组成。第一，经营管理，由审计和内控部门，分支行管理部门、人事部门、会计出纳部门、合规部等组成。第二，资金财务管理，由资产负债部、证券部、投资管理部等部门组成，主要负责在货币市场和资本市场进行投资组合管理。第三，资产管理，由公司金融部、信用卡部和贷款审查部等组成，主要管理商业信贷、商业房地产信贷、信用卡业务等，并负责贷款审查。第四，个人金融管理，由私人银行部、信托部、消费者业务部、住房贷款部等组成，主要负责安排组织各种私人银行业务、信托业务和面对消费者的业务。第五，国际业务管理，主要职责是从事国际银行业务，提供贸易融资，进行外汇买卖。

（二）商业银行组织结构和类型

商业银行的外部组织结构主要包含三种类型：单一银行制、总分行制、银行控股公司制。

1. 单一银行制

单一银行制是银行业最古老的一种组织结构，该类银行通过一个营业部门提供其全部服务，其中有少量业务（如吸收存款和支票兑现）通过专门性服务设施来提供，如便利窗口、自动柜员机（ATM）以及银行的网站。

单一银行制的优点主要有：可以限制银行业的兼并和垄断，有利于自由竞争；有利于协调银行与地方政府的关系，使银行更好地为地区经济发展服务；由于单一银行制富有独立性和自主性，内部层次较少，因此其业务经营的灵活性较大，管理起来也较容易。

单一银行制的缺点主要有：规模较小，经营成本较高，难以取得规模效益；与业务的外向发展存在矛盾，人为地造成资本的迂回流动，削弱了银行的竞争力；业务相对集中，经营风险较大。

2. 总分行制

随着银行规模的不断扩大，单一银行制银行会决定建立一个或多个分支机构来适应经济的发展。总分行制是指在法律上允许在银行总行之下，在国内外普遍设立分支机构并形成庞大的银行网络的银行制度。我国的商业银行大多属于总分行制。

总分行制的优点主要有：银行分支机构较多使得银行规模扩大，有利于现代化技术的应用，能够提供快捷便利的金融服务，实现规模效益；有利于资金在各地区的筹集和调度，充分有效地利用资本；有利于银行风险的分散，提高银行的安全性；有利于在内部实行高度的分工，易于培养出专门的优秀人才。

总分行制的缺点主要有：容易造成大银行对小银行的吞并，形成垄断，妨碍竞争；若银行规模过大，分支机构较多，对总行的管理控制能力要求较高。

3. 银行控股公司制

银行控股公司（bank holding company）是指持有至少一家银行的股份（权益股）而获得特许经营的公司，通常也兼其他业务。大多数控股公司仅仅是持有一家或多家银行的权益股份的很小一部分，由此绕过政府监管。美国的《银行控股公司法》有关条例规定：如果一家控股公司对至少一家银行所购权益股份占该行权益股的25%或更多，或者有权选择一家银行董事会的至少两名董事，即认为存在控股。近年来，银行控股公司发展迅速，以美国为例，2010年有将近5 500家银行控股公司控制着美国银行业资产总额的99%以上，接近5 400家商业银行附属于银行控股公司。银行控股公司的主要优势包括：更容易利用资本市场筹资；较之那些不具有附属银行的公司，它们更能运用杠杆；具有用内部一部分业务的利润补偿公司其他部分业务损失的税收优势；能够向银行业务以外的其他业务扩张。

拓展阅读：我国金融业分业经营与混业经营的比较研究

一、我国金融业经营模式的演变及发展方向

中华人民共和国成立后，我国金融业经营模式经历了三个阶段：

第一阶段（从1949年到改革开放初期），我国基本上没有证券、保险业务，这一阶段中国所有的金融服务都是由人民银行提供的。这一阶段可以称之为人民银行阶段。

第二阶段（从改革开放到1993年），我国证券业、保险业相继出现，银行的业务涉及各个行业，保险、信托等行业也是互相渗透，这一阶段是彻底的混业经营阶段。但是到了1992年，由于房地产和证券投资过热，又加上我国相关法律法规的不健全以及银行防范风险的意识不强，大量不良信贷资金涌入证券业与房地产行业，引发了金融秩序的混乱，给我国的经济发展带来了非常不好的影响。

第三阶段（1993年到现在），从1993年开始，我国着手整顿金融市场的秩序，并通过了《中共中央关于建立社会主义市场经济体制若干问题的决定》，首次提出银行业与证券业实行分业经营。1995年《中华人民共和国商业银行法》的实施，以法律的形式确立了我国金融业实行分业经营的道路。与此同时，证监会、保监会、银监会相继成立，更加具体明确了我国的金融业实行分业经营、分业管理的模式。目前我国的银行虽然与保险公司以及券商有一定的合作关系，但是银行也只是作为第三方平台的

形式存在，后续业务的展开还是由保险公司和券商负责相关工作，与真正的混业经营还有一定的距离。

二、我国金融业实行混业经营的意义

实行混业经营可以更好地促进资源的有效配置，降低成本，同时能够提高我国商业银行的国际竞争力，对我国金融行业的快速发展意义重大。

（一）促进资源有效配置，降低经营风险

很长一段时间以来，我国国有商业银行一直以存贷款为主要业务，导致银行形成的结构不太合理，证券资产和其他资产只是占了其中极少的一部分。与发达国家的商业银行相比，我国商业银行的资金实力和盈利能力都存在较大差距，财务状况令人担忧，风险防范能力较差。我国商业银行的业务范围过于狭窄，限制了自身的发展。实行混业经营，银行可以参与到证券、保险的机构中去，从而实现资源的共用，提高资金的使用效率，并且银行还可以与证券、保险行业之间互相弥补不足，有效减小经营的风险。

（二）提高我国商业银行国际竞争力

我国加入世贸组织以后，在华外资银行的各种限制日益缩小，这些外资银行不论是从其经营理念，还是从其经营技术上，都处于国际领先水平。而相比之下，我国商业银行业务仍是以传统存贷款为主，业务范围狭窄，盈利能力不高，这必然导致了我国银行在国际金融竞争方面不具优势。西方发达国家的商业银行基本上实行的都是混业经营的模式，一方面可以实现不同金融机构之间资金的有效沟通，另一方面可以为顾客提供全方位的金融服务。这种情况下，我国实行分业经营、分业管理的银行机构是很难与国外拥有各种金融业务的银行相抗衡的。

三、我国金融业实行混业经营的有关建议

在经济快速发展、行业壁垒逐渐弱化的形势下，我国应结合经济现状选择合适的混业经营模式。目前，有三种混业经营模式在国际上占据重要地位：以德国为代表的全能银行、以英国为代表的母子公司和以美国为代表的金融控股公司。

德国模式的主要特征是全面放开阻碍不同金融行业之间业务交叉的法律限制，发展综合性银行，由单一的金融机构以分设部门的方式全面经营银行、证券和保险等金融业务，金融跨业经营整合程度最高。这种经营模式可以实现金融业规模经济的发展，提供更多的金融产品和服务，并且可以有效分散风险，提高金融业的经营效率，更好地为客户服务。但是因为这种模式对内部控制及外部监管要求较高，目前我国还不宜采用这种模式。

英国式的母子公司模式指的是以一个综合性的金融机构作为母公司，以它的子公司提供不同的金融服务。这种模式一般都建有防火墙制度，可以有效转移风险。另外这类母公司一般都是仅对子公司投资，不会因为子公司的经营风险而给母公司带来法律上的责任。也正是因为这些，这种模式对金融的整合度不高，从而难以形成规模经济。

美国式的金融控股公司是通过直接或间接持有一定比例的股份或其他方式而对银行、证券和保险等不同领域的公司拥有控制权，不直接从事其他业务经营的公司。在

这种模式下，控股公司是纯粹的控股公司，它不去参与公司的具体业务活动。但是控股公司统一对旗下的子公司进行专业的指导与管理。这样一方面可以将管理与具体业务相分离，集中资源实现整体目标；另一方面又可以避免因直接从事具体业务活动而给整个集团带来风险与损失。

比较上述三种模式，我们可以发现，金融控股公司的模式对我国更合适。一方面是因为美国金融业的经营模式是从混业发展到分业最后再到混业的，与我国的金融业经营模式的演变有相似之处；另一方面是因为金融控股公司保留了一些原来分业经营的优点，比如在金融控股公司内部设置防火墙等。我国应借鉴美国成功的经验，通过建立适合我国经济发展的控股公司形式逐步实现混业经营。

资料来源：马婧丽，张腾腾. 我国金融业分业经营与混业经营的比较研究［J］. 当代经济，2017（30）：130-131.

第二节　商业银行的资产负债表业务

商业银行的业务主要包括表内业务和表外业务，其中表内业务是指记入银行资产负债表中的业务，包括负债业务和资产业务；表外业务是指不列入银行资产负债表且不影响银行资产负债表总额的业务。本节重点介绍商业银行的资产负债表及其表内业务。

一、商业银行资产负债表

资产负债表是企业三大会计报表之一，也是银行重要的会计报表。

资产负债表包含三大科目：资产、负债和所有者权益。对于商业银行而言，资产负债表体现的会计恒等式如下：

资产＝负债+银行资本

这个会计恒等式简单变形可得：银行资本＝银行资产-银行负债。当某家银行的负债总额超过其资产总额，那该银行资本为负，说明该银行面临很大的破产风险。

银行资产负债表中的资产项代表着银行资金的运用，负债项代表着银行资金的来源。银行资金的运用主要包括各类贷款、证券投资以及现金业务。银行资金的来源主要包括存款及发行债券等。表5-1通过一个简化的商业银行资产负债表来为大家展示了银行的各类资产与负债业务。

表 5-1　　　　　　　　　　　　简化的商业银行资产负债表

资产		负债与资本	
现金资产		存款	
	库存现金		活期存款
	存款准备金		储蓄存款
	同业存款		定期存款
	在途资金	借款	

资产		负债与资本	
贷款		向中央银行借款	
	工商贷款	同业拆借	
	消费者贷款	其他借入资金	
	不动产贷款	其他负债	
	银行间贷款		
	其他贷款	所有者权益	
投资		资本	
	政府债券	资本盈余	
	其他有价证券	未分配利润	
其他资产		资本储备金	

二、商业银行的负债业务与所有者权益

商业银行的所有者权益,即银行的资本金,加上商业银行的负债,构成了商业银行的资金来源。商业银行的资本金为商业银行的自有资金,主要包括注册资本、实收资本、股权资本、监管资本和经济资本。银行资本金的多少直接影响银行的安全和稳健。商业银行的负债业务主要包括主动型负债(如发行债券)和被动型负债(如存款)。

(一)传统存款业务

客户将暂时闲置的资金存入银行形成了银行的存款。这对银行来说是一种负债。过去多年的银行经营中,存款都被看成银行资金的主要来源。存款负债是银行资产经营的基础和前提,存款规模和结构制约着银行的资产基础。这是因为一方面银行的存款负债要支付存款人利息以及其他获得存款的成本费用;另一方面银行的存款负债以贷款的形式投放给企业,获得贷款利息,但随着银行间竞争的加剧,存贷利差在逐渐缩小,银行只有依靠吸收大量的存款,使资产总额尽可能地扩张。银行的存款负债主要包括社会公众的存款、企业存款以及银行间的同业存款等。按业务性质,商业银行存款可分为个人存款、单位存款、财政性存款、临时存款、委托存款和其他存款。其中,个人存款包括储蓄存款、保证金存款和结构存款;单位存款包括活期存款、定期存款、通知存款和保证金存款。本教材沿用美国联邦存款保险公司的统计方法将存款分为交易型账户(transaction accounts)和非交易型账户(non-transaction accounts),或者生息存款和非生息存款。交易型账户指经常性使用账户,如活期存款;非交易型账户包括定期存款。

1. 活期存款

活期存款是指可以由储户随时存取和转让的存款,它没有期限规定的要求,银行也无权要求储户取款时做事先的书面通知。持有活期存款账户的存款者可以用各种方

式提取存款，如开出支票、本票、汇票，手机银行、互联网支付平台转账等。由于各种经济交易，包括信用卡、商业零售等，都是通过活期存款账户进行的，因此国外又把活期存款账户称为交易型账户。活期存款又称支票存款，因为在各种取款方式中最传统的是支票提款。对存款客户而言，活期存款支取方便、运用灵活，同时也是取得银行贷款和各种服务的重要条件。对商业银行而言，活期存款具有货币支付手段和流通手段的职能，能提高银行的信用创造能力。此外，活期存款还具有很强的派生能力，能有效提高商业银行的盈利水平，也是银行扩大信用、联系客户的重要渠道。

2. 定期存款

定期存款的存款期限固定且较长，是商业银行稳定的资金来源。定期存款的期限通常有3个月、6个月、1年、3年、5年，甚至更长的期限。存款利率水平随着期限的延长而提高，利息构成存款者的收入和银行的成本。定期存款到期时才能提取本金和利息，若储户提前支取，则会损失相应的存量利息，定期存款到期后可以续存。银行根据到期的存单计算应付的本息。定期存单一般不能转让和流通，但是客户可以以此为质押品从银行获取贷款。

3. 储蓄存款

储蓄存款（thrift deposits）是为了吸引希望预留资金以应付未来支出或资金困难的客户而设计的，此类存款的利率通常要高出交易存款许多。虽然储蓄存款的利息成本较高，但对存款机构而言其处理和管理成本通常较低。储蓄存款和储蓄不是同一个概念，储蓄的原始意义是指贮藏，而储蓄存款则是银行负债的重要组成部分。国内外对储蓄存款概念的定义也有明显差异，美国把储蓄存款定义为"存款者不必按照存款契约的要求，只需按照存款机构的要求，在实际提取日前7天以上的任一时刻，提出书面申请便可取款的一种存储账户"。在美国，居民个人、政府和企业都可以合法地持有储蓄存款。我国的储蓄存款专指居民个人在银行的存款，政府机关、企业单位的所有存款都不能称为储蓄存款，公款私存被视为违法现象。

（二）创新存款业务

存款创新是指银行根据客户的动机和需求，在原有存款种类的基础上推出新的存款产品，一方面满足了客户多元的存款投资需求，另一方面又让银行揽储而更具竞争力。在西方国家，许多商业银行对活期存款不付利息或少付利息，有时甚至是收取手续费，这种限制虽然保证了金融体系的相对安全和稳定，但也抑制了银行存款增长速度。为逃避管制，加强银行的竞争力，美国的商业银行率先对存款种类进行了创新。国内金融市场随着利率市场化的改革，为了抢占市场份额，各家商业银行也不断推出创新的存款产品。

下面以中国建设银行为例，为大家介绍一款该行推出的创新存款产品——个人通知存款一户通。个人通知存款一户通（以下简称"一户通"）既有活期存款的便利，又有七天或一天通知存款的利息收益。存款客户选择该产品并保持存款账户余额在人民币5万元（含）以上或外币等值5 000美元（含）以上时，无需做任何工作，即可实现智能理财，灵活收益一举两得。该产品的功能特点主要有采用活期存款账户管理模式，存取款记录一目了然，方便客户使用；按通知存款的利率计息，收益远高于活期存款利息；客户开户即约定自动转存，凡是存入七天以上的存款，均进行自动转存，按七天通知存款利率结计利息，不足七天的，按一天通知存款利率结计利息；支持人民币存款和外币存款；当客户的约定活期存款账户余额大于约定的保留金额时，并且超出金额符合"一户通"最低续存金额的规定时，超出部分的存款自动转入"一户通"，享受七天或一天通知存款利率。

（三）借款业务

商业银行的主动负债业务包括银行借款（再贴现和再贷款）、同业拆入资金、回购协议、国际金融市场融资。商业银行主动负债业务反映出资金市场状况以及银行利用金融市场管理资金的效率。商业银行向同业或中央银行的借款方式通常为贴现和直接借款。贴现是票据持有者将未到期的票据转让给银行而银行按票面金额扣除利息以后将现款付给票据持有人的行为。转贴现则是商业银行之间进行的贴现行为，即一家商业银行将已买进的未到期的票据再拿到另一家商业银行去申请贴现，这也是一种短期的资金借贷行为，是商业银行融通短期资金的一条重要渠道。

1. 同业拆借

同业拆借是银行之间短期资金的互借。借入资金叫"拆入"，借出资金叫"拆出"。同业拆借利率反映银行间同业拆借市场资金供求状况，具有参考性和指导性。银行间同行拆借的主要目的是弥补准备金的不足和保持资金的流动性。同业拆借使商业银行再不用保持大量超额存款准备金来满足短期融资及存款支付的需要。在现代银行制度下，商业银行经营的目标是利润最大而风险最小。同业拆借市场可以使准备金盈余的金融机构及时借出资金，获得较高收益；使准备金不足的金融机构及时借入资金，保证其流动性，有利于商业银行实现其经营目标。

2. 再贴现和再贷款

商业银行主动型负债的方式可以选择向中央银行借款，其形式有两种：再贴现和再贷款。再贴现是指商业银行以自己已贴现未到期的票据为质押再向中央银行申请贷款；商业银行可以向中央银行申请贷款，即再贷款，以信用获得央行资金。从历史数据来看，中国商业银行向中央银行的借款大多采取再贷款形式。其原因之一为我国的商业票据信用起步较晚，原因之二是我国国有商业银行在资金上对中央银行有着很强的依赖性。但是，再贷款并不像再贴现那样建立在经济实际运行的基础之上，再贷款规模也难以避免主观随意性。因此，随着我国票据和贴现市场的发展，商业银行的贴现业务将逐步扩大，逐步以再贴现取代再贷款，这将是历史发展的必然趋势。

3. 回购协议

回购协议是指商业银行以其持有的流动性强、安全性高的优质资产为抵押物，与其他某个金融机构约定在未来的某一日以协商的价格购回这些资产的融资活动。回购协议市场流动性强，协议多以短期为主。融入资金免缴存款准备金，是商业银行扩大筹资规模的重要方式。

4. 发行金融债券

金融债券，即银行等金融机构作为筹资主体面向社会发行的定期付息、到期还本的债务凭证。发行金融债券是商业银行筹集长期资金来源的重要途径。金融债券从发行目的看，可分为一般性债券和资本性债券。一般性债券是商业银行为了解决其中长期资金来源而发行的，资本性债券是商业银行为解决其资本金不足而发行的。银行发行中长期债券的利息成本较其他融资途径高，好处是保证银行资金的稳定。但是较高的融资成本又会促使商业银行去经营风险较高的资产业务，这从总体上增加了银行经营的风险。对于商业银行发行中长期债券，各国都有自己的法律限制。西方国家比较鼓励商业银行发行长期债券，尤其是资本性债券；而我国则对此有着非常严格的限制，商业银行通过发行中长期债券获得的融资比例很低。

5. 从国际金融市场贷款

20 世纪 80 年代以来，发达国家的商业银行广泛地在国际金融市场上通过吸收存款，发行大额可转让存单（CDs）、商业票据、金融债券等方式获取资金。

（四）所有者权益

所有者权益是指银行的自有资本，代表着对商业银行的所有权。与其他企业相同，所有者权益包括实收资本或股本、资本公积金、盈余公积金、未分配利润。

三、商业银行的资产业务

商业银行的资产业务是商业银行资金的运用，商业银行通过负债业务和所有者权益筹集到资金之后，需要产生利润，资产业务通过现金资产、信贷资产和证券投资等子业务为商业银行创造利润。

（一）现金资产

现金资产是指商业银行随时可以用来应付现金需要的资产，是银行资产业务中最富流动性的部分，是商业银行随时用来满足储户提存和银行内部日常开支的一线准备。现金资产主要包括库存现金、托收中的现金、在中央银行的存款、存放同业存款。

1. 库存现金

库存现金是指商业银行保存在金库中的现钞（纸币）和硬币。库存现金的主要作用是银行用来应付客户提现以及银行其他的日常零星开支。商业银行通常仅保持必要的、适度的库存现金规模，因为库存现金是银行的非营利性资产，而且保存库存现金还需要花费各种大量的相关费用。

2. 托收中的现金

托收中的现金也称在途资金或托收未达款，是指商业银行存放在代理行以及相关银行的存款。在未收付之前，其属于他行占用资金，而在收付之后即称为存放同业存款。由于在途时间不长，因此商业银行通常视其为现金资产。

3. 在中央银行存款

商业银行会存放一部分资金在中央银行，包括法定存款准备金和超额存款准备金。法定存款准备金是指商业银行按照央行规定的法定存款准备金率向中央银行缴存的存款准备金。超额准备金是指在存款准备金账户中，商业银行缴存的超过超额存款准备金的那部分存款。商业银行在中央银行开立基本存款账户，其目的是用于银行的支票清算、资金转账。商业银行由于同业拆借、回购、向中央银行借款等业务而出现资金划转及库现的增减，都需要通过该账户进行。

4. 存放同业存款

存放同业存款是指商业银行在代理行和相关银行存放的资金。设置存放同业存款的目的是方便商业银行在同业之间展开各种代理业务，如投资咨询、结算收付等。存放同业存款属于活期存款性质，随时可以使用。

（二）贷款

贷款是商业银行最传统、最主要的一项资产业务。发放贷款，为消费和投资需要提供资金，也是商业银行的主要职能之一。一个地区经济能否健康运行在很大程度上取决于放贷机构信贷职能的运作情况，因为贷款能够支持该地区企业数目和就业机会的增长。此外，贷款还可以向市场传递借款人的资信状况。尽管贷款能为放贷机构和客户带来很大的好处，但是贷款过程却必须一直处于谨慎的监管之下。

商业银行的贷款按保障条件，可以分为信用贷款、担保贷款和票据贴现。

（1）信用贷款。信用贷款是商业银行仅凭借款人的信誉而无须借款人提供担保发放的贷款。信用贷款的特点有风险大、保障条件弱。因此，银行往往对这类贷款收取较高的利息，并且只对那些声誉卓著、与银行有长期业务往来、资本实力雄厚、在行业中占重要地位的大公司发放，贷款期限也不太长。

（2）担保贷款。担保贷款是指以某些特定的财产或信用作为还款保证的贷款。担保贷款具有较强的保障性，有利于银行强化贷款条件，减少贷款的风险损失，是商业银行最主要的贷款方式。担保贷款按照担保方式的不同，分为保证贷款、抵押贷款和质押贷款。保证贷款是指第三人承诺在借款人不能偿还贷款时，按约定承担一般保证或连带责任保证为前提发放的贷款。抵押贷款是以借款人或第三人的财产作为抵押物发放的贷款。质押贷款是以借款人或第三人的质物，主要包括动产和权利，作为担保而发放的贷款。担保贷款由于有借款人或第三人的保证抵押或质押作为保障，贷款风险相对较小，但贷款手续较为复杂。

（3）票据贴现。票据贴现是商业银行贷款的一种特殊方式，是指银行应持票人要求，以现款买进持票人持有但尚未到期的商业票据的方式而发放的贷款。在票据真实、合法，并且有信誉良好的承兑人的前提下，票据贴现业务对银行而言成本和风险都较小。

商业银行的贷款按贷款对象的类型，可以分为工商贷款、房地产贷款和消费贷款。

（1）工商贷款。工商贷款是银行针对工商企业发放的贷款，以满足企业生产和流通过程中的短期、季节性的流动资金需求以及设备和基础设施投资的长期资金需求。

（2）房地产贷款。房地产贷款也叫不动产贷款，是银行对土地开发、住宅公寓、厂房建筑、大型设施购置项目提供的贷款。此类贷款资金规模大、期限长、风险大、收益较高，大多采用抵押贷款的形式放款。

（3）消费贷款。消费贷款是银行向个人和家庭提供的、以满足其消费支付能力不足时的金融需求。消费贷款项目繁多，比如住房装修贷款、汽车贷款、学费贷款以及信用卡赊购等。信用卡是消费贷款的一种特殊形式，国际流行的信用卡组织包括维萨（VISA）、万事达（MasterCard）、美国运通（American Express）以及中国银联。

（三）证券投资

商业银行证券投资的对象主要包括短期的货币市场金融工具和长期的资本市场金

融工具。

1. 政府债券

政府债券是政府依据信用原则，以承担还本付息责任为前提，为筹措资金而发行的债务凭证。政府债券分为中央政府债券和地方政府债券。中央政府债券又称为国家债券或国家公债，简称国债。

2. 公司债券

公司债券也称企业债券，是公司为筹措资金而发行的债务凭证。公司债券分为信用债券和抵押债券。信用债券是仅凭公司的信用不需要担保或抵押而发行的债券，一般只有信誉卓著的大公司才能发行信用债券。出于保护投资者的利益考虑，国家会限制这种债券的发行额度。抵押债券是以公司的不动产或动产债权作抵押而发行的债券。商业银行投资公司债券的优点主要有：银行可以获得高于政府债券的收益，这是因为企业的信誉低于政府，企业债券的票面利率要高于国家或地方政府发行的债券；相对于直接贷款而言，公司债券具有较强的流动性；信誉较高的公司债券的风险比较低，而且大多数债券都是抵押债券。

3. 股票

股票是股份公司发行的证明股东权利的书面法律凭证，也是股东对公司所有权的凭证。股票按所有者权益不同可分为普通股股票和优先股股票。普通股股票是最基本的股票，目前在证券交易所交易的股票均为普通股股票。商业银行投资股票的目的主要包括作为公司股东参与公司的经营和通过股票的买卖赚取利润。由于股票投资的风险较大，因此各国对商业银行对股票投资或投资比例都有一定的限制。

4. 票据

票据属于货币市场短期融资工具，商业银行投资票据主要包括商业票据和银行承兑汇票。商业票据以信用作为保证，其发行人多是信用等级高的金融性或非金融性的大公司。商业票据市场的容量巨大、交易活跃，也是商业银行重要的投资场所。银行承兑汇票是商业银行创造的、银行承诺承担最后付款责任的承兑融资票据。银行承兑汇票具有银行承兑付款担保、风险低、安全性高的特点，也是商业银行证券投资的对象。

第三节 商业银行的经营管理

商业银行经营管理包括商业银行的经营管理原则、商业银行的资本金管理、商业银行的资产负债管理、商业银行的风险管理、商业银行的财务分析与绩效管理、商业银行的人力资源管理、商业银行的企业文化管理以及改革与创新。由于篇幅原因，本节主要介绍商业银行的经营管理原则与商业银行的资本金管理。

一、商业银行的经营管理原则

商业银行作为经营货币资金的特殊企业，在保证资金安全和正常流动的前提下，也要保证其利润最大化。商业银行经营管理的一般原则包括安全性原则、流动性原则和盈利性原则。

（一）安全性原则

安全性原则是商业银行生存的前提。银行负债端重要的资金来源是储户存款，因此银行在经营活动中，必须保持足够的清偿力，有强大的支付能力，经得起重大风险和损失，能随时应付客户提取存款，使客户对银行保持坚定的信任。安全性原则要求商业银行在经营过程中需要做到：

（1）合理安排资产规模和结构，注重资产质量。

（2）提高自有资本在全部负债中的比重。

（3）遵纪守法，合法经营。

（二）流动性原则

流动性原则是商业银行发展的关键，流动性代表了银行的清偿能力。流动性原则要求商业银行在经营过程中能够随时应付客户提取存款，具有满足客户贷款需求的能力。流动性原则包括资产端的流动性和负债端的流动性。资产的流动性要求银行资产在无损失的条件下能迅速变现；负债的流动性要求银行获得资金的成本较低。商业银行要保持资金的流动性，需要做到以下几点：

（1）保证资产的质量，如让贷款本金如期收回，回流到负债的资金池中，以再利用。

（2）优化资产结构，保持随时能够以适当的价格取得可用资金的能力（资产变现的能力）。而保证资金的流动性有两道防线：一级准备金和二级准备金。一级准备金包括法定存款保证金与超额存款准备金；二级准备金包括向央行借款、同业拆借、发行大额存单、回购业务中的债券质押融资、市场融资等。

（三）盈利性原则

盈利性是指商业银行获取利润的能力，盈利性原则是商业银行经营的目的。商业银行只有通过业务经营来确保利润的获得，才能不断提高盈利水平。盈利水平的提高可以使银行股东获得投资回报，吸引更多的资本，充实商业银行的资本金；盈利水平的提高可以增加银行的利润积累，增强银行弥补风险损失的能力；盈利水平的提高可以增强客户对银行的信任度，扩大银行的客户资源；盈利水平的提高可以增强银行的竞争实力，使银行在市场竞争中不被淘汰。盈利性原则要求商业银行做到：

（1）尽量减少现金资产，扩大盈利资产的比重。

（2）以尽可能低的成本，取得更多的资金。

（3）减少贷款和投资的损失。

（4）加强内部经济核算，节约管理费用开支。

（5）做好风险管理，严格操作规程，完善监管机制，减少事故和差错，防止内部人员因违法犯罪活动而造成银行的重大损失。

三原则之间的关系并不孤立，而是辩证统一的。短期中银行的流动性越强，应付意外冲击的能力就越强，银行就越安全。但如果流动性过多，持有流动性高的资产对银行而言机会成本也很高，银行本可以用于创造效益的资产就会减少，进而影响银行的盈利性，因此这三原则在短期内存在一定冲突。从长期来看，三原则本质上是统一的，盈利性原则要保证长期的盈利而不是短期的盈利。如果银行过度冒险经营，其最终总盈利会低于稳健经营情况下的总盈利。盈利是银行安全的最好保障，只有不断盈利，银行才会安全，才可能有充足的流动性。综上所述，银行管理机构必须正确处理三原则之间的短期、中期和长期关系，实现协调发展，最终实现银行的经营目标。

二、商业银行的资本金管理

银行资本是商业银行存在的前提和发展的基础，同时也在银行风险和收益权衡中起着重要作用。保持一定规模的资本是银行拓展业务的基础，也是银行防范风险的重要保障，但资本比例过高也会影响银行经营的效率。银行必须对资本的充足水平做出合理的安排，在确定了合理的资本充足水平后，对资本结构也要进行科学管理。

（一）银行资本的概念与主要构成

经济学领域内的资本是指用于生产的基本生产要素，如资金、厂房、设备、材料等物质资源。商业银行资本是银行从事经营活动必须注入的资金，是其股东为了赚取利润而投入的货币或保留在银行中的收益。银行资本充当了现代商业银行经营中的启动资金，是银行最为可靠、最为稳定、可由银行独立使用的资金来源。除此之外，银行资本还能吸收银行风险，是商业银行经营的风险缓冲器。

1. 注册资本

注册资本也叫法定资本，是商业银行在工商行政管理部门登记注册时，在银行章程上记载的资本。《中华人民共和国商业银行法》对设立商业银行的最低注册资本做了明确规定。商业银行的资本是指商业银行自身拥有的，或者能永久支配使用的资金。由于商业银行经营的特殊性，其资本仅占资产的很小一部分（一般不到10%），远低于一般工商企业自有资本的比重。

2. 实收资本

商业银行在开业时实际募集到的资本金称为实收资本，也就是投资人已实际认购的股份全部或部分缴纳募集资金给银行的资金。这部分资本也是银行开业前必需的资本。

3. 监管资本

监管资本是一国金融监管当局为了降低银行风险、维持金融稳定制定的，银行必须按照监管当局对资本的定义和要求计算所持有的资本。著名的《巴塞尔协议》规定，商业银行的总资本金不能低于加权风险资产总额的8%。监管资本还包括一些在会计意义上不能算作资本的附属债务，在资产负债表中的资产方，以"-"号来表示，比如长期次级债务、混合资本债券等。监管资本对应着银行资产负债表上的具体项目，因此也是一种实际存在的资本。

4. 经济资本

经济资本是由商业银行的管理层内部评估产生的，配置给资产或某项业务用以减缓风险冲击的资本。经济资本是一个统计学概念，其计算公式可简化为：经济资本 = 信用风险的非预期损失+市场风险的非预期损失+操作风险的非预期损失。它是描述在一定的置信度水平上（如99%），一定时间内（如1年），为了弥补银行的非预计损失所需要的资本，是根据银行资产的风险程度大小计算出来的。计算经济资本的前提是必须要对银行的风险进行模型化和量化。

（二）商业银行资本管理

商业银行资本金的管理，可从总量管理和结构管理两个维度入手。总量管理，即商业银行总资本金的规模应该占比多少才合理；结构管理，即商业银行总资本当中，各类资本应如何分配。

1. 最佳资本需求量原理

银行最佳资本需求量原理认为，银行资本既不应过高也不应过低。银行资本过高会使财务杠杆比率下降，增加筹集资金的成本，最终影响银行利润；资本过低会增加对存款等其他资金来源的需求，使银行边际收益下降。

2. 商业银行内源资本与外源资本

内部筹集资本是多数银行的资本筹集方式。内源资本可以使银行不必依赖于外部公开市场，从而可以避免发行股票或债券的费用。使用内源资本筹资，相较于外部筹资，既划算且不会威胁到原有大股东的控制权，又不会稀释每位投资人的股份和摊薄未来的每股收益。但是使用内源资本也存在一些弊端。内源资本可以筹集的资本数量在很大程度上受到银行自身盈利能力的限制，同时也会受到监管规定和外部经济环境变化的影响，依靠净收益的增长来满足资本需求意味着商业银行的管理层必须决定当前收益中有少留存下来，有多少以红利的形式支付给股东。银行的董事会和管理层必须在留存比率、当期留存收益与税后净收益之比等指标上达成一致。如果留存比率太低，内部资本增长率就很低，这会阻碍银行资产规模的扩张，使抵御经营损失、防范破产风险的能力下降；如果留存比率太高，则相应的支付给股东的部分就变少，降低了股东的资本收益率，从而可能低于市场上风险相同的投资的收益率，因此也就不能吸引新的投资，甚至可能导致现有股东撤资。

如果内源资本的筹措不能满足银行增加资本的要求，就需借助于权益资本或债务资本等外源资本的补充。状况良好的银行借助于外源资本支持自身的发展，状况不佳的银行则需要外源资本来补充资本。

权益资本的优点在于可以全部用来满足基于风险的资本要求，权益资本同时也是永久性资金的来源，股息并非固定支出。权益资本的缺点在于发行成本较高、股权稀释和潜在的每股收益降低的风险。债务资本的优点在于利息支出可以获得税收减免，并且不会像权益资本那样稀释每股收益或削弱股东对公司的控制。债务资本的缺点在于存在利息支出；非永久性筹资渠道，必须到期偿还；只有部分债务可用来满足银行的资本监管要求。外源资本筹资的具体方式有以下几种：发行普通股、发行优先股、发行债务资本、出售资产租赁设备、进行股票与债券互换等。

拓展阅读：存款立行，谁来立存款？

资产荒是一种非平衡的暂时状态，负债荒早晚出现。因为资产和负债之间并不是绝缘的，而是相伴相生、相依为命的。在货币链的创造上，是资产创造负债，负债支撑资产——资产负债表的阴阳两面而已。

资产荒+负债荒=缩利差或缩表。严监管加速了这一进程。而利率中枢的提升，将一切构建在低利率或利率下行通道下的资产负债结构打回原形。这个时候又开始思念存款了。存款立行，又挂在了银行人的口头。然而，此一时彼一时，此时的存款，早已不是那时的存款了。

那时存款有严格的利率管制，没有理财、余额宝的分流，没有手机银行的随意搬家，也没有那么多的增值服务。那时，只要是存款，就可以带来无风险收益。但是现在呢？在后利率市场化时代，叠加金融去杠杆，我们正在经历一场前所未有的信用收缩。过去十年中国银行业广义货币（存款）"大跃进"的基本逻辑是广义资产（表内、表外、表表外）的扩张。如今，一场金融反冒进运动严重制约了存款派生的规模和速度。这是"存款去哪儿"的基本宏观逻辑。

同时，存款在结构上也正在发生质的变化，这个变化的内在表现是——承担价值贮藏功能的存款，已被理财和市场化固定收益类的资产替代。毫无疑问，按照基准利率定价的存款，已经沦落为投资者资产组合中的劣等品。如果说还有一些承担"保值增值"功能的低息存款，一定是两种可能：一是习惯性信任银行和不懂新金融工具的老年客户带来的行将就木的储蓄，以及靠增值服务弥补市场化利差而存留的隐形成本的存款。二是银行靠授信来拉动的保证金类存款，这类存款充满了水分和泡沫。因此，靠这种方式"勾兑"来的存款，对于银行来说越来越不经济。

另外承担中速流动性功能的存款，将逐渐被短期理财、开放式理财、余额宝等货币基金替代。而最终剩下的核心负债，就是真正实现汇兑支付结算功能中沉淀的活期存款。这是最具有货币性的存款，也终将成为银行的核心竞争力所在。银行利用信用和账户优势形成的托管、监管和专户资金，积累的沉淀和冗余，也是形成核心负债的另一个动因。这个核心竞争力考验的是对公业务的交易能力、零售业务的产品体系搭建和客户服务能力。

在竞争日益残酷、结构日益复杂的金融竞争链条中，经营货币成为银行最朴素、最原始的经营优势。洗净铅华后，银行又回到了经营货币的原生状态。

然而，后利率市场化时代，一切都变了。市场化，说到底就是"唯利是图"的年代。你不给人家好处，人家凭什么给你存款？

存款立行，那么又是什么立存款呢？

答案实际很简单。存款立行，客户立存款。转来转去又回到了朴素的众人皆知的原点。

从上市银行的数据来看，凡是客户群基础好的银行，就越接近货币链的上端，在金融去产能引发货币价格上升的环境里，经营效益改善越发明显。几家大型国有银行和招商银行，就是很好的例子。

如同实体经济去产能引发的大宗商品价格上涨类似，上游企业和靠近产业链上端的企业更能在大宗价格上涨中赚取超额利润，而下游企业的利润则遭到挤压。

同样是资金来源，一般性存款和批发性同业资金相比，背后的客户群不一样。前者来自实体经济，有着丰富的消费、生产和投资场景与非金融链接。而后者的背后，是相似的交易对手，是虚拟的快速流转的资金。依赖批发性融资作为主要资金来源的金融机构，在金融危机过程中会率先遭到冲击。

这一次金融去杠杆和利率中枢上移过程中，被打惨的首先就是资产负债结构扭曲、负债资金敏感型的银行。资产端久期长重定价迟钝，负债端久期短重定价灵敏，当市场利率上行，势必造成负债利率曲线快速上移但资产利率曲线迟钝调整的非对称现象，这样的后果就是利差的快速收窄。

而客户群基础牢固的银行，其占有的存款由于价格敏感性低，也就缓释了利率上行过程中的基差风险。

商业银行旧的生产关系与信息技术革命下的新型生产力之间的矛盾可以看成当前银行业面临的主要矛盾。信息技术革命的伟大之处，就是在经济层面推进了市场深化。物理网点已经搬到了一个一个分散化的智能手机上。每一个手机就是一个网点、一个柜台、一个人工智能服务的柜员。这样导致存款在银行间搬家非常容易。现在手机上基本都有微信、支付宝，再加上两三个银行应用软件。一个手机，也是一个金融超市。哪家理财收益率高了，期限设置便利了，动动手指，存款就搬家了。

而对公客户呢？大公司集团几乎都有自己的财务公司、金控公司。资金密集型的企业，索性自己建银行。它们的存款，早就变成了同业投资。而小企业本身就缺资金，还会存款到银行？

当前的银行，要拉存款，首先要直面客户。为客户创造价值，才能为自己创造存款。负债业务没有捷径，需要做大量的苦功夫和基础工作。真正以客户为中心，去提升吸引、留住和沉淀核心负债的能力。

比如零售银行的服务、产品和品牌，公司银行的专业团队和综合化、专业化的金融方案设计能力等；比如构建系统性的交易银行体系，形成资金体系内循环，减少"客户占有信贷资源，却将结算放到他行从而分流存款"的现象。要做到这些，需要提升认知和定位客户的水平以及深耕细作产业链和供应链的能力。

尤其重要的是，如何建立适合金融科技这一现代化武器作战风格的组织体系。银行投入到金融科技的，每年几万亿元，远远超出第三方机构。但是如何真正提升客户体验，提升效率，恐怕不是生产力的问题，而是生产关系的问题吧。

而在后台和总行层面上，实际上需要提升的空间更大。比如建立负债业务的战略管理和统战体系，保障各条线、支行加强联动而形成合力，发挥总行"精准制导"和研发先进武器的作用。

从当前的存款市场形势来看，竞争的重点越来越从营销端向产品和系统端转移，后台战略管理和专业化能力越强，一线人员在营销过程中就越有尊严，背的包袱就越轻。

总之，对于存款立行，客户立存款，道理实际上都能理解，剩下的就看有没有耐心改变甲方思维，踏踏实实地为客户、为"工农商学兵"服务了。

资料来源：赵健. 存款立行，谁来立存款 [EB/OL].（2017-12-2）[2018-12-20]. http：//www. sohu. com/a/212936772_ 460385.

第四节　银行监管的主要内容

从全世界范围来看，各国政府对所有产业的监管中，对银行业的监管是最为严格的。这是因为商业银行吸收存款、提供贷款以及向客户提供各类金融服务，都必须在中央银行和政府制定的旨在保护公共利益的规则框架内进行经营活动。

一、银行监管的必要性

（一）保护存款者利益

银行是大规模吸收社会公众及机构存款的金融机构。社会公众的储蓄存款大多数期限相对较短、流动性较大，同时银行也持有大量存放于退休金中的长期存款，比方说我国的养老基金和社保基金有很大一部分存放于商业银行。银行破产或银行犯罪造成的资金损失，对许多个人和家庭而言是场灾难。同时，商业银行与其存款客户之间，存在着天然的信息不对称，银行80%的存款客户都属中小储户，他们缺乏专业的金融知识和可靠充分的信息，这导致他们很难正确评估一家银行或其他金融机构风险状况。为保护公众利益和防范风险，相关的监管机构必须汇集和分析必要信息，由此来评估银行真实的金融状况。政府机构随时向那些面临着突发性的可支配储备金不足的银行提供贷款，由此保护公众的存款利益。

（二）调控信贷规模

商业银行或存款货币机构是唯一可以通过可支配存款进行放贷和投资来创造存款货币的金融机构，由此也要受到监管部门严密的监管。银行吸收原始存款，通过信贷及投资创造派生存款，影响流通中的货币量，进而影响宏观经济。中央银行需要通过存款准备金率的调节，控制商业银行的信贷规模，从而调控货币供给。

（三）银行业的高风险性及其传染性

商业银行是天然的经营风险的行业。银行业具有高风险的特征且该特征具有传染性。

1. 商业银行的风险分类

根据风险性质划分，商业银行的风险可以分为商业银行纯粹风险和商业银行投机风险。纯粹风险是指商业银行只有损失的可能性而不可能获利的风险，如借款人违约不能按期归还贷款本息的风险。投机风险是指商业银行既有可能遭受损失也有可能获取收益的风险，如商业银行证券投资、外汇买卖等业务。

根据风险来源不同，商业银行的风险可以分为信用风险、市场风险、国家风险、流动性风险、操作风险、法律风险、资本风险等。

（1）信用风险。信用风险又称违约风险，是指交易对手未能履行契约中约定的义务而造成经济损失的风险。信用的基本特征是到期履约，还本付息。如果借款人或交易对手由于经营不善或故意欺诈而不能履约，则对授信人而言发生了信用风险。信用风险是我国商业银行面临的主要风险。

（2）市场风险。市场风险是指因市场价格（利率、汇率、股票价格和商品价格）

的不利变动使银行表内和表外业务发生损失的风险。市场风险存在于银行的交易和非交易业务中。市场风险可以分为利率风险、汇率风险、股票价格风险和商品价格风险，分别是指由于利率、汇率、股票价格和商品价格的不利变动而带来的风险。

（3）国家风险。国家风险是指因外国政府的行为而导致的风险。当前，商业银行经营国际化是一种普遍现象，商业银行向国外政府或企业发放贷款，或者在外国开设分支机构，因此将面临由所在国政治动荡、战争、宏观经济政策变化等引起的风险。

（4）流动性风险。流动性风险是商业银行面临的重要风险之一。所谓流动性风险，是指商业银行虽然有清偿能力，但无法及时获得充足资金或无法以合理成本及时获得充足资金以应对资产增长或支付到期债务的风险。流动性风险如不能有效控制，将有可能损害商业银行的清偿能力。流动性风险又可以分为融资流动性风险和市场流动性风险。融资流动性风险是指商业银行在不影响日常经营或财务状况的情况下，无法及时有效地满足资金需求的风险。市场流动性风险是指由于市场深度不足或市场动荡，商业银行无法以合理的市场价格出售资产以获得资金的风险。

（5）操作风险。操作风险是指在日常业务中，由于内部程序不完善、操作人员出错或舞弊及外部事件等引起的风险。操作风险主要包括人员风险、流程风险、技术风险和外部风险。

（6）法律风险。法律风险是指商业银行的日常经营活动或各类交易应当遵守相关的商业准则和法律原则，在这个过程中，因为无法满足或违反法律要求，导致商业银行因不能履行合同而发生争议、诉讼或其他法律纠纷，从而给商业银行造成经济损失的风险。

（7）资本风险。资本风险是指商业银行资本金不足，无法抵御坏账损失，缺乏对存款及其他负债的最后清偿能力从而影响商业银行经营安全的风险。

2. 银行风险的传染效应

银行业的高风险导致银行业的内在不稳定性，这种不稳定性的典型表现就是银行挤兑及其引起的银行危机具有的传染性。银行挤兑是指存款人对银行给付能力失去信心而产生的从银行大量支取现金的现象，是一种突发性、集中性、灾难性的流动性危机。在出现挤兑时，市场银根异常紧缩、借贷资本短缺、利率不断上涨，迫使一些银行和金融机构倒闭或停业，发生银行恐慌甚至银行业危机。

二、金融监管的原则与理论

对银行的监管是金融监管的主要部分，也是历史最长、发展最为完善的部分。许多金融监管的原则和理论，实际上都是在监管银行的过程中逐步形成的。由于经济、法律、历史、传统乃至体制的不同，各国在金融监管的诸多具体方面存在着不少差异，但有些一般性的基本原则却贯穿于各国金融监管的各个环节与整个过程：

第一，依法管理原则。

第二，合理、适度竞争原则。监管重心应放在保护、维持、培育、创造一个公平、高效、适度、有序的竞争环境上。

第三，自我约束和外部强制相结合的原则。

第四，安全稳定与经济效率相结合的原则。

此外，金融监管应该顺应变化了的市场环境，对过时的监管内容、方式、手段等及时进行调整。金融监管的理论实际上要以更一般的政府管制理论为基础，同时考虑到金融这一行业区别于其他行业的特点，从而产生其自身的整套理论体系。这些理论依据主要包括：

（一）社会利益理论

这一理论来自20世纪30年代美国的大萧条时期。美国在其金融业发展的早期并不存在严格的监管，甚至并没有严格意义上的金融监管机构。罗斯福实施新政中的重要步骤就是加强金融监管来保护投资者，特别是广大普通投资者和中小储户的利益。因为政府意识到了金融体系的不规范和不稳定带来的危害会波及整个社会，而非局限于行业自身。在实际经济运行中，无论是西方发达国家还是众多的发展中国家都不存在所谓纯粹和完美的市场经济，因此市场的资源配置功能也不会充分发挥，从而导致市场的失灵和资源的浪费。社会利益理论假设市场是脆弱的，如果政府管制不够强将会必然导致市场的低效和不公，而政府管制是对这些失灵现象的零代价和有效率的反应。管制者被认为是理想化的，其目的就是要防止由自然垄断、外部性、不完全信息和公共产品导致的市场失灵和扭曲，包括价格、产量和分配等方面，最终实现对居民投资者和整体社会福利的保护与最大化。

（二）外部效应理论

遵循着造成市场失效的原因的思路，经济学家提出了外部效应理论。这是一般均衡理论成立的重要条件之一：市场价格等于边际成本。外部效应的存在往往难以成立。表现在金融行业，个别银行倒闭产生了"传染效应"。因为金融机构特别是商业银行相互之间的资产负债形成信用的锁链，某个银行的倒闭使得其他银行不能收到预期的结算资金，将不得不通过资产的调整、筹措非预期的结算资金。而非预期的资产调整并不容易进行，往往造成资产损失。如果损失过大也可能发生资不抵债，引发整个体系的危机。某个银行的倒闭将引起不明真相的挤兑，会导致经营优良银行的倒闭，这也是"传染效应"的表现。因此，产生了对银行资本金的规定和强制加入存款保险。外部效应还表现在银行作为结算体系的一部分，银行倒闭将造成结算体系的混乱。在信用货币制度下，银行体系承担了信用货币供应的职能。银行倒闭将导致社会信用量的震荡，会给经济造成混乱。因此，银行提供的结算服务和存款货币与公共产品有某些相同的性质，适当限制银行业的竞争，维护结算体系和银行存款货币的稳定也就成为对银行业进行监管的依据。

（三）投资者利益保护理论

在设定的完全竞争的市场中，价格可以反映所有的信息。但在现实中，大量存在着信息不对称的情况。在信息不对称或信息不完全的情况下，拥有信息优势的一方（商业银行）可能利用这一优势来损害处于信息劣势方（储户）的利益。因此，就提出了保护存款人，即投资者利益的监管要求。监管部门有必要对信息优势方，主要是金融机构的行为加以规范和约束，以便为投资者创造公平、公正的投资环境。

三、金融监管的体制

金融监管体制是指为了达到一定的社会经济发展目标，对金融业实施监管的一整套机制和组织结构的总和。根据监管主体的多少，各国金融监管体制大致可以划分为单一监管体制和多头监管体制。

（一）单一监管体制

单一监管体制，即集中监管体制，是指一国的金融监管职能由统一设立的单一金融监管机构承担。其又分为两种情况：一种是这一集中监管的职能由中央银行来完成，另一种就是设立中央银行以外的单独集中监管机构。但事实上，采用集中监管体制的国家和地区，承担监管职能的往往都是中央银行，这也和中央银行天生就具有一定的金融监管职能相对应。采用集中监管体制的国家有很大一部分都是政治上高度集权的国家，这样的监管体制下法律法规统一，监管职能的贯彻执行有保证，对于那些市场经济体制和金融市场体制还不完善和不成熟的经济体有着很实际的利用价值。目前，实行单一监管体制的发达市场经济国家有英国、澳大利亚、比利时、卢森堡、新西兰、奥地利、意大利、瑞典、瑞士等国。大多数发展中国家，如巴西、埃及、泰国、印度、菲律宾等国也实行这一监管体制。

（二）多头监管体制

多头监管体制是对应分业经营的金融格局而言的，这类金融体制一般都针对金融行业的不同部门设立不同的金融监管机构，主要包括对银行、证券和保险分别设立专门的监管机构实施监管。这样的金融监管体制的优势在于其监管的专业性很强，每个监管机构由于负责监管的范围相对较狭，也就可以集中各方面资源完成好监管任务，提高监管水平，保证监管质量。同时，由于多家监管机构的存在，也就无形地促成了监管机构之间的竞争格局，从而迫使各机构在竞争中提高监管效率。但是，这一体制也存在着问题，主要在于分业监管由于存在多个监管机构，容易造成重复监管，形成监管资源的浪费，同时也会在监管过程中为了维护各自领域的利益产生摩擦，提高监管成本。

（三）我国的金融监管体制

我国目前的金融监管体制属于集权多头监管。1984 年开始，中国人民银行不再"一行独大"，而是专门从事中央银行的职能。1984—1992 年，中国人民银行作为全能的金融监管机构，对金融业采取统一监管模式。1992—2003 年，我国的监管进入"一行两会"阶段。1992 年 10 月，国务院决定成立中国证券监督管理委员会（简称证监会），依法对证券行业进行监管，这是我国分业监管的起点。1998 年 11 月，中国保险监督委员会（简称保监会）成立，依法对全国保险行业进行监管。2003 年 4 月 28 日，中国银行业监督管理委员会（简称银监会）成立，承担了原来由中国人民银行承担的监管职责，使监管权限高度集中于中央政府。我国进入"一行三会"的金融监管体制。2017 年 11 月，经党中央、国务院批准，国务院金融稳定发展委员会成立。2018年 3 月，第十三届全国人民代表大会第一次会议表决通过了关于国务院机构改革方案的决定，设立中国银行保险监督管理委员会（简称银保监会），不再保留银监会、保监会。我国金融监管体制进入"一委一行两会"格局。按照《中华人民共和国银行业监督管理法》的规定，银行监管的目标是促进银行业的合法、稳健运行，维护公众对银行业的信心；同时，保护银行业公平竞争，提高银行业竞争能力。监管的主要方面如下：

（1）制定有关银行业金融机构监管的规章制度和办法。

（2）审批银行业金融机构及分支机构的设立、变更、终止及其业务范围。

（3）对银行业金融机构实行现场和非现场的监管，依法对违法违规行为进行查处。

（4）审查银行业金融机构高级管理人员的任职资格。

（5）负责统一编制全国银行数据、报表并予以公布。

（6）会同有关部门提出存款类金融机构紧急风险处置意见和建议。

（7）负责国有重点银行业金融机构监事会的日常管理工作。

四、银行监管的主要内容

（一）审慎监管体系

审慎性监管也叫预防性监管，主要包括事前、事中和事后监管。

1. 事前监管

事前监管中最主要的内容是对进入市场的商业银行的资质进行审查，实行市场准入制度。事前监管通常包括以下几个方面的内容：

（1）申请人的财产基础，通常表现为最低资本金的限制。例如，美国规定在联邦注册的商业银行的资本金在扣除筹建费用之后需要达到100万美元。日本商业银行的最低资本金为10亿日元。根据《中华人民共和国商业银行法》的规定，设立商业银行的注册资本最低限额为10亿元人民币；城市合作商业银行的注册资本最低限额为1亿元人民币；农村合作商业银行的注册资本最低限额为5 000万元人民币。

（2）申请人的素质和经历，包括知识、经验和信誉。例如，美国在银行开业时，对银行高级管理人员资格进行审查，主要内容是财产状况、信誉状况、银行从业经历和其他经历，重点是信誉状况。英格兰银行规定每家商业银行至少有两个知识经验丰富、有管理决策能力的管理人员。我国对商业银行高级经营管理人员的任职资格更有详细的规定，包括学历和从事金融工作的经历以及禁止过去曾经有过不良表现人员担任高级职务。

（3）新金融机构开设以后的盈利前景和对当地金融秩序的影响。即使申请人符合上述条件，如果监管当局认为新金融机构的进入将加剧竞争、对当地金融秩序可能产生不良影响，仍然可以拒绝新金融机构的开业。根据《中华人民共和国商业银行法》的规定，监管部门审查设立申请时，应当考虑经济发展的需要和银行业竞争的状况。

2. 事中监管

事中监管也叫市场运作过程的监管，商业银行获准开业之后，在市场的运作过程中，将面临经济、金融环境的变化，面临着各类金融风险，监管当局应对商业银行的市场运作过程进行有效的监管。事中监管主要包括以下几个方面的内容：

（1）资本充足性监管。合理的资本比率是金融机构正常营运的最基本条件。监管部门除了要求商业银行有符合规定的最低注册资本金水平之外，一般还要求其自有资本与资产总额、存款总额、负债总额以及风险投资之间保持适当的比例。通过对资本充足率的监管可以降低金融机构的经营风险，实现金融经济稳定运行和发展。在国际上，对于资本充足率的监管既被认为是最基本的监管指标，同时也是最主要和被广泛使用的监管指标。

（2）流动性监管。银行的流动性是银行信誉的保证，对银行经营十分重要，各国金融监管当局在实施监管时，对银行的本币和外币的流动性也很重视。监管当局通过考核银行资产负债的期限结构和利率结构搭配来对银行流动性进行系统性考察。流动性危机在现代金融体系中比较容易出现且具有连锁效应，因此对于流动性的监管是各国金融监管机构和国际金融组织十分重视的一个内容。

（3）业务范围的监管。为了确保金融机构的稳健经营，维护存款者的利益以及信用体系的安全稳定，各国一般都通过法律规定商业银行的业务范围。有的国家商业银行的业务与投资银行的业务是分开的，商业银行不能认购股票；有的国家限制银行对工商业的直接投资；有的国家禁止将银行业务与非银行业务混在一起。根据《中华人民共和国商业银行法》的规定，银行不得在我国境内从事信托投资和证券经营业务，不得向非自用不动产投资或向非银行金融机构和企业投资。

（4）资产和负债的风险监管。资产和负债的风险管理涉及银行经营的各个方面，其中重点是资产管理，因为银行资产中贷款占了很大比率。贷款质量好坏成为监管的关键。美联储将银行贷款资产质量分为正常、关注、次级、可疑和损失5级，并提供提取呆账准备金比率的参考标准。除了贷款资产质量以外，各国监管当局还对商业银行的贷款集中程度进行限制，目的是避免风险集中。

3. 事后监管

事后监管也可以称为市场退出的监管，尽管设计了事前监管、事中监管，但是仍然会有一些商业银行由于种种原因陷入困境或面临倒闭。对有问题的银行的处理机制，包括制裁与市场退出机制，主要有购买、兼并、担保以及破产清算等方法。与一般工商企业不同，商业银行即使陷入资不抵债的状况，倒闭也仅仅是最后选择。因为各国监管当局都非常重视对有问题的银行的挽救，避免因单个银行经营不善而引起更大的社会震动。对于那些面临严重困境的商业银行，监管当局除责令其采取纠正措施之外，还可能从维护行业稳定的考虑出发，通过提供临时性贷款予以必要的紧急援助。如果这些措施仍不能使其摆脱困境，监管当局则可能尽力促成其他金融机构对该银行进行兼并或收购。如果这种努力仍未见效，监管当局或者直接出面接管该金融机构，或者宣布该金融机构倒闭，并对其进行清算。

监管机构可以通过重新注资、接管、收购或合并、破产清算等方法对出现问题的银行进行处理。重新注资是指当商业银行陷入暂时流动性困境时，通过重新注入资金，改善其资产负债结构，缓解资金困境。一般可以采取中央银行注资、政府"输血"或存款保险机构注资等方法。接管是指金融监管当局依照法定的条件和程序，全面控制被接管金融机构的业务活动。收购是指一家健康的金融机构以现金或股票交易的方式，收购危机金融机构的全部或部分股权。合并是指一家健康的金融机构与一家陷入困境的金融机构合并其全部资产与负债，组成一家新的金融机构。破产清算是指当商业银行不能偿还到期债务或资不抵债时，由法院宣布其破产并组成清算组对银行法人进行清理，将破产财产公平地分配给债权人，并最终消灭银行法人资格的程序。

（二）建立政府安全网

政府安全网主要由存款保险制度和最后贷款人制度构成。

1. 存款保险制度

存款保险制度是由官方或行业性的特种公司对商业银行或其他金融机构吸收的存款承担保险义务的一种制度安排。投保的银行定期按存款余额的一定比率向保险机构缴纳保险费，当投保银行因破产而无力向存款人支付存款时，该保险机构在规定的承保范围内代为偿付。2015 年 5 月 1 日，存款保险制度在我国正式实施。我国《存款保险条例》第二条规定，存款保险的投保机构为在我国境内设立的商业银行、农村合作银行、农村信用合作社等吸收存款的银行业金融机构。《存款保险条例》第三条规定，所谓存款保险，是指投保机构向存款保险基金管理机构缴纳保费，形成存款保险基金，存款保险基金管理机构依照规定向存款人偿付被保险存款。《存款保险条例》第五条规定，存款保险实行限额偿付，最高偿付限额为人民币 50 万元。同一存款人在同一家投保机构所有被保险存款账户的存款本金和利息合并计算的资金数额在最高偿付限额以内的，实行全额偿付。《存款保险条例》第九条规定，存款保险费率由基准费率和风险差别费率构成。各投保机构的适用费率，由存款保险基金管理机构根据投保机构的经营管理状况和风险状况等因素确定。

2. 最后贷款人制度

最后贷款人制度是中央银行"银行的银行"的职能的体现，是指当银行体系遭遇不利的冲击引起流动性需求增加，而本身无法满足这种需求时，由中央银行向银行体系提供流动性，以确保银行体系稳定的一种制度安排。作为最后贷款人，中央银行向商业银行融资的方式主要包括再贴现、再抵押和再贷款。再贴现，即商业银行把用贴现方式收进来的票据向中央银行贴现，取得贷款以补充资金。再抵押，即商业银行把手中的票据或有价证券作为抵押品向中央银行进行贷款。再贷款，即中央银行可以采取直接提供贷款的方式向商业银行提供流动性。无论采用哪种方式，最后贷款人职能的宗旨都是确保有偿付能力的银行能够继续经营，促使整个金融体系更加稳定。

最后贷款人可以发挥以下作用：当商业银行或其他金融机构发生资金周转困难、出现支付危机时，中央银行为其提供全力支持，以防止挤兑的扩大导致支付链条中断以至引起金融恐慌或整个银行业的崩溃；为商业银行办理资金融通，使其在同业拆借方式之外，增加银行资金头寸调剂的渠道，提供最终保障；中央银行通过对商业银行等金融机构提供多种资金支持方式，调节银行信用和货币供应量，传递和实施金融调控的意图。

拓展阅读：浦发银行成都分行惊爆 775 亿元大案

一、案情回顾——涉案金额高达 775 亿元

浦发银行成都分行案在 2017 年 4 月被曝光。媒体曝光后，银监会在现场检查中发

现，浦发银行成都分行存在重大违规问题，立即要求浦发银行总行派出工作组对成都分行相关问题进行全面核查。通过监管检查和按照监管要求进行的内部核查发现，浦发银行成都分行为掩盖不良贷款，通过编造虚假用途、分拆授信、越权审批等手法，违规办理信贷、同业、理财、信用证和保理等业务，向 1 493 个空壳企业授信 775 亿元，换取相关企业出资承担浦发银行成都分行不良贷款。浦发银行成都分行实则利用超过 1 000 个空壳企业承债式收购，以腾挪不良贷款，违规操作资金规模近千亿元。

浦发银行成都分行于 2002 年成立，在案件暴露前，浦发银行成都分行长期"零不良"，并且在当地股份行经营中排名前列。因为业务表现突出，浦发银行成都分行也长期是行内的标杆。在该行 2009 年的一份新闻稿中曾介绍，浦发银行成都分行在业务高速发展的同时，员工无不良记录，无案件事故发生，保持了良好的资产质量并创造了前六年无欠息、无逾期、无垫款、无后三类不良贷款的佳绩。在上级行和监管部门近年的综合考评中，一直名列前茅。

平静的水面下实则隐藏暗礁，而当经济下行，风险则原形毕现。

银监会指出："这是一起浦发银行成都分行主导的有组织的造假案件，涉案金额巨大，手段隐蔽，性质恶劣，教训深刻。"其用词之严厉十分罕见。

此案暴露出浦发银行成都分行存在诸多问题：

一是内控严重失效。该分行多年来采用违规手段发放贷款，银行内控体系未能及时发现并纠正。

二是片面追求业务规模的超高速发展。该分行采取弄虚作假、炮制业绩的不当手段，粉饰报表、虚增利润，过度追求分行业绩考核在总行的排名。

三是合规意识淡薄。为达到绕开总行授权限制、规避监管的目的，该分行化整为零，批量造假，以表面形式的合规掩盖重大违规。

此外，该案也反映出浦发银行总行对分行长期不良贷款为零等异常情况失察、考核激励机制不当、轮岗制度执行不力、对监管部门提示的风险重视不够等问题。

二、主要处罚：浦发银行内部近 200 人被问责

案发后，银监会多次召开党委会议和专题会议研究部署查处工作，并成立专责小组，与上海市委市政府、四川省委省政府建立工作协调机制，强力推进风险处置和整改问责工作。在银监会统筹指导下，四川银监局制定实施"特别监管措施"，实行"派驻式监管"，开展多项专项排查治理，积极推动合规整改工作。四川银监局依法对浦发银行成都分行罚款 4.62 亿元，对浦发银行成都分行行长、2 名副行长、1 名部门负责人和 1 名支行行长分别给予终身禁止从事银行业工作、取消高级管理人员任职资格、警告以及罚款。目前，相关涉案人员已被依法移交司法机关处理。

银监会方面透露，浦发银行根据监管要求，在摸清风险底数的基础上，对违规贷款"拉直还原"，做实债权债务关系，举全行之力采取多项措施处置化解风险，并按照党规党纪、政纪和内部规章，给予成都分行行长开除、2 位副行长分别降级和记大过处分，对 195 名分行中层及以下责任人员内部问责，并在全行启动大轮岗。

截至 2017 年 9 月末，浦发银行成都分行已基本完成违规业务的整改，目前该分行班子队伍稳定，总体经营平稳正常。

货币金融学

第五节　银行监管的国际合作：巴塞尔协议

各国金融监管当局对于无论是跨国银行的活动，还是资本的国际流动，都会采取一些监管措施。对于全球金融平台，单单依靠各国管理当局的独立监管很难加以规范，这客观上要求推动金融监管的国际合作。特别是一些国际性银行的倒闭使监管机构开始全面审视拥有广泛国际业务的银行监管问题。首先推动的是对跨国银行的国际监管。在银行国际监管标准的建立中，以著名的《巴塞尔协议》规定的银行资本标准最为成功。

一、《巴塞尔协议 I》

1988 年，由比利时、加拿大、法国、德国、意大利、日本、荷兰、瑞典、英国、美国、瑞士、卢森堡 12 个成员国组成的巴塞尔银行监管委员会在瑞士的巴塞尔通过了《关于统一国际银行的资本计算和资本标准的协议》（我们一般把它叫作《巴塞尔协议 I》）。《巴塞尔协议 I》后来被全球 100 多个国家和地区采用，成为银行监管的国际标准。该协议从资本与资本充足率的新角度评价银行的实力和抗风险能力，将银行资本与表内外风险资产有机联系起来。

（一）《巴塞尔协议 I》的主要内容

1. 资本的定义

《巴塞尔协议 I》把银行资本划分为核心资本和附属资本两档，核心资本包括股本和公开准备金，这部分至少占全部资本的 50%；附属资本包括未公开的准备金、资产重估准备金、普通准备金或呆账准备金。

2. 风险权重的规定

《巴塞尔协议 I》制定出对资产负债表上各种资产和各项表外科目的风险度量标准，并将资本与加权计算出来的风险挂钩，以评估银行资本应具有的适当规模。

3. 目标比率

《巴塞尔协议 I》要求银行经过 5 年过渡期逐步建立和调整所需的资本基础。到 1992 年年底，银行的资本对风险加权化资产的标准比率为 8%，其中核心资本至少为 4%。资本充足率的计算公式为：

资本充足率＝资本/风险权重资产总额×100%

核心资本充足率＝核心资本/风险权重资产总额×100%

风险权重资产总额＝资产×风险权重

1988 年以来，《巴塞尔协议 I》不仅在成员国的银行获得实施，而且在成员国之外也获得逐步实施，逐渐发展为国际社会认可的银行监管标准。《中华人民共和国商业银行法》规定，商业银行的资本充足率不得低于 8%。

二、《巴塞尔协议 II》

2001 年 1 月 16 日，巴塞尔委员会公布了《巴塞尔新资本协议》草案第二稿，并再次在全球范围内征求银行界和监管部门的意见。2002 年定稿，2005 年实施，并全面取代 1988 年的《巴塞尔协议Ⅰ》，成为新的国际金融环境下各国银行进行风险管理的最新法则。

（一）《巴塞尔新资本协议》出台的背景

自 20 世纪 90 年代以来，国际银行业的运行环境和监管环境面临如下三大变化：

第一，《巴塞尔协议Ⅰ》中风险权重的确定方法遇到了新的挑战，银行业不仅仍面临信用风险，市场风险和操作风险等对银行业的破坏力日趋显现。在银行资本与风险资产比率基本正常的情况下，以金融衍生商品交易为主的市场风险频频发生，诱发了国际银行业中多起重大银行倒闭和巨额亏损事件。《巴塞尔协议Ⅰ》主要考虑的是信用风险，对市场风险和操作风险的考虑不足。

第二，危机的警示。亚洲金融危机的爆发和危机蔓延引发的金融动荡，使得金融监管当局和国际银行业迫切感到重新修订现行的国际金融监管标准已刻不容缓。在尽快修改此前对资本金充足要求的同时，不断加强金融监管的国际合作，从而实现维护国际金融体系的稳定的目标。

第三，技术可行性。现代风险量化模型的发展，在技术上为巴塞尔委员会重新制定新资本框架提供了可能性。

（二）《巴塞尔新资本协议》的主要内容

1. 第一支柱——最低资本要求

《巴塞尔新资本协议》，即《巴塞尔协议Ⅱ》对最低资本充足要求仍为 8%，包括信用风险、市场风险和操作风险的最低资本充足要求是新资本协议的核心。最低资本要求延续了巴塞尔委员会以资本充足率为核心的监管思路，对《巴塞尔协议Ⅰ》的资本要求增加了三方面的完善。对信用风险的处理方法包括内部评级法和标准法。在相对复杂的内部评级法中，允许管理水平较高的商业银行采用银行内部对客户和贷款的评级结果来确定风险权重、计提风险，这有利于商业银行提高风险管理水平。在市场风险的处理上允许商业银行采用标准法和内部模型法。对操作风险的处理也提出了三种方法，即基本指标法、标准法、内部计量法。

计算风险加权资产总额时，将市场风险和操作风险的资本乘以 12.5（最低本比率 8% 的倒数），转化为信用风险加权资产总额。

银行资本充足率＝总资本／［信用风险加权资产＋（市场风险资本＋操作风险资本）×12.5］

2. 第二支柱——监管当局的监管

作为《巴塞尔协议Ⅱ》的第二大支柱，外部监管明确要求各国监管当局应结合各国银行业的实际风险对银行进行灵活的监管，强化了各国金融监管当局的责任。监管部门监督检查的目的是确保各银行建立起合理有效的内部评估程序，用于判断其面临的风险状况，并以此为基础对其资本是否充足做出评估。监管当局要对银行的风险管理和化解状况、不同风险间相互关系的处理情况、所处市场的性质、收益的有效性和可靠性等因素进行监督检查，以全面判断该银行的资本是否充足。外部监管应当遵循如下四项原则：一是银行应当具备与其风险相适应的评估总量资本的一整套程序以及维持资本水平的战略；二是监管当局应当检查和评价银行内部资本充足率的评估情况及其战略以及银行监测和确保满足监管资本比率的能力；三是监管当局应有能力要求银行持有高于最低标准的资本；四是监管当局应争取及早干预，从而避免银行的资本低于抵御风险所需的最低水平。

3. 第三支柱——市场约束

市场约束的核心是信息披露，其有效性直接取决于信息披露制度的健全程度。只有建立健全的银行业信息披露制度，各市场参与者才可能估计银行的风险管理状况和清偿能力。《巴塞尔协议Ⅱ》指出，市场约束具有强化资本监管、提高金融体系安全性和稳定性的潜在作用，并在应用范围、资本构成、风险披露的评估和管理过程以及资本充足率等四个方面提出了定性和定量的信息披露要求。一般银行要求每半年进行一次信息披露；在金融市场上活跃的大型银行要求每季度进行一次信息披露；对于市场风险和其他重大事件，在每次发生之后都要进行相关的信息披露。

《巴塞尔协议Ⅱ》较《巴塞尔协议Ⅰ》在监管思想上更加完善，从单一信用风险监管到全面风险监管，从商业银行的被动风险管理到更加强调其主动风险管理；在监管框架上更加科学，从单一支柱转向三大支柱，从强调定量指标转向定量指标与定性指标相结合，进一步强调国际合作监管；在监管方法上，《巴塞尔协议Ⅱ》也提出了从简单到复杂、可操作性更强的一系列的计量方法来计算资本要求。

三、《巴塞尔协议Ⅲ》

2010 年 12 月 16 日，巴塞尔委员会正式发布了《第三版巴塞尔协议：更具稳健性的银行和银行体系的全球监管框架》，简称《巴塞尔协议Ⅲ》，标志着国际金融监管改革进入一个新阶段。以《巴塞尔协议Ⅲ》为核心的国际银行监管改革既延续了 1988 年以来《巴塞尔协议》以风险为本的监管理念，又超越了传统的资本监管框架，从更为宽广的视角理解银行风险，在监管制度层面确立了微观审慎监管与宏观审慎监管相结合的模式。

（一）从《巴塞尔协议Ⅱ》到《巴塞尔协议Ⅲ》

2007 年起源于发达国家的全球金融危机暴露了《巴塞尔协议Ⅱ》的不足，金融危机中发达国家的银行都将主要精力放在应对危机上，监管当局在此前制订的计划难以实施。严重的金融危机暴露出《巴塞尔协议Ⅱ》以下三方面的不足：

是没有关注系统性风险。《巴塞尔协议Ⅱ》关注的重点是银行的微观稳健，只强调风险从微观个体的转移，并没有关注风险本身的化解状况和转移之后对整个银行体系或金融体系的宏观影响。

二是部分资本定义的复杂化，使商业银行资本的质量和水平不足，抵御风险的可得性较差。例如，即使总资本充足率大体合规，但其资本结构并不优化，金融体系内相互持有的二级资本和更低级的抵御市场风险的三级资本占比较高，而抵御风险能力最高的核心资本（如普通股）比率持续降低，造成了银行业资本充足率虚高的假象。

三是原有的市场风险评估方法对交易账户的风险控制不足。部分银行金融工具交易结构复杂，如果其不存在活跃的交易市场，则其市场定价和风险评估难度均会增加。

（二）《巴塞尔协议Ⅲ》资本监管新规的主要内容

2010年12月16日，巴塞尔委员会发布了《巴塞尔协议Ⅲ》，并要求各成员经济体两年内完成相应监管法规的制定和修订工作，2013年1月1日开始实施新监管标准，2019年1月1日前全面达标。

1. 宏观审慎监管

（1）资本的定义。《巴塞尔协议Ⅲ》在资本定义部分介绍了监管资本的构成和最低资本要求。其中，监管资本由"一级资本"和"二级资本"构成，而"一级资本"又分为"核心一级资本"和"其他一级资本"两类，这与以前两版协议相比有很大改变。同时，协议对各级监管资本的定义进行了详细的解释。最低资本要求方面，任何时候核心一级资本均不得低于风险加权资产的4.5%，一级资本不得低于6%，总资本不得低于8%。

（2）杠杆比率要求。杠杆比率（leverage ratio）要求是指通过一个简单、透明和不基于风险的指标作为风险资本要求的一个可靠补充措施，以限制银行体系在繁荣时期杠杆比率的过度累积和危机时期不稳定的去杠杆化过程对金融体系和实体经济的破坏作用。杠杆比率被定义为一级资本与表内外风险资产总额之比，在2013—2017年的过渡期内按照3%的最低要求进行测试。

（3）流动性风险监管。对流动性风险的监管主要通过两个量化指标来进行，其中短期监管指标为流动性覆盖率（Liquidity Coverage Ratio，LCR），长期监管指标为净稳定资金比率（Net Stable Funding Ratio，NSFR）。流动性覆盖率定义为流动性资产储备与未来30日的资金净流出量的比值，并要求该比值不低于100%。净稳定资金比率定义为可用的稳定资金与所需的稳定资金之比，这个比率必须大于100%。

2. 微观审慎监管

（1）留存超额资本。留存超额资本也叫留存缓冲资本（captial conservation Buffer），其要求是除压力时期之外银行应当持有高于最低监管标准之上的缓冲资本，以确保银行在非压力时期建立起用以吸收在压力时期可能出现损失的缓冲资本。留存缓冲资本的要求对所有银行均相同，其比率为2.5%，并且应当由核心一级资本来满足。

（2）逆周期缓冲资本。逆周期缓冲资本（countercyclical buffer）旨在确保银行业资本要求要考虑到银行运营所面临的宏观金融环境。在经济繁荣时期，当各国监管当局认为信贷增长过快和系统性风险迅速累积时，应当对银行业提出增加缓冲资本的求，其比率要求为0~2.5%，由各国监管当局根据对系统性风险累积程度的判断来实施。

（3）系统重要性银行及其相关监管。系统重要性银行应该具有超过最低标准的损失吸收能力，巴塞尔委员会对系统重要性银行增加了附加资本、应急资本、自救债务等要求。

习题

概念解释：

分业经营　混业经营　商业银行的资产业务　商业银行的负债业务　商业银行的

表外业务　银行挤兑　存款保险制度

思考题：

    （1）简述商业银行的主要负债业务。

    （2）商业银行经营管理的原则是什么？

    （3）商业银行面临的主要风险是什么？

    （4）简述存款保险制度的主要内容。

    （5）金融监管的主要目的是什么？

第六章　中央银行

中央银行作为一种特殊的金融机构，是一国最高的货币金融管理组织机构，在各国金融体系中居于主导地位。国家赋予中央银行制定和执行货币政策的权利，其对国民经济进行宏观调控，对其他金融机构乃至金融业进行监督管理。这一章我们主要学习中央银行的产生、类型、性质、职能以及主要业务。

第一节　中央银行的产生与发展

一、中央银行的历史发展

中央银行是指一国统一发行货币，制定和执行货币政策以及对金融机构进行监督和管理的机构。在现代经济社会中发挥着不可或缺的功能，这样一种特殊金融机构的产生是历史发展到一定阶段的产物。关于它的整个历史发展过程分为三个阶段：萌芽阶段、爆发阶段和成熟阶段。

（一）萌芽阶段

全世界最早设立的中央银行是瑞典国家银行。瑞典国家银行是由一家在 1656 年私人创办的商业银行改组而成。1668 年由政府出面改制为国家银行，也是欧洲第一家发行银行券的银行，但是直到 1897 年它才完全垄断货币的发行权，1897 年之前瑞典其他商业银行也可以发行银行券，所以我们可以认为瑞典国家银行开始履行中央银行职责，成为真正的中央银行是从 1897 年开始。

1694 年成立的英格兰银行成立时间虽然在瑞典银行之后，但其被公认为近代中央银行的鼻祖。英格兰银行的前身也是私人银行，是伦敦 1 268 位商人出资合建的。1961 年英国政府出现财政困难，一个英格兰人彼特森建议筹集 120 万英镑资本金来设立银行，并将全部资本出借给英国政府。1964 年英国国会通过确立法案，将英格兰银行确立为国家银行，并允许其在不超过资本额度内发行货币和代理国库。因此英格兰银行一开始就与政府有着密切的联系，它的主要业务之一就是为政府提供融资。1833年，在英国伦敦所有的股份制银行中，只有英格兰银行发行的银行券具有无限清偿的资格。1844 年，英国政府颁布了由首相皮埃尔主持拟定的《皮尔条例》，该条例限制了英国其他银行的银行券权及发行量，而英格兰银行获得了更大的特权，增加了其银行券发行限额，进一步稳固了其发行的银行券地位。之后随着英格兰银行实力的增强、地位的上升，很多商业银行之间的债权债务票据清算都到英格兰银行进行。1854 年，英格兰银行彻底成为英国银行业票据交换和清算中心，最终取得了清算银行的地位。1928 年，《通货和钞票条例》法案一经确立，英格兰银行完全垄断了英国货币发行权，成为英国唯一合法的货币发行机构。在之后发生的多次金融危机中，英格兰银行充当最后贷款人的角色向多个商业银行提供贷款救助。随后多国政府相继借鉴英格兰银行的成功运作模式，因此英格兰银行被公认为近代中央银行的鼻祖。

（二）爆发阶段

从第一次世界大战爆发到第二次世界大战的结束，这一时期导致多个国家的政治与经济发生了剧烈震荡。国家之间的分裂、独立、重组也关乎中央银行的重建与合并，同时战争期间的金融环境混乱，整个全球经济停滞低迷。因此为了应对如此局面，1920 年，国际经济会议在比利时首都布鲁塞尔召开，此会议提出了世界各国普遍建立中央银行制度的必要性。1922 年在瑞士日内瓦召开的国际经济会议上，又重申和强调了布鲁塞尔会议形成的决议，建议尚未建立中央银行的国家应尽快建立中央银行，维护金融秩序的稳定，致力于恢复经济。各国纷纷重新整顿本国金融秩序，全世界范围开始了中央银行的制度普及与建立。1920 年至 1942 年，世界各国改组、新设的中央银行有 43 家，按区域来看的话，欧洲居多，美洲次之，还有亚洲、非洲等区域，从此开启了中央银行在世界范围内蓬勃发展的高潮期。在这期间值得一提的是美国联邦储备体系的建立，它的建立并非在商业银行基础之上，而是由政府出面直接组建的典型代表。

1791 年美国建立第一联邦银行，其主要任务是发行货币、向政府提供贷款和接受政府存款。第一联邦银行通过一些业务来管理各州立银行、整顿货币发行纪律的同时，引起了各州立银行的强烈不满，各州立银行认为第一联邦银行的建立违反了联邦宪法中联邦政府的权利全部属于各州政府的原则。因此，20 年营业期到期后第一联邦银行被解散。第一联邦银行倒闭之后，各州立银行滥发货币，造成严重的通货甚至金融秩序的紊乱。1816 年，第二联邦银行成立，但不幸的是同第一联邦银行一样，在营业期满后以同样的理由被解散。之后，美国进入了完全自由的金融时代，但期间不断爆发金融危机，银行业也极为混乱地发生倒闭事件，该时期已暴露出美国银行制度存在的问题，其中，最大的问题是没有中央银行。1913 年 12 月 23 日，美国国会通过了《格拉斯法案》，该法案内容是将全国分为 12 个联邦储备区，每区设立 1 个联邦储备银行，为了协调 12 个联邦银行的活动，在首都华盛顿建立了最高联邦储备局（后改名为联邦储备委员会），作为联邦储备银行的决策机构，至此，美国联邦储备体系诞生了，并且成为银行制度史上的伟大创举。

（三）成熟阶段

从第二次世界大战结束到现在，中央银行的发展进一步迈入成熟期，中央银行制度也在全世界范围内得到强化，未建立中央银行的国家，比如，伊朗、印度、土耳其、泰国、南非等，纷纷借鉴欧洲、美洲的中央银行发展经验，确立适合本国经济背景的中央银行制度。

从整个中央银行的历史演进来看，中央银行产生的途径无外乎就是两种：一种是从实力比较雄厚的商业银行逐步演变、地位提升中产生，如瑞典银行和英格兰银行；另一种是由政府出面直接组建产生，如美国联邦储备体系。

二、中国中央银行的发展

中国中央银行的萌芽要追溯到 20 世纪初，晚清时期到国民政府时期再到新中国成立时期的中央银行具有不同的特征。

（一）清政府时期的户部银行

光绪三十一年（1905 年），经财政处奏准，清政府在北京设立"户部银行"，这是我国最早由官方开办的国家银行，一般认为是我国的第一个中央银行，其行使部分中央银行职能，除经营一般银行业务外，还兼有发行铸造货币、经营管理国库、向其他银行提供贷款等权项。

（二）国民革命时期的中央银行

辛亥革命后，户部银行停业清理。1912年中华民国成立，1913年大清的户部银行改组成中国银行。1924年孙中山在广州组建国民革命政府，相应地，也在广州建立了中央银行。1927年南京国民政府建立，根据《中央银行条例》由国民政府全额出资在上海设立了中央银行，并在全国多地设立分行，主要职能是发行货币、管理国库。1929年，孙中山在广州建立的中央银行改为国民政府中央银行的分行，之后又改为广东省银行。

（三）中华苏维埃共和国时期的中央银行

1931年11月，在江西瑞金召开的全国苏维埃第一次代表大会上，通过决议成立中华苏维埃共和国国家银行（简称苏维埃国家银行），授予其发行货币、经理国库、代发公债等中央银行职能。当时该行在中华苏维埃共和国革命时期发挥了至关重要的作用。

（四）新中国时期的中央银行

1. 中国人民银行的创建与国家银行体系建立（1948—1952年）

1948年12月1日，国家以华北银行为基础，合并北海银行、西北农民银行，在河北石家庄组建了中国人民银行，成为新中国时期的中央银行，其发行的人民币，成为中华人民共和国成立后的法定本位币。1949年2月，中国人民银行改址为北京。1952年国民经济恢复时期终结时，中国人民银行作为中华人民共和国的国家银行，建立了全国完善的组织机构体系；统一了人民币的发行，基本清除并限期兑换了国民党政府发行的货币，使人民币成为全国统一的法定货币；对各类金融机构实行了统一管理。

2. 计划经济体制时期的国家银行（1953—1978年）

计划经济体制时期，中国人民银行身兼二职，即同时具备中央银行和商业银行的职能。一方面，作为中央银行要履行发行货币、经理国库和金融管理等职能；另一方面，需要动员、集中和分配信贷资金，经营着商业银行的业务。在统一的计划体制背景下，中国人民银行全面经营各项银行业务，在监管国家金融的同时，还要运营全国的信贷资金，不管是资金的筹集还是资金的运用，都由中国人民银行总行统一掌握，实行"统存统贷"的管理办法，为这一时期的经济建设提供重要而全面的服务。

3. 从国家银行过渡到中央银行体制（1979—1983年）

随着中国经济体制的改革和对外开放的推进，中国银行体系也进行了调整，先后恢复了中国农业银行、中国银行、中国人民保险公司，并新设了中国工商银行，将人民银行过去承担的工商信贷和储蓄业务转由中国工商银行专门经营；各地还相继组建了信托投资公司和城市信用合作社，出现了金融机构多元化和金融业务多样化的局面。中国人民银行之前的双重职能在这一时期被剥离，中国人民银行的中央银行职能在逐渐增强。1983年1月1日起，国务院决定，中国人民银行专门行使中央银行的职能。

4. 逐步强化和完善现代中央银行制度（1983 年至今）

1983 年，按照国务院《关于中国人民银行专门行使中央银行职能的决定》，对中国人民银行的基本职能、组织结构以及和其他金融机构的关系做出了系统性规定。1995 年 3 月 18 日，全国人民代表大会通过了《中华人民共和国中国人民银行法》，首次以国家立法形式确立了中国人民银行作为中央银行的性质、职能与地位，标志着中央银行体制正式迈向法制化、规范化的轨道，是中国人民银行发展道路上重要的里程碑。2003 年，为了进一步健全金融监管体制，根据第十届全国人大一次会议审议通过的《关于国务院机构改革方案的决定》，中国国务院决定设立中国银行业监督管理委员会，即银监会，由它统一监管银行、金融资产管理公司、信托投资公司及其他存款类金融机构。中国人民银行不再履行对上述这些金融机构的监管职责，其职能主要是制定和执行货币政策，不断完善有关金融机构的运行规则，更好地发挥其作为中央银行宏观调控和防范与化解金融风险的作用。

三、中央银行产生的经济需要

随着商品经济的快速发展，信用规模扩大，银行业的兴起及其竞争的日趋激烈，没有统一的金融管制导致银行业的混乱，一些原本是有实力的商业银行逐渐地开始承担中央银行的职能，并逐步向中央银行转变。

（一）统一货币发行的需要

在无统一发行货币的机构时期，各个商业银行都有权发行自己的银行券，但这种情况会出现多种问题：第一，银行券是典型的信用货币，是以发行机构的信用作保证，但社会上的各个商业银行资信状况不一，有些是实力雄厚的大银行，有些是资金薄弱的小银行，因某些银行的经营不善甚至破产倒闭会导致信用危机；第二，既然商业银行都能够发行银行券，那么意味着货币发行权的分散，各个发行行并未站在国家经济发展的角度，滥发货币，容易造成严重的通货膨胀；第三，同样地区流通的是多种商业银行发行的银行券，这与货币的一般等价物属性相矛盾，会对商品流通造成极大的不便，并且一些中小银行的银行券只能在当地或临近区域使用，这也不利于社会化大生产的发展，随着经济发展、商品流通范围的扩大需要在更大范围内流通的银行券。综上所述，为了避免信用危机，为了保证币值的稳定和流通的顺畅，要求银行券的发行权走向集中统一，由资金雄厚、有权威和信誉好的大银行发行能够在全社会流通的银行券。

（二）票据清算的需要

随着银行业务的发展，银行之间的往来更加频繁，各个商业银行之间发生的债权债务关系也错综复杂，银行每天收受的票据数量不断增长，票据交换业务也越来越繁重。比如，跨区域的银行之间进行票据清算越来越难，即便是同城结算也很麻烦，需要约定固定的时间及地点，携带大量需要处理的票据。这种耗费时间成本的银行间票据清算，会极大地降低货币流通和商品周转的速度，阻碍整个商品经济的发展效率。在此背景下迫切地需要一个权威公正的机构统一协调处理银行间票据交换与清算。

（三）充当最后贷款人的需要

商业银行的主要利润来自发放贷款获得的利息收入，用于放贷的资金是靠负债吸收的存款。在社会化大生产背景下，企业对贷款的需求激增，银行为了满足企业的贷款需求以及自身盈利的需要，会尽可能地降低存款准备金的方式，结果只会削弱了自身的清偿能力。随着毫无限制的信用规模扩张，一旦出现银行贷款不能如期收回，或存款人挤兑导致银行出现流动性风险，进而引发信用危机，银行濒临破产。此时即便商业银行能进行同业拆借也只能解决临时性资金短缺，因此为了保护存款人和金融体系的稳定，客观上需要一家信用极高的机构来集中各家商业银行的存款准备金，以保证商业银行的清偿能力，或在某一商业银行发生支付困难时给予一定的支持，充当银行体系的最后贷款人，以此来减少流动性风险与清偿危机对银行信用体系的冲击。

（四）金融调控与监管的需要

整个金融体系的健全稳定是一国经济发展的必要条件，为了建立公平、效率和稳定的银行经营秩序，尽可能地避免和减少银行的倒闭、金融危机的发生，就需要一套由政府来确立的金融监管与调控机制。但是由于金融行业的特殊性，政府不能直接进行行政干预，需要一个专门的机构来执行，该机构既要有一定的技术手段和操作能力，还要与一般银行有着业务联系，通过具体的业务往来执行相应的金融政策，达到一定的政策目的，进而维护整个国民经济的稳定与发展。

第二节　中央银行制度

一、中央银行的组织形式

由于各国历史发展背景以及政治、经济、文化的不同，世界各国中央银行的制度类型并不统一，出现了多样化，主要表现为以下四种形式。

（一）单一式中央银行制度

单一式中央银行制度是指国家只设立一家中央银行机构，来履行中央银行的全部职能，这类制度形式能够实现权力的集中，成为全世界最普遍主要的制度形式。根据其与分支机构的关系，进一步又可分为两种类型。

一元式中央银行制度。这种形式是指一国只有一家中央银行，且其有众多分支机构，整个体系采用总分行制，逐级垂直隶属。一元式中央银行制度的特点是权力集中、职能全面。目前英国、日本、法国、中国等多个国家都采用的是这种一元式制度。

二元式中央银行制度。这种形式是指一国中央银行体系由中央和地方两级相对独立的中央银行机构共同组成。中央级中央银行是最高的决策管理机构，地方级中央银行有义务接受中央级中央银行的监督和指导。货币政策在全国范围内是统一的，但在具体的实施操作方面，地方级中央银行在其辖区内有一定的独立性。这里的中央级中央银行与地方级中央银行并不是总分行的关系。美国作为联邦制的国家采用这种制度形式。

（二）复合式中央银行制度

复合式中央银行制度是指一国不单独设立专司中央银行职能的中央银行机构，而是由一家集中央银行与商业银行职能于一身的国家大银行兼行中央银行职能的中央银行制度。这种中央银行制度往往与中央银行初级发展阶段和国家实行计划经济体制相对应，苏联和多数东欧国家曾实行这种制度。中国在 1983 年前也实行过这种制度。

（三）准中央银行制度

准中央银行制度是指一个国家或地区没有建立通常意义上完整的中央银行制度，由政府授权某些金融机构行使部分中央银行的职能。目前采用这种制度形式的有新加坡、马尔代夫、斐济等，这类国家一般是区域较小或国内的几家银行一直处于垄断地位。我国香港也实行这种制度，1993 年，香港设立了金融管理局，由其负责行使制定货币政策、实施金融监管以及支付体系管理等中央银行职能；货币发行职能则由汇丰银行、渣打银行和中国银行三家商业银行履行；票据结算所则一直由汇丰银行负责管理。

（四）跨国中央银行制度

跨国中央银行制度是指由若干个主权独立的国家联合组建一家共有的中央银行，在成员国范围内行使全部或部分中央银行职能。建立跨国中央银行主要是为了区域经济的联合、与货币联盟体制相适应，比如，发行成员国统一使用的货币，制定与执行共同的货币政策。跨国中央银行的特点就是跨越国界行使中央银行的职能。比如，典型的欧洲中央银行是由欧盟中的众多成员国中央银行共同组成的，1999 年开始发行欧盟的统一货币欧元，并且成为唯一有资格在欧盟内部发行欧元的机构。之后欧元发展为欧盟区域内不可或缺的流通手段，甚至成为全球重要的国际货币。

拓展阅读：欧洲中央银行

欧洲中央银行简称欧洲央行，总部位于德国法兰克福，是根据 1992 年《马斯特里赫特条约》的规定于 1998 年 7 月 1 日正式成立的，是为了适应欧元发行流通而设立的金融机构，也是世界上第一个管理超国家货币的中央银行，最显著的特点是独立性。欧洲央行不接受欧盟领导机构的指令，不受各国政府的监督。欧洲中央银行是唯一有资格允许在欧盟内部发行欧元的机构，1999 年 1 月 1 日欧元正式启动后，12 个欧元国政府将失去制定货币政策的权利，而必须实行欧洲中央银行制定的货币政策。欧洲中央银行的资本为 50 亿欧元，各成员国中央银行是唯一的认购和持有者。资本认购的数量依据各成员国的 GDP 和人口分别占欧盟的比例为基础来确定。

欧洲中央银行的决策机构是管理委员会和执行委员会，管理委员会由执行委员会所有成员和参加欧元区的成员国的中央银行行长组成。管理委员会实行一人一票制，一般实行简单多数。当赞成和反对票数相等时，管理委员会主席投出决定的一票，管理委员会每年至少开会 10 次。执行委员会由欧洲中央银行行长、副行长和其他四个成员组成。只有成员国公民可担任执行董事。这些人员必须是公认的在货币和银行事务中具有丰富的专业经验，由欧盟委员会咨询欧洲议会和欧洲中央银行管理委员会后提议，经成员国首脑会议一致通过加以任命。执行委员会的表决采取一人一票制，在没有特别规定的情况下，实行简单多数表决原则。

二、中央银行的所有制形式

（一）全部资本归国家所有的中央银行

全部资本归国家所有是目前世界上大多数国家中央银行所采用的所有制形式。我们国家的中国人民银行就是采用这种国家所有制的形式。这种形式一般来源于两种情况：一是国家政府直接拨款出资建立的中央银行；二是国家通过收购商业银行的私有股份，将私人银行转变为国家银行，即为国有化后的中央银行。一般来说，历史悠久的中央银行绝大部分是从私人银行转型而来，尤其是在第二次世界大战之后，掀起了中央银行国有化的高潮，一些新独立的国家借鉴欧洲国有化的经验，各国政府都纷纷直接出资成立自己的中央银行。

（二）国家资本与民间资本共同组建的中央银行

这类中央银行的资本由国家和民间共同持有，也称为半国有化中央银行。一般国家资本占比在50%以上，民间资本包括企业法人和自然人的股份低于一半。而且，法律上一般都对非国家股份持有者的权利做了限定，如允许有分取红利的权利而无经营决策权，其股权转让也必须经过中央银行同意后才能进行。比如，日本的中央银行资本就是公私混合所有的，国家持有总资本的55%，民间持有总资本45%；并且，《日本银行法》规定，中央银行不能成立股东大会，股东不能参加经营活动，私人股份每年享受的最高分红率为5%。

（三）全部股份由私人持有的中央银行

这类中央银行的股份全部由私人所有，国家不持有任何股份。少数国家如美国、意大利和瑞士就采用这种所有制形式。

美国的中央银行体系是由联邦储备理事会和12家联邦储备银行及数千家会员银行组成的，因此各联邦储备银行的资本就来源于会员银行按照自身的实收资本和公积金的一定比例认缴的，并且会员行可按实缴股本每年获得6%的股息。

（四）无资本金的中央银行

这种类型的中央银行在建立之初没有资本金，中央银行运用的资金主要来自各金融机构的存款准备金和发行的货币。这种形式只有极个别国家采用，比如韩国。韩国的中央银行韩国银行是1950年注册成立，注册资本为15亿韩元，全部由政府出资；1962年《韩国银行法》修订后，韩国银行成为"无资本的特殊法人"。该银行每年度的运营利润首先是用于补偿资产折旧，然后提取法定公积金，在政府许可的情况下还可以建立特殊的储备基金，其余部分全部上缴国库。当会计年度出现亏损，首先用准备金弥补，不足时再由财政账户补助。

（五）资本为多国共有的中央银行

这种类型的中央银行是指其资本不为某一国家所独有，而是由共同组建中央银行的成员国按一定比例认缴的资本。一般多指跨国中央银行，比如前面介绍的欧洲中央银行。

第三节 中央银行的性质与职能

一、中央银行的性质

中央银行在整个发展演变过程中，形成了其特殊的有别于一般商业银行及普通政府部门的性质。中央银行作为一国重要的金融机构，不以盈利为目的，垄断发行该国的法定货币，并代表政府制定和实施金融政策、监督管理其他银行等金融机构。我们可以从以下几个方面来分析中央银行的这种特殊属性。

第一，中央银行是一国金融体系中最高的金融决策和管理机构，是整个金融体系的核心位置。中央银行被政府授予多项职权，属于典型的国家机关，主要表现在：代表政府发行一国法定货币、代表政府监督管理金融体系、代表政府制定和执行货币政策、代表政府参与国际金融组织和活动、经理国库等。但是中央银行作为政府部门，又有别于一般的行政机关。对于金融机构的监督管理并非直接的行政干预，而是由中央银行通过一些特定的金融业务、银行业务进行的，比如，利率和存款准备金率的升降、公开市场上买卖有价证券操作等，这些手段均为经济手段而并非行政手段。所以，中央银行是特殊的国家机关。

第二，中央银行不以盈利为经营目的。如果中央银行要实现盈利的话，将会与其被赋予的货币发行权、经理国库权、金融管制权等多个职能相矛盾，中央银行可以利用其在金融体系中的地位，获得无风险垄断利润，这将不利于其他金融机构的发展，还会阻碍整个金融体系乃至国民经济的运行。因此，中央银行负有其特殊的金融使命，其应以一个金融管理者的身份而不是盈利者的身份立足于金融系统之中。

第三，中央银行的业务经营对象是政府、银行等金融机构。一般金融机构的业务对象比较广泛，包括企业、个人、金融机构。但中央银行不同于商业银行，其经营对象主要是两类：政府和金融机构。以政府为业务对象时，主要表现为经理国库、向政府提供融资贷款、在公开市场上买卖国债、管理一国黄金和外汇储备、充当政府的经济顾问等。以金融机构为业务对象时，主要表现为吸收存款准备金、充当最后贷款人、维护支付清算系统等。

第四，中央银行对存款人一般不支付利息。如上所述，中央银行的业务经营对象只有政府和金融机构，相应其吸收的存款也来自政府的存款和金融机构的存款。中央银行本身不以盈利为目的，对所有的存款都不计付利息。比如，中央银行吸收的各商业银行的存款准备金是为了保护存款人的资金安全，也保证了商业银行等金融机构的支付和清偿能力，提高了其运营安全程度。

第五，中央银行的资产具有高流动性。中央银行处于整个社会资金运动的核心环节，是整个社会的货币最终供给者和信用活动的调节者。中央银行对货币量和信用规模的调节，主要依赖于一些货币政策工具来进行，比如，存款准备金率、再贴现率、公开市场操作、利率等，通过这些工具影响基础货币的增减，进而引起整个社会货币供应量的变动，以达到相应的政策效果。在这一过程中为了货币政策工具能够及时、有效地发挥作用，就要求中央银行的资产具有极高的变现能力和流动性。比如，当市场出现通货膨胀时，中央银行通过在公开市场出售证券来回笼货币，紧缩市场流动性，如果操作的证券是属于长期性质的，流动能力差，就不能及时变现出售，进而不能实现回笼货币紧缩流动性的政策目的。因此，在中央银行的资产中，不能含有长期资本性质的投资，应是流动性极高的现金或有价证券。

二、中央银行的职能

中央银行的职能是其性质的具体体现。一般认为，中央银行的职能主要表现为三个方面，分别是发行的银行、银行的银行和政府的银行。

（一）中央银行是发行的银行

中央银行集中与垄断货币发行权是其成为中央银行最基本、最重要的标志。我们可以从两个方面来理解：第一，从整个历史演变来看，多个国家的中央银行成立都是从大型商业银行垄断货币发行权开始的。在中央银行未集中发行权之前，各个银行都能发行自己的货币，经常有滥发货币、良币劣币混杂、流通区域受限等问题的出现，整个货币流通市场非常混乱，因此要克服这些现象的发生，就必须由一个信誉极高、非常权威的金融机构来集中统一货币的发行权，这就是中央银行第一大职能诞生的背景。第二，垄断货币发行权是中央银行发挥其全部职能的基础。中央银行要代表国家政府管理金融机构以及金融市场，通过一系列货币工具制定和执行金融政策，进而实现调控整个国民经济的目的。因此，中央银行要按照经济发展的客观需要，统一发行货币，并稳定货币币值，调控社会信用规模，维护一国社会经济的正常运行与发展。

（二）中央银行是银行的银行

这主要指中央银行以商业银行和非银行金融机构为业务对象的特殊性。首先，中央银行与其业务对象之间的业务往来仍具有银行固有的办理"存、贷、汇"业务特征；其次，中央银行为其业务对象提供资金支持、各项服务；最后，中央银行是商业银行和非银行金融机构的监督管理者。因此中央银行是商业银行和非银行金融机构的银行。中央银行作为银行的银行，这一职能具体表现为以下三个方面：

1. 集中管理全国的存款准备金

一般每个国家的法律都规定，商业银行和其他存款机构必须向中央银行缴存一部分的存款准备金。其目的之一在于保障存款人的资金安全，保证商业银行和其他存款机构的支付能力和清偿能力，在商业银行等机构出现支付和清偿困难时，中央银行可以给予它们必要的资金支持。另外一个目的是基于宏观背景的需要，中央银行可以通过调控存款准备金率的高低，进而来调控整个社会的货币供应量和信用规模，达到一定的政策目的。

2. 充当最后的贷款人

当商业银行及其他金融机构发生资金周转困难，支付危机时，同业机构又无能为力或不愿对其提供资金帮助，此时中央银行将扮演最后救助人的角色，向这些信用危机机构及时提供贷款，帮助他们渡过难关。中央银行放贷的资金主要来源于商业银行缴存的存款准备金。当中央银行作为最后贷款人向所需金融机构提供贷款时，可以采取多种形式，比如，直接取得贷款的形式或者是票据的再贴现、再抵押形式。商业银行及其他金融机构可以把自己持有的未到期的票据卖给中央银行由此获得一定现金，也可以把自己持有的票据抵押给中央银行并由此获得一定的现金达到融资的目的。总之通过多样的业务形式，使中央银行成为一国商业银行及其他金融机构的信贷中心。

3. 组织全国范围内的票据交换和资金清算

中央银行产生的必要性之一就是票据清算的需要。中央银行组织、参与和管理全国清算要在存款准备金制度的基础之上。各商业银行按规定在中央银行开立存款账户，并向该账户缴纳存款准备金，这样中央银行就可以通过他们的准备金账户采用非现金结算来结清各存款机构之间的债权债务关系。中央银行办理金融机构同城票据交换和同城、异地的资金清算，具有安全、高效、便捷等特征，可以加快资金的清算效率，加速资金的流转。

（三）中央银行是政府的银行

中央银行作为管理金融的国家机关，在代政府制定和执行国家货币政策的同时又为政府提供服务。中央银行作为政府的银行，主要表现在以下五个方面：

1. 代理国库

类似于商业银行等存款机构，一国政府也要在中央银行开立账户，跟其有关的财政收入与支出均在该账户中进行。其具体内容包括：第一，按国家预算要求代收国库库款；第二，按财政支付命令拨付财政支出；第三，向财政部门反映预算收支执行情况；第四，经办其他有关国库事务等。

2. 对政府融通资金，提供信贷支持

作为政府的银行，中央银行具有为政府融通资金，提供短期的信贷支持，满足政府临时资金需要的义务。中央银行对政府融通资金的主要形式有两种：第一，当一国政府财政收支出现暂时性、季节性的赤字时，中央银行可向政府直接提供贷款以平衡财政收支；第二，中央银行在证券一级市场直接购买政府债券，购买资金直接流入国库，等同于中央银行向政府提供了融资。

3. 对金融业进行监督管理

一国政府不直接通过行政手段来干预金融市场，需要由中央银行利用其与银行等金融机构的业务关系来达到金融监管目的。主要表现为：制定并监督执行有关金融法规，监督和管理金融机构业务活动，管理和规范金融市场，等等。

4. 代表政府参加国际金融组织和活动

随着金融的国际化，一国的对外金融活动日益频繁和重要。政府一般都会授权中央银行作为代表参与国际金融活动，主要包括参加一系列国际金融组织，比如，国际货币基金组织、国际清算银行、世界银行；还参加一系列区域性金融组织，比如，亚洲开发银行等。这些组织参与国际金融事务的协调、磋商，代表政府签订国际金融协定等。

5. 向政府提供信息和决策建议

中央银行处于整个社会资金运动的核心位置，是货币、信用的调剂枢纽，是金融业的管理中心。在其业务活动中，中央银行能够掌握大量全国经济金融活动的数据和资料。在政府进行宏观经济决策时，中央银行的信息数据是其重要的参考资料。同时，中央银行发挥其专业性特长，可以充当政府金融政策的顾问，为国家经济政策的制定提供有益的建议。

第四节　中央银行的业务

中央银行对一国金融活动及宏观经济的运行发挥着不可估量的作用，其职能的发挥依赖于各项中央银行业务。作为一种特殊的金融机构，中央银行的业务活动有非盈利性、流动性、主动性和公开性四大特征。中央银行的资产负债表反映了其资金来源和运用的状况，中央银行业务可以分为负债业务、资产业务和其他业务。

一、中央银行的负债业务

中央银行的负债业务包括货币发行业务、存款业务以及其他负债业务。

(一) 货币发行业务

货币发行是中央银行最重要的职能之一，也是中央银行最主要的负债业务。狭义的货币发行业务是指货币从中央银行的发行库，通过各家商业银行的业务库流入社会之中。广义的货币发行是指中央银行货币投放数量大于货币回笼数量，最终引起货币供应量净增加的过程。货币发行业务一方面可以满足社会商品流通扩大的交易需要；另一方面可以满足中央银行履行各项职能的需要。

我国人民币的发行程序大致分为三步：首先中国人民银行根据国家的经济和社会发展需求，提出货币发行和回笼计划；然后报国务院审批，审批通过后负责实施具体内容；最后对发行基金进行调拨。发行基金是中央银行为国家保管的待发行的货币，它是货币发行的准备基金，不具备货币的性质，由设置发行库的各级人民银行保管，总行统一掌管，发行基金的动用权属于总库。人民币的货币发行主要是通过商业银行的现金收付业务活动来实现的。各商业银行将人民银行发行库的发行基金调入业务库后，再从业务库通过现金出纳支付给各单位和个人，人民币就进入了市场，这称为货币发行。同样，各商业银行从市场回收一定的现金，使业务库的库存货币超过规定的限额，超出部分要送交发行库保管，这称为货币回笼。货币从发行库到业务库的过程叫出库，即货币发行；货币从业务库回到发行库的过程叫入库，即货币回笼。

(二) 存款业务

存款业务是中央银行另外一项重要的负债业务，其完全不同于商业银行和其他金融机构的存款业务。中央银行的存款主要来自以下几个方面：商业银行的存款准备金、非银行金融机构存款、政府和公共部门的存款、外国存款等，其中最大的存款来源是商业银行缴纳的准备金。这项中央银行存款业务是为了保证商业银行的清偿力，防止其破产倒闭，要求商业银行按规定将吸收存款的一定比例提取转存至中央银行。非银行金融机构也会在中央银行存款，主要是为了获得中央银行的清算服务。政府存款主要是中央政府的存款，是中央银行在经理国库业务中形成的。外国存款是外国中央银行或外国政府将资金存放于本国中央银行，它们持有这些债权构成本国的外汇，随时可以用于贸易结算和清算债务。

(三) 其他负债业务

除了发行货币和吸收存款两项重要的负债业务以外，还有一些业务会构成中央银行的负债。比如，为了紧缩金融机构流动性专门针对其发行的债务凭证，即中央银行债券，因其期限短暂，也称中央银行票据。当出现一国国际收支的逆差或金融危机流动性危机时，中央银行可以从外国银行等金融机构、外国政府、国际金融机构等举债，来缓解危机。所以对外负债也是中央银行的一项负债业务。

二、中央银行的资产业务

中央银行的资产业务，主要是指中央银行运用货币资金的业务。资产业务作为中央银行发挥其自身职能的重要手段，主要有贷款业务、再贴现业务、公开市场操作业务以及保管金银、外汇储备。

（一）贷款业务

贷款业务是中央银行重要的资产业务之一，主要是指中央银行向商业银行等金融机构贷款、向政府部门的贷款还有其他类型的贷款。中央银行的贷款业务是其调控社会货币供应量的重要途径，同时也体现了中央银行作为最后贷款人的职能作用。商业银行等金融机构从中央银行获得的贷款成为其重要的融资渠道，并且保证了自身的支付能力。同样当政府有贷款需求之时，比如，出现财政收支的不平衡时，中央银行可以为政府直接提供贷款或在二级市场上买入政府债券。除此之外，中央银行对非金融机构，会因为特定目的、特定对象而提供贷款，比如，向老少边穷地区的经济开发所提供特殊贷款。中央银行还对外国政府和国际性金融机构提供贷款。

（二）再贴现业务

再贴现业务是指商业银行将未到期的已贴现商业票据提交到中央银行，进行二次贴现已实现融资的经济行为。中央银行的再贴现业务是解决商业银行短期资金不足的重要手段，同时也是中央银行实施货币政策的重要手段之一。相应地，再贴现率一方面涉及商业银行向中央银行融资成本，再贴现率越高，融资成本越高；另一方面，中央银行通过再贴现率的调整实施货币政策，并具有对市场其他利率变动的引导作用。

（三）公开市场业务

中央银行的公开市场业务是指其在证券市场以参与者的身份公开买卖证券的行为，又称公开市场操作。中央银行的这项证券买卖业务并不是为了获利，而是调节和控制货币供应量，因此是中央银行货币政策工具的三大法宝之一。当中央银行买入证券时，可以起到放松银根，增加基础货币供应量的效果；相反，当中央银行卖出证券时，可以起到收紧银根，减少基础货币供应量的效果。

中央银行的公开市场业务有三大基本特征。第一，公开市场交易中买卖的工具主要是政府公债、国库券及指定的其他有价证券，对于这些交易对象的流动性要求很高。第二，公开市场交易的对象是金融机构而非普通投资者，比如，中国人民银行建立了一级交易商制度，挑选了一批能够承担大额债券交易的金融机构作为公开市场业务的交易对象。第三，公开市场交易方式主要为回购交易和现券交易。最后中央银行公开市场业务的顺畅执行跟国家完善的证券市场密不可分。

（四）保管黄金、外汇储备

黄金和外汇作为国际间进行清算的重要支付手段，是各国重要的储备资产，一般交由中央银行进行保管和经营，这项业务也成为中央银行重要的基本职责之一。中央银行要根据经济需要确定合理的国际储备结构和储备数量，尽量实现储备资产多样化尤其是外汇储备的多元化，以便分散风险，同时还要考虑储备资产的收益能力，并具备最高灵活性，实现安全性、收益性和可兑现性的统一。

三、中央银行的其他业务

（一）支付清算业务

中央银行的支付清算业务是指其作为一国支付清算体系的参与者和管理者，通过一定方式、途径使金融机构之间的债权债务清偿及资金转移得以顺利实现，还要维护管理支付系统的平稳运行。

现代经济背景下，银行等金融机构之间的资金往来和债权债务关系错综复杂，清算金融庞大。不论是同城、异地或跨国交易发生的债券关系均可通过中央银行得以清算，通过中央银行进行清算能明显地提升效率，优化资源配置功能，保障了整个国民经济各部门之间资金正常高效地流转。

（二）经理国库业务

国库是国家金库的简称，是专门负责办理国家财政预算收支出的部门。中央银行经理国库业务，是指中央银行接受国家委托，代表国家来经营和管理财政的收入和支出工作。作为政府的银行，经理国库业务是中央银行重要职能地体现。该项业务对于确保国家库款安全、财政预算的及时收付与核算、一国财政政策的顺利实施等都具有不可估量的重要作用。

习题

概念解释：

最后贷款人　准中央银行制度　发行的银行　银行的银行　政府的银行

思考题：

（1）简述中央银行的功能。

（2）中央银行的制度有哪些类型？

（3）简述中央银行产生的必要性及其发展历程。

（4）简述中央银行的主要业务。

第七章　非银行金融机构

在金融体系中有很多非银行金融机构，它们和商业银行在业务范围和功能上有着明显的不同。从业务范围角度看，商业银行传统的业务是吸收存款、发放贷款、提供支付结算服务，同时是货币市场的主要参与者；而按照法律规定，非银行金融机构一般不能向公众吸收活期存款，其主要是从事资本市场内的特定业务，是资本市场的主要参与者。从功能角度看，商业银行有独特的信用创造功能，而非银行金融机构并不具备这一特征。

市场中的主要非银行金融机构包括：政策性金融机构、投资银行（又称证券公司）、保险公司和信托机构等。本章将分别介绍它们的主要业务和在我国发展的情况。

第一节　政策性金融机构

政策性金融是在政府的支持和鼓励下，以国家信用为基础，严格按照国家规定的范围和对象，通过优惠的存贷款利率或条件，直接或间接的特殊性资金融通行为，从而达到政府既定的政策目标。从形式上说，政策性金融包括政策性贷款、政策性存款、投资、担保、贴现、信用保险、存款保险和利息补贴等。

政策性金融机构是指那些由一国政府或政府机构发起、出资创立、参股、保证或扶植的，不以利润最大化为其经营目标，而是专门为贯彻或配合政府特定社会经济政策或意图，在法律限定的业务领域内，直接或间接地从事某种特殊政策性融资活动，充当政府发展经济、促进社会稳定发展、进行宏观经济调节的管理工具的金融机构。在规范的市场经济国家中，政策性金融机构既不同于中央银行，也不同于商业性金融机构。

始建于1994年的三家政策性银行，是我国最具有代表性的政策性金融机构，分别是：国家开发银行、中国进出口银行和中国农业发展银行。三家政策性银行的主要任务不同。国家开发银行办理国家重点建设贷款的贴息业务。中国进出口银行的主要任务是为大型机电成套设备进出口提供买方信贷和卖方信贷，为商业银行的成套机电产品出口信贷办理贴息及出口信用担保。中国农业发展银行承担国家粮棉油储备和农副产品合同收购、农业开发等业务中的政策性贷款，代理财政支农资金的拨付及监督使用。

一、政策性金融机构的特征

（一）由政府或政府机构出资创立、参股、保证或扶植

实践中，政策性金融机构的设立方式多种多样，但无一不是以政府作为坚强后盾，政策性金融机构同政府有着种种密切的联系。

（二）不以盈利或利润最大化为经营目标

政策性金融机构不以盈利或利润最大化为经营目标，这并不意味着政策性金融机构就完全忽视项目的效益性，也并不代表其运行的结果必然是亏损的，只能说它主观

上不以盈利为动机。

（三）具有特定而有限的业务领域和对象

政策性金融机构的业务领域和对象包括农业、中小企业、特定产业的进出口贸易、经济开发、住房等领域。政策性金融机构一般不同商业性金融机构竞争，而只是补充后者的不足。

（四）遵循特殊的融资原则

政策性金融机构的特殊融资原则包括以下三点：一是特殊的融资条件或资格，一般是在商业性金融机构得不到或不易得到所需资金的条件下，政策性金融机构才能获得融资的资格。二是特别的优惠性，包括贷款期长、利率低、有政府贴息等优惠条件。三是政策性金融机构一般充当最后贷款人或最终偿债人的角色。

（五）依据某种特定的法律法规

由于政策性金融机构种类繁多，其宗旨、经营目标、业务领域与业务方式各异，所以它一般不受普通银行法的制约，而是各自按照特定的单一法律或法规开展活动。

从上述政策性金融机构的定义和特征我们可以看出，政策性金融机构除了具有与商业性金融机构相同或类似的功能即金融中介的功能以外，还具有其特殊的功能。

二、政策性金融机构的特殊功能

政策性金融机构的特殊功能如下：

第一，政策性金融机构对一国的基础产业和薄弱产业进行直接扶植与强力推进的功能。

第二，政策性金融机构以市场经济为前提，对以商业性金融为主体的金融体系的运行有补充与辅助的功能。

第三，政策性金融机构的直接融资对以商业利润为动机的民间投资有诱导、引发或促其扩张的功能。

第四，政策性金融机构可以充分发挥其在特定领域或行业融资的丰富经验，适当使用专业人才，为相关产业或企业提供全面而地道的服务，从而具有服务与协调的功能。

第二节　投资银行

一、投资银行概述

投资银行是资本市场中最重要的一类中介机构，在直接融资市场中扮演核心角色。投资银行在我国和日本一般被称为证券公司，在欧洲等国家它又被称为商人银行。尽管名称不同，但其一般具有相同或相似的业务和功能。

理论界一般从广义和狭义层面分别定义投资银行。

广义的投资银行是指经营全部资本市场业务的金融机构，其业务包括证券承销与经纪、企业融资、兼并收购、咨询服务、资产管理、创业资本等，但不包括证券零售、不动产经纪、保险、抵押银行业务等。

而狭义的投资银行是指仅从事一级市场证券承销和资本筹措以及二级市场证券交易和经纪业务的金融机构。这是最传统的投资银行定义。

本书主要讲述广义投资银行的业务和功能。根据这种定义，投资银行为市场中的资金盈余者和资金短缺者提供中介服务和金融产品，满足双方的金融需求。与此对应，证券经纪公司主要是为证券买卖双方提供交易信息和服务。在我国，证券经纪业务是证券公司的业务之一。

商业银行和投资银行的区别如下：

第一，商业银行是存贷款银行，存贷款业务是其根本业务，其他各种业务都是在此基础上衍生和发展起来的；而投资银行是证券承销商，证券承销业务是其业务中最核心的一项。

第二，商业银行在再吸收公众存款时扮演债务人角色，在发放贷款和投资时又扮演了债权人角色。商业银行在间接融资市场中扮演的双重身份，承担了一部分市场中的风险。同时，商业银行的主要业务侧重于为市场各方提供短期投融资需求。而投资银行是直接融资市场的重要中介，它一般并不介入市场双方的权利和义务关系。同时，投资银行主要满足市场中长期的融资需求，例如，发行股票和债券等。

第三，商业银行和投资银行的投资形式和利润来源也有很大区别。存贷差是商业银行的主要利润来源，同时表外业务收入也是商业银行的主要收入之一；而投资银行的利润主要来自佣金。按照佣金来源分为一级市场承销和包销证券获得的佣金，二级市场作为证券交易经纪商收取的佣金以及金融工具创新中资产及投资优化组合管理中收取的佣金，其次是投资收入和利息收入。

在直接融资市场中，投资银行作为媒介为资本供求双方发挥了咨询、策划与操作的中介作用。从融资方的角度看，投资银行所提供的法律上和技术上的支持是企业获取直接融资必不可少的环节。从宏观角度来看，投资银行通过发挥其直接融资功能，促进了一国资本市场的发展，推动了产业集中和结构调整，对提高全社会资源配置的效率发挥了至关重要的作用。

二、投资银行的主要业务

根据广义的投资银行的范畴，投资银行的主要业务可分为以下几类：

（一）证券承销业务

证券承销是指在证券发行市场上，投资银行接受发行人的委托代为承销证券并以此获得承销手续费收入，这是其基本业务和本源业务。投资银行可以承销的证券品种主要是股票和债券，其客户包括政府和企业。

（二）证券经纪业务

投资银行在二级市场上是充当客户的代理人，接受客户指令，帮助客户买入或卖出证券。作为证券经纪商，投资银行收取佣金，这也是投资银行的收入来源之一。

（三）企业的兼并和收购业务

在企业的兼并和收购中，投资银行利用自身对市场信息的敏感，对并购法律和规则、程序和方式的精通，帮助企业和并购对象建立联系，对并购资产进行价值评估和财务处理，参与并购谈判。其在企业的并购中起着非常重要的作用。相应的业务主要有：安排兼并和收购；财务顾问服务；实施反并购和反收购措施来防御和抵抗敌意收购方的进攻；帮助评估资产和确定并购价格、付款方式以及并购后企业的资产重组等；提供融资安排；为收购方提供资金筹措和融通服务等。投资银行通过从事企业并购的中介活动，收取手续费。

（四）基金管理和财富管理业务

投资银行利用其在证券市场中的特殊地位、丰富的理财经验和专业知识，可以分别承担基金的发起人和管理人等职责。

（五）风险投资业务

风险投资又称创业投资或风险投资，指新兴公司在创业期和拓展期所融通的资金。创业初期的企业规模小、风险大，没有足够的抵押品，难以通过贷款筹资；而且难以达到公开发行股票的条件。风险投资为这类小企业提供了宝贵的发展资金，从宏观上说，也为经济突破式发展奠定了资金基础。

（六）理财顾问业务

投资银行可以为客户提供财务咨询和投资咨询等业务。投资银行可以为一级市场的融资方提供财务咨询，同时也为二级市场的买方和卖方提供研究报告和投资咨询。

（七）资产证券化业务

资产证券化是指把商业银行的长期固定利率贷款或企业的应收账款等流动性较差的资产，通过重新组合和增信评级，发行相应的证券。资产证券化业务可以为相关方的资产提供更好的流动性。

（八）金融衍生工具业务

投资银行可以结合市场需求和自身专业技能，在衍生品交易市场上发行和运作衍生产品。金融衍生工具业务是金融创新的主要方式之一，可以帮助市场实现价格发现功能，提高相应原生资产流动性，同时为市场提供新的交易品种。

（九）证券自营业务

自营业务是指投资银行为自己买入或卖出证券，从而赚取短期差价或者获得中长期回报的业务。投资银行从事证券自营业务有明显的信息和研究优势。

第三节　保险公司

一、保险概述

从经济角度定义，保险是指通过事后的财务赔偿或对投保人和被保险人的经济损失进行弥补的一种管理风险的手段。购买保险的人群把风险转移给保险组织，当少数人遭受事故损失时获得经济上的补偿。

从法律角度讲，保险则是保险人同意补偿被保险人损失的合同安排。保险合同以保单形式体现，被保险人通过购买保单把损失风险转移给保险人，同时被保险人付出保险费作为代价。

《中华人民共和国保险法》第二条中将保险表述为："本法所称保险，是指投保人根据合同约定，向保险人支付保险费，保险人对于合同约定的可能发生的事故因其发生所造成的财产损失承担赔偿保险金责任，或者当被保险人死亡、伤残、疾病或者达到合同约定的年龄、期限等条件时承担给付保险金责任的商业保险行为。"

保险的主要要素包括保险人、投保人、被保险人、受益人、保险标的和保险利益等。从保险的法律定义来看，投保人是指与保险人订立保险合同，并按照合同约定负有支付保险费义务的人。而保险人是指与投保人订立保险合同，并按照合同约定承担赔偿或者给付保险金责任的保险公司。双方签订保险合同时，投保人应当对保险标的具有保险利益。保险利益是指投保人或者被保险人对保险标的具有的法律上承认的利益，投保人或者被保险人因为保险标的的完好而受益，因为保险标的的损坏而受损。被保险人是指其财产或者人身受保险合同保障，享有保险金请求权的人。

保险在经济生活中主要发挥了分担风险、补偿损失、投资和防灾防损的功能。保险公司通过收取保险费而聚集了规模庞大的保险基金，以备赔偿被保险人的经济损失。但风险事故不可能同时发生，因此保险基金也不可能一次全部地赔偿出去，总有一部分基金处于闲置状态。为了避免资金闲置浪费，保险公司通常会采取金融型经营模式，将其掌握的部分保险基金以投资的方式运用出去，保险公司也因此而成为各国金融市场上一类非常重要的机构投资者。并且保险合同周期可以长达50年甚至更久，为保险资金的运用创造了比较好的投资环境。价值投资大师巴菲特的投资秘诀之一就是利用其运营的保险公司的保险基金源源不断地对低估企业进行投资。

保险公司的防灾防损的功能主要体现在保险公司出于自身利益，会帮助投保人和被保险人主动采取防灾防损的措施，帮助投保人主动管理风险。一方面，保险标的出险风险的下降可以减少保险公司的赔偿和给付的支出；另一方面，保险公司在经营过程中能接触到大量保险数据和专业技能，掌握了有效降低风险的技能和渠道。

二、保险公司的主要业务

按照不同标准可以将保险公司的业务分为不同的类别。

第一，按保险标的划分，保险可分为财产保险、责任保险、保证保险、人身保险。财产保险是以被保险人的财产作为保险标的的保险。主要险种有火灾保险（简称火险）、海洋运输保险（简称水险）、盗窃保险、机动车辆损失险等。责任保险是承保被保险人因自己作为或不作为而给他人造成人身伤害或财产损失时依法承担民事赔偿责任的保险。其主要险种有机动车辆第三者责任保险、职业责任保险、劳工保险和雇主责任保险、旅行社责任保险等。保证保险是由保险人代被保险人向权利人提供担保，当被保险人不履行契约义务，失去信用或有犯罪行为，致使权利人受到经济损失时，保险人负赔偿责任。其主要险种有保证保险、信用保险等。人身保险是以人的寿命或身体为保险标的的保险，按其保险范围分类，可分为人寿保险、意外伤害保险和医疗健康保险。

第二，按业务承保的方式划分，保险还可分为原保险、再保险。原保险是保险人与投保人最初达成的保险。再保险是一个保险人把原承保的部分或全部保险转让给另外一个保险人。再保险业务存在的主要原因是保险人需要将集中到自己的风险转移给再保险人，以利于保险业务的开展和控制自身经营风险。

第三，按保险的实施形式划分，保险可分为强制保险和自愿保险。强制保险是国家通过立法的形式要求某些保险标的必须投保的行为。一般而言，某些危险范围较广、影响人民利益较大的保险标的，凡符合法律规定范围的，不管投保人愿意与否，都必须对该项标的或与该项标的有关的法定赔偿责任按规定购买保险。如绝大多数国家都要求机动车辆购买机动车交通事故责任强制保险，当发生交通事故时，伤者可以从保险公司获得迅速的理赔，有利于避免纠纷的发生和维护社会的稳定。而自愿保险是指投保人和保险人自愿订立的保险。

第四节　信托

一、信托概况

经济活动中的信托是指拥有资金、财产及其他标的物的所有人，为获得更好的收益或达到某种目的，委托受托人代为运用、管理、处理财产及代办有关经济事务的经济行为。一般而言，信托关系涉及三方关系人，即委托人、受托人和受益人。

委托人一般拥有作为信托标的物的财产的所有权或具有委托代办经济事务的合法权利，同时，委托人将标的财产委托给受托人进行管理和处理。委托人的权利除了设立信托时的授予权外，还有权对受托者管理不当或违反信托目的的行为提出异议，并要求弥补损失；有权查阅有关处理信托事务的文件和询问信托事务；有权准许受托者辞职或要求法院免去其职权；当信托关系结束而又找不到信托财产的归属者时，有权得到信托财产等。

受托人是接受委托人的授权，并按约定的信托条件对信托财产进行管理或处理的信托关系人。受托人必须具有受托行为能力，即必须有执管产权，并管理、运用和处理财产的能力。受托人可以由个人和法人承担，当受托人为法人时，受托人须经政府主管部门审核批准后取得信托经营权。受托人的权利有两项：一是根据信托契约对信托财产进行独立管理和处理的权利；二是具有收取报酬、获得收益的权利。受托人的基本义务主要有：忠于职守，妥善管理和处理受托财产；在因管理不善或处理不当，或逾越信托权限致使信托财产遭受损失时，有弥补损失的义务；受托人必须将自有财产和信托财产分别管理，对不同委托人的财产也要分别管理。

受益人是指享受信托利益的人。除根据法律规定为禁止享有财产权者外，其他人均可成为信托受益人。受益人最首要的权利是索取按信托合同规定的信托财产及其所产生利益，此外受益人还拥有许多与委托人相同的权利。需要注意的是，一般来讲，受益人在信托期间对信托财产只享有利益之权，而无权处理、转移、抵押、分割信托财产。

信托关系最突出的特征是对受托财产所有权的分割。在信托关系成立后，受托人以所有人身份管理、处理信托财产，以自己的名义对外与第三人进行有关信托财产的交易并承担相应的民事责任，但必须是为了受益人的利益而管理、处理信托财产，信托财产在法律上不能看成是受托人的自有财产。因此，信托的实质是将责任和利益分开，承担财产管理责任的人即受托人并不享有利益，而享有财产利益的人却不承担管理的责任。在现代社会中，很多财产所有人没有足够时间、精力和能力来亲自管理财产，信托关系通过将管理权委托给受托人，解决了这个问题。信托也因此而成为现代社会中一种广受欢迎的财产管理制度。

从经济角度看，信托的基本功能是对财产事务的管理和融通资金。财产事务管理是指受托人受托为委托人管理、处理一切财产与经济事务的功能。

融通资金是指受托人通过一部分信托业务而进行的资金筹措的功能。与银行信贷的融资功能相比，信托的这一功能有两个根本不同点：首先，二者所体现的经济关系不同。银行信贷是授信与受信的关系，是以还本付息为条件、以货币资金为载体的使用权让渡的借贷活动；信托是委托与受托的关系，在一定条件下表现为财产使用权和所有权的同时转移，最终是为指定的受益人谋取利益。其次，二者所表现的融资形式不同。信托融资不像银行信贷那样单独进行，而是经常伴随着其他形式，如融资与融物相结合、融资与财务管理相结合、融资与直接金融相结合、融资与商业信用相结合，等等。因此信托融资绝不是简单重复银行信贷融资。

二、信托机构的主要业务

信托机构是指从事信托业务，充当受托人的法人机构。信托机构所办理的信托业务中，绝大部分是金融信托，而贸易信托和保管信托所占比重较小，因此人们通常把信托机构列为非银行金融机构。但这并不意味着信托业务都属于金融业务，例如，贸易信托和保管信托都不具有融通资金的功能，不属于金融业务。

除金融业务外，信托机构还经营其他类别的业务，例如，代理类业务、租赁类业务、咨询类业务。其中信托类业务是最能体现信托机构业务特征的。按照不同的划分标准，信托类业务又可分为不同的种类。

第一，按信托财产的性质划分，信托可分为金钱信托、动产信托、不动产信托、有价证券信托和债权信托。金钱信托是指设立信托时，信托财产为货币（包括现金和存款）形态，并规定信托结束时仍以货币形态交付受益人的信托。动产信托是指以各种动产作为信托财产而设定的信托。所谓动产，是指能够位移且位移后不降低原有价值和使用价值的财产，如运输设备、机器设备、家具、贵金属等。不动产信托是指委托人把房屋、土地等不动产转移给受托人，由其代为管理和运用的信托。有价证券信托是指委托人将股票、债券等有价证券作为信托财产托付受托人对其进行保管和运用的信托。债权信托是指委托人将自己的货币债权凭证交给信托机构，委托其向债务人收回贷款、货款或其他货币债权的信托业务。

第二，按信托目的划分，信托可分为担保信托、管理信托、处理信托、管理和处理信托。担保信托是以担保债务清偿为目的而设定的信托，一般是在信用担保业务中，信托机构要求委托人提供抵押、质押财产或保证金的那一部分业务，受托人掌管信托财产只是为了保证委托人清偿债务。管理信托是以保护信托财产的完好或运用信托财产以增加收益为目的的信托，在信托期间，受托人只有信托财产管理权，而无处分权。处理信托是指改变信托财产性质、原状以实现财产增值的信托业务。管理和处理信托通常由受托人先管理财产，最后再处理财产，这种信托形式通常被企业当成一种促销和融资的方式，在销售一些价值量巨大的商品，如房屋和大型设备时使用。

第三，按委托人的不同划分，信托可分为个人信托、法人信托和个人法人通用信托。个人信托是指委托人为自然人的信托。几个自然人共同委托的仍属个人信托。法人信托是指由具有法人资格的企业、公司、社团等作为委托人而设立的信托。这类信托大多与法人的经营活动有关。个人法人通用信托是指既可由个人作为委托人也可由法人作为委托人而设立的信托业务。

第四，按受益人的不同划分，信托可分为自益信托、他益信托、私益信托和公益信托。自益信托是以委托人指定自己为受益人的信托。他益信托是以委托人以外的第三人为受益人的信托。私益信托是委托人为了自己或特定的第三人的利益而设立的信托。公益信托是以公共利益为信托目的的信托。公益信托中受益人应具备的条件通常由委托人指定，但具体受益人是不特定的，而是符合规定条件的任何人，委托人也可以是受益人之一。

第五，按信托事项的法律依据划分，信托可分为民事信托和商事信托。民事信托是指信托事项所涉及的法律依据是在民事法律范围之内，受托人处理这类信托业务除遵守信托法规和信托契约外，还应遵守有关民事法规的规定。商事信托是指信托事项所涉及的法律依据在商法规定的范围之内，受托人处理这类信托业务时，除遵守信托法规和信托契约外，还应遵守有关商法的规定。

第五节　融资租赁金融机构

一、租赁

简单地说，租赁是一种通过让渡租赁物品的使用价值而实现资金融通的信用形式。现代租赁最突出的特征是融资与融物的结合，因此通常也被称为融资租赁或金融租赁。根据《国际融资租赁公约》中的定义，融资租赁是指这样一种交易过程：出租人根据承租人的请求及提供的规格，与第三方（供货商）订立一份供货合同，从供货商处购得承租人所需的工厂、资本货物或其他设备。同时，出租人与承租人订立一份租赁合同，以承租人支付租金为条件，授予承租人使用设备的权利。

从上述融资租赁的定义中可以看到现代租赁形式所具有的融资与融物相结合的特点。企业在需要进行设备投资时，并不直接购买所需设备，而是向租赁公司提出具体要求，由租赁公司代为融资，并根据企业的要求从设备供应厂商处购进相应的设备，然后交给承租企业使用。在租赁期间，承租人只要按时交付租金，就可以像使用自己拥有的设备那样使用租来的设备。

与传统租赁形式相比，现代租赁的特征具体表现在：①融资租赁一般涉及三方相互关联的当事人，即出租人、承租人、供货商，并由两份合同构成，即买卖合同和租赁合同；②拟租赁的设备由承租人自行选定，由此出租人也只负责按承租人的要求给予融资便利和购买设备，但并不承担设备缺陷、延迟交货等责任和设备维护的义务；③全额清偿，即在基本租期内只存在一个特定的承租人用户，出租人对该用户收取的租金总额应等于该项租赁交易的全部或绝大部分投资及利润;④不可解约性,即承租人不能以退还设备为条件提前中止租赁合同。

由上述租赁的定义和特征来看,一项租赁业务尤其是现代租赁业务可包含多项功能:

一是融资功能。对承租人而言,融资租赁提供了便捷的融资。和银行信贷的融资功能相比,租赁融资还具有特殊的优势。比如,租赁可以为承租人提供100%的融资,而银行贷款一般不是全额融资;有些融资租赁形式可以享受税收上的优惠,如投资税收减免、加速折旧等;有些融资租赁形式在会计处理上可以不计入承租人的负债,因此也不影响承租人的负债比率。

二是投资功能。这是对出租人而言的。租赁作为一种新型的投资方式,并不是投资于整个产业,而只是投资于出租给企业的某种设备,并且始终由出租人自己拥有设备的所有权。相对于其他投资形式,风险更小。

三是促销功能。对供货企业来说,用租赁的方式向客户推销新产品,可以减轻客户的购买压力,使新产品更快地进入市场,有助于企业扩大市场份额。

二、租赁公司的种类

按照租赁公司涉及的经营活动可以将租赁公司划分为以下种类:

1. 按租赁中出资者的出资比例不同可将租赁分为单一投资租赁和杠杆租赁

(1)单一投资租赁是由出租人负责承担购买租赁设备的全部投资。这种租赁方式较为传统。

(2)杠杆租赁是一种结构较为复杂的融资租赁交易形式。杠杆租赁方式是指在一项租赁交易中,出租人只需投资租赁设备购置款项20%~40%的金额,即可在法律上拥有该设备的完整所有权。而设备购置款项的其余60%~80%由银行、保险公司或信托公司等金融机构提供的无追索权贷款来解决,但需出租人以租赁设备作为抵押,并且一般以收取租金的权利作为担保。

2. 根据租赁业务的具体方法还可分为直接租赁、转租赁、售后回租等方式

(1)直接租赁是由出租人用从金融市场筹措的资金向供货厂商购买设备,然后直接租给承租人使用。

(2)转租赁是由租赁公司根据用户需要,先从其他租赁公司租入设备,再转租给承租人使用。当租赁机构自身借贷能力较弱、资金来源有限、市场能力较差时,可以通过这种形式为承租人提供紧缺的、只租不卖的先进技术设备。

(3)售后回租租赁是指设备所有人将自己拥有的资产卖给租赁公司,然后再从该公司租回使用。本质上说,这种形式实际上是一种紧急融资方式。作为租赁物的设备就是企业的在用设备,其销售只是形式,未做任何转移。通过这种方式,设备所有人既保留了原有设备的使用权,又可把固定资产变为流动资产,充分提高了资金的使用效率。

第六节　投资基金

一、投资基金概述

投资基金是按照共同投资、共享收益、共担风险的基本原则和股份公司的某些原则，运用现代信托关系的机制，以基金方式将各个投资者彼此分散的资金集中起来，交由投资专家运作和管理，主要投资于证券等金融产品或其他产业部门，以实现预期的投资目的的投资组织制度。投资基金也被称为共同基金、互惠基金。

投资基金和一般的股票、债券一样，都是金融投资工具，但投资基金具有其独特的优点。第一，一般的股票反映的是产权关系，债券反映的是债权关系，而投资基金反映的是信托关系。第二，股票和债券所获资金主要投向实业，而投资基金筹集的资金主要投向其他有价证券及不动产。第三，股票的收益取决于发行公司的经营效益，因此是不确定的，投资于股票有较大风险。债券的收益一般事先确定，投资风险较小。而投资基金主要投资于有价证券，而且这种投资选择可以灵活多样，从而使投资基金的收益和风险一般介于股票和债券之间。

相对于直接投资证券品种，投资基金本身具有一些突出的特点与功能。首先，投资基金实行专家管理制度，其专业管理人员都经过专门训练，具有丰富的证券投资和其他项目投资经验，因而投资成功率较高。这对于那些没有时间或没有能力专门研究投资决策问题的中小投资者来说尤其具有吸引力。其次，投资基金将众多中小投资者的小额闲散资金集中起来，产生了明显的规模效应。随着交易数量的增大和交易频次的降低，可以有效地降低包含佣金成本在内的各项交易成本；同时，投资基金集中了大量资金后，就拥有了多元化经营的有利条件，可以保证在一定的收益水平上将投资风险降到最低限度。对投资者而言，相对于单一的证券品种，投资基金流动性强，变现性好。当投资者需要现金或者由于其他原因要抽回投资时，可以方便地办理开放式基金赎回业务或者直接在场内卖出封闭式基金。最后，投资基金在投资手续与操作上都比较规范，投资目标与基本策略都是预先规定好的，这也间接降低了投资者参与市场的风险。

二、投资基金的种类

投资基金的内容和种类都十分丰富，下面只介绍常见的投资基金的形式。

1. 按基金变现方式的不同分为开放式投资基金和封闭式投资基金

开放式投资基金发行的份额总数是不固定的，可根据基金发展的需要追加发行。投资者也可根据市场状况和各自的投资决策，追加购买基金份额。封闭式投资基金的发行总额有限制，一旦完成发行计划，就不再追加发行。投资者不得要求发行机构赎回股份或受益凭证，但可将其在证券交易所公开转让，转让价格由市场供求决定，一般而言转让价格低于份额净值。

2. 按组织形态的不同分为公司型投资基金和契约型投资基金

公司型投资基金是依据公司法设立的投资基金，是一种由委托人发起组织以投资为目的的投资公司（或称投资基金公司），发行投资基金股份，由投资者购买投资基金股份、参与共同投资的信托财产形态。欧美国家的投资基金一般为公司型的。契约型投资基金是依据信托法、投资信托法而设立的投资基金，一般由基金管理公司（委托人）、基金保管机构（受托人）和投资者（受益人）三方通过订立信托投资契约而建立起来。亚洲地区的投资基金一般采用这种形式。

3. 按投资目标的不同分为成长型基金和收入型基金

成长型基金追求资本长期增值并注意为投资者争取一定的收益，其投资对象主要是市场中有较大升值潜力的小公司股票或是新兴行业的股票。这类基金的投资策略是尽量充分运用其资金，当行情较好时，甚至借入资金进行投资。为了扩大投资额，这类基金经常会把投资者的应得股息也重新投入市场，因此其股息分配只占投资收益的一小部分。收入型基金注重当期收入最大化和基金价格增长，其投资对象主要是绩优股和利息较高且收入稳定的债券，其投资策略强调稳健和分散风险，并注意满足投资者对收益的要求，因此一般都会按时派发股息。

4. 按基金运用规则的不同分为固定型投资基金和管理型投资基金

固定型投资基金是指信托基金一旦投资于预先确定的证券，在整个信托期间，原则上不允许变更，即不允许投资证券的转卖与重买。管理型投资基金又称自由型、融通型投资基金，其经营者可以根据市场情况，对购进的证券自由买卖，不断调整组合结构。

5. 按投资地域或国界的不同分为国内投资基金和国际投资基金

国内投资基金是指在本国筹资并投资于本国金融工具的基金。国际投资基金是指在一国筹资并投资于另一国的基金。

第七节　其他非银行金融机构

一、财务公司

财务公司也叫金融公司，在国外是指一类通过出售商业票据、发行股票或债券以及向商业银行借款等方式来筹集资金，并用于向购买汽车、家具等大型耐用消费品的消费者或小型企业发放贷款的金融机构。

国外的财务金融公司可分为三种类型：

一是销售金融公司，是由一些大型零售商或制造商建立的，旨在以提供消费信贷的方式来促进企业产品销售的公司。

二是专门发放小额消费者贷款的消费者金融公司，它的作用是为那些在其他渠道难以获得贷款的消费者提供贷款资金。

三是商业金融公司，主要向企业发放以应收账款、存货和设备为担保的抵押贷款，或者以买断企业应收账款的方式为企业提供资金。后者业务的风险较高，因此利润也较高。

在我国，财务公司是企业集团财务公司的简称，是一类由大型企业集团内部成员单位出资组建并为各成员单位提供金融服务的非银行金融机构。其宗旨是支持国家重点集团或重点行业的发展。其主要业务包括：吸收成员单位的存款；对成员单位发放贷款、办理委托贷款及票据承兑和贴现；对成员单位产品的购买者提供买方信贷；办理成员单位产品的融资租赁业务；买卖和代理成员单位买卖国债及成员单位发行的债券；为成员单位办理担保、信用鉴证、资信调查和经济咨询等业务。财务公司在办理有关业务的过程中，应严格执行国家金融方针、政策及金融监管部门的有关规定，接受金融监管部门的领导、管理、监督、协调和稽核。财务公司为独立的企业法人，必须实行独立核算、自负盈亏、自主经营、照章纳税。

截至 2015 年年底，我国共有 224 家企业集团财务公司，涉及石油、化工、钢铁、电力、煤炭等国民经济多个行业。许多大型企业集团大都设立了财务公司并不断发展壮大，成为我国金融市场上不可忽视的力量。

二、金融资产管理公司

金融资产管理公司是指由国家出面专门设立的以处理银行不良资产为使命的金融机构。它们也是一类特殊的政策性金融机构。

中国人民银行颁布的《金融资产管理公司条例》第二条对该类型公司做出了明确定义："金融资产管理公司，是指经国务院决定设立的收购国有银行不良贷款，管理和处置因收购国有银行不良贷款形成的资产的国有独资非银行金融机构。"同时第三条规定了其经营目标："金融资产管理公司以最大限度保全资产、减少损失为主要经营目标，依法独立承担民事责任。"

20 世纪 90 年代，由于体制原因、行政干预原因、企业自身管理体制和经营机制不适应市场经济需要从而无法偿还贷款，以及银行管理体制缺陷等因素，国有银行不良资产出现巨额累积，历史包袱越来越重。中央银行的一项统计表明，国有商业银行不良资产总额约 2.3 万亿元，占贷款总额的 25.4%，巨额的不良资产对银行自身的稳健与安全将产生直接损害。为了化解由此可能导致的金融风险，我国于 1999 年相继设立了四家金融资产管理公司，即中国信达资产管理公司、中国东方资产管理公司、中国长城资产管理公司和中国华融资产管理公司，分别收购、管理和处置四家国有商业银行的不良资产。

我国组建金融资产管理公司是为了同时达到以下三个目的：

一是改善四家国有独资商业银行的资产负债状况，提高其国内外资信度；同时深化国有独资商业银行改革，把国有独资商业银行办成真正意义上的现代商业银行。

二是运用金融资产管理公司的特殊法律地位和专业化优势，通过建立资产回收责任制和专业化经营，实现不良贷款价值回收最大化。

三是通过金融资产管理，对符合条件的企业实施债权转股权，支持国有大中型亏损企业摆脱困境。

随着大型商业银行不良资产清理工作的基本完成和金融体系不良资产的逐步减少，四家金融资产管理公司逐步转型。2008 年以来，我国积极推进金融资产管理公司从政策性到商业性机构转型。其中，中国信达资产管理股份有限公司和中国华融资产管理股份有限公司两家资产管理公司已完成改革试点，并且实现了在香港的公开上市。

三、汽车金融公司

汽车金融主要是指在汽车的生产、流通、购买与消费环节中融通资金的金融活动，包括资金筹集、信贷运用、抵押贴现、证券发行和交易，以及相关保险、投资活动。汽车金融是汽车制造、流通、服务维修等相关实体经济领域发展到一定阶段后与金融业相互结合渗透的必然结果。

2003 年 10 月 3 日，我国银监会颁布了《汽车金融公司管理办法》，规定汽车金融公司是为我国境内的汽车购买者及销售者提供贷款的非银行金融企业法人。同年 11 月 12 日，我国颁布《汽车金融公司管理办法实施细则》，正式允许国内外符合条件的机构在国内开办汽车金融公司，开放国内汽车消费信贷以及相关业务。这标志着我国汽车金融服务也进入了以汽车金融公司为主导的专业化时代。2004 年 8 月 3 日，银监会正式核准上汽通用汽车金融有限责任公司开业，这是银监会核准开业的第一家汽车金融公司。

近年来，我国汽车产业一直保持着快速增长的良好态势，汽车消费市场显现出巨大潜力，汽车消费信贷在培育和促进我国汽车消费市场发展中发挥了重要作用。汽车金融十年来保持了年均 15% 的增长率。

汽车金融公司的资金渠道，开放了包括发行债券、同业拆借或资产证券化等业务领域，同时发挥着汽车金融公司的专业化优势和资金实力优势。

习题

概念解释：

信托　投资银行　共同基金　汽车金融　受托人　委托人　主动型基金　被动型基金　指数基金　封闭型基金　开放型基金　自营业务　财产信托

思考题：

（1）请简述投资银行的主要业务。

（2）比较信托中受托人和委托人的权利与义务。

（3）比较封闭型基金和开放型基金的异同。

（4）我国的政策性金融机构主要有哪些？其主要职能是什么？

第八章　货币需求

供求关系是市场经济的基本关系，供求规律也是市场经济的客观规律。经济活动中供求关系无处不在，货币作为商品经济中的一个重要而独特的经济变量，也无一例外地受到供求规律的支配。在我们分析货币对经济影响，中央银行制定和实行货币政策的时候，需要对货币供求进行全面的分析和研究。因此货币供求理论是货币金融理论中最核心的内容之一。

货币供给与货币需求在实际经济运行中是同步的，但人们对二者的认识却不是同步的。相比之下，货币需求理论的历史要比货币供给理论悠久得多，只有在分析货币需求理论的基础上，才能逐步展开对货币在整个经济中所占地位，尤其是货币对物价、收入以及就业的影响研究，并建立比较完整的货币理论体系。因此，学习和研究货币理论，首先必须从货币需求理论开始。

第一节　货币需求及其决定因素

一、货币需求的定义

为了说明什么是货币需求，首先必须明确什么是需求。在经济学中，所谓需求并不只是单纯地指人们希望得到或拥有某种东西。因为这不是需求，而只是人们的一种欲望。人们的欲望是无限的，但需求却是有限的。所谓需求是一种有支付能力的需求。它必须同时包括两个基本要素，缺一不可：一是人们希望得到或持有；二是人们有能力得到或持有。例如，我们说人们对某种商品有需求，即表示人们既有购买这种商品的愿望，又有足够的支付能力。而在有足够支付能力的条件下，人们是否愿意购买这种商品，取决于人们需要这种商品的程度、这种商品的价格是否适当、这种商品对他们的相对重要性和迫切性等因素。

货币需求也是如此。所谓货币需求也必须同时包括两个基本要素：一是必须有得到或持有货币的意愿；二是必须有得到或持有货币的能力。如果只考虑人们是否需要货币，即是否希望得到或持有货币，而不考虑人们是否有足够的能力来得到或持有货币，那么，所谓货币需求便成了一个毫无意义的概念。因为在货币经济中，人们总是希望尽可能地得到或持有更多的货币，而不会嫌货币太多。这就说明货币和其他任何商品一样，人们持有它的欲望是无限的，但人们对它的需求则有有限的。

货币具有和一切其他商品相交换的能力，同时它又是一般价值的代表，是人们持有资产或财富的一种形式。货币需求大致可以分为两个部分：一是对作为流通手段和支付手段的货币的需求；二是对作为贮藏手段的货币需求。第一种货币需求是对交易媒介的需求；第二种货币需求是对资产形式的需求。但在现实生活中却很难将两种需求截然分开。因此，我们所谓的货币需求，简单地说，就是人们把货币作为一种资产而持有的行为。

在现实生活中，人们持有的资产形式是多种多样的，既有实物资产又有金融资产。各种资产都既有优点又有缺点。那么，人们究竟以什么标准来衡量其持有资产形式的优劣呢？因而必须对各种资产的优缺点加以衡量和比较，以达到个人效用最大化。

衡量各种资产优缺点的标准主要是盈利性、流动性和安全性。所谓盈利性，是指人们因持有各种资产而取得的收益；所谓流动性是指一种资产在不使其持有人遭受损失的情况下变现的能力；而所谓安全性，则是指一种资产以货币计算的价格的稳定性。很显然，从盈利性来看，货币是盈利性最低的资产，而股票和债券等有价证券是盈利性较高的资产。但是，从流动性来看，货币却是流动性最高的资产，而各种有价证券及实物资产都是流动性较低的资产。从安全性来看，货币也可以说是最为安全的金融资产，而各种非货币的金融资产则有着较大的风险性。可见，各种金融资产和实物资产均有各自的优缺点。因此，在选择资产持有的形式时，人们必须根据自己的具体情况和偏好，通过对各种资产的盈利性、流动性和安全性的全面衡量和比较，使自己的资产组合保持在最佳状态（效用最大）。因而在这个意义上，货币需求是指人们根据自己的具体情况和偏好，通过对"三性"的全面衡量和比较，使自己的资产组合保持在最佳状态下所愿意持有的货币量。

二、货币需求的决定因素

（一）收入状况

货币需求反映了经济主体选择以货币形式持有资产的行为。所有资产的总和便是其拥有的财富规模，财富是一个存量的概念，需要流量的收入来逐渐积累，毫无疑问，拥有的财富总量是持有货币量的最大限额。

收入状况对货币需求的决定作用表现在两个方面：一是收入的数量；二是取得收入的时间间隔。在其他情况一定的条件下，货币需求量既与收入的数量成正比，又与取得收入的时间间隔的长短成正比。

收入状况是决定人们货币需求的重要因素。一般情况下，收入水平越高，货币需求量越多；收入水平越低，货币需求量越少。这是因为，收入水平首先在一定程度上制约着人们货币需求的数量；其次，收入水平往往决定着支出规模，收入越多，支出也越多，所以持有的货币也越多。

货币需求量与取得收入的时间间隔长短成正比，可以用图 8-1 予以说明。在图 8-1 中，假设某人月收入 3 000 元全部用于当月支出，支出平均，每天用去 100 元，月末花完当月全部收入。那么，在每月月初支付一次工资的情况下，他平均每天的货币量是 1 500 元。假如现在是每隔 10 天支付一次工资，每月的各旬旬初，他手中持有 1 000 元。那么他平均每天持有的货币量则变成 500 元。由此可见，人们取得收入的时间间隔越长，平均持有的货币量就越多。这是因为在一般情况下，收入通常是定期的、一次性地取得的，而支出则是经常地、陆续地进行的。因此，在取得收入与进行支出之间往往存在着一定的时间间隔，在此时间间隔中，人们必须持有随时用于支出的货币。

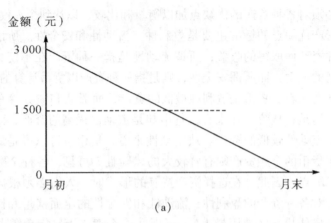

(a)

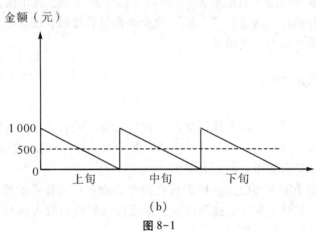

(b)

图 8-1

（二）信用的发达程度

在一个信用制度健全，信用发达的经济中，货币需求量较小。这是因为许多交易可以通过债权债务的相互抵消来结算，从而节约了作为流通手段的货币使用量，货币需求量相应减少。而信用发达也意味着金融市场比较完善，资金余缺沟通顺畅，金融资产种类丰富，人们不但可以很便利地通过金融市场将盈余资金转化为可以获得的资产，而且可以很容易地将资产变现或获得需要的资金。因此，人们可以更多地购买流动性强的可获利资产来获得收益，手中不必持有很多的货币，便可以保证正常的支付需要。再者，信用发达的社会其经济发展水平往往很高，科技进步使得 ATM 机、POS机、信用卡、电子钱包等被广泛使用，以至人们越来越少地持有传统意义上的货币。

（三）市场利率

在市场经济中，市场利率与价格一样，是调节经济活动的重要杠杆。在正常情况下，市场利率与货币需求成负相关关系，即市场利率上升，货币需求减少；市场利率下降，货币需求增加。

市场利率与货币需求的这种负相关关系主要是由以下两个原因引起的：首先，市场利率提高，意味着人们持有货币的机会成本（因持有货币而放弃的利息收入）增加，因此，货币需求自然将减少；反之，市场利率下降，则意味着人们持有货币的机

货币金融学

会成本减少，因此，货币需求将会增加。其次，市场利率与有价证券的价格成反比。市场利率上升，则有价证券价格下跌；市场利率下跌，则有价证券价格上升。但根据市场周期性变动的规律，市场利率上升到一定高度时将回跌；反之，市场利率下降到一定水平时又将回升。因此，当利率上升时，人们往往会预期利率将下降，而有价证券价格将上升。于是，人们将减少货币需求量，增加有价证券持有量，以期日后取得资本溢价收入。反之，当利率下降时，人们预期利率会回升，有价证券价格将下跌。于是为了避免资本损失，人们将减少有价证券持有量而增加货币持有量，并准备在有价证券价格下跌后再买进有价证券以获利。

（四）消费倾向

消费倾向指消费在收入中所占的比例，可分为平均消费倾向和边际消费倾向。平均消费倾向是指消费总额在收入总额中的比例，而边际消费倾向则是指消费增量在收入增量中的比例。

与消费倾向相对应的是储蓄倾向。储蓄倾向与消费倾向互为消长，消费倾向大，则储蓄倾向小；消费倾向小，则储蓄倾向大。在一般情况下，消费倾向与货币需求呈同方向变动，即消费倾向大，则货币需求也大；消费倾向小，货币需求也小。

除此之外，还有两种特殊情况应加以考虑。一是支出不均匀，如果人们不是均匀地支出其收入，而是取得收入后立即用以购买消费品，则他们就无须持有那部分准备用于消费的货币。于是，消费倾向大，货币需求却未必也大。二是窖藏现金，如果人们不是以定期存款或有价证券等形式持有财富，而宁愿以货币形式储蓄，亦即通过窖藏现金来储蓄，则消费倾向大，消费需求反而小；相反，消费倾向小，则货币需求反而大。这是因为用于消费的货币持有量将随着消费支出的发生而减少，而用于储蓄的货币持有量却在较长时间中将是稳定不变的。所以，消费倾向越小，则储蓄倾向越大，在收入一定的条件下用于储蓄的部分越多。若以货币形式储蓄，则货币需求量自然也越大。

（五）货币流通速度、待交易商品总量、物价水平

这三个因素通过货币流通规律对货币需求量产生影响。以 M 表示货币需求量，P 代表物价水平，Q 代表社会商品可供量，V 代表货币流通速度，则根据货币流通规律有如下公式：

$$M = \frac{PQ}{V}$$

所以，物价水平和待交易商品总量与货币需求成正比；而货币流通速度同货币需求成反比。

（六）人们的预期和偏好

人们的预期和偏好等主观因素也会对货币需求量产生重要影响。影响货币需求的预期主要是指对于市场利率、物价水平和投资收益等方面的预期。如前所述，预期市场利率的变化与货币需求正相关，预期市场利率上升，预示着证券资产的价格下降，于是人们更多地持有货币而减少证券资产持有量；反之则相反。预期物价水平变动与货币需求负相关，预期物价水平升高，意味着人们手中持有的货币购买力将会下降，这将促使人们为了减少损失，尽可能地将货币转化为实物资产；反之，预期物价水平

下降将导致更多的人持币待购，货币需求增加。这里的投资是指实体经济中的投资。以企业为例，当预期投资收益率上升时，企业会尽可能减少手中持有的货币形式的资产，增加投资扩大生产；如果预期悲观，企业将谨慎采取行动，或者是减少投资，因而手中货币形式的资产增加。

偏好是人们对于资产的盈利性、流动性和安全性的认可与接受程度，货币与其他资产在这三个方面特性的差异以及人们自身的风险偏好直接影响着其货币需求行为。

（七）其他因素

除上述因素之外，政治形势、风俗习惯等许多因素也都不同程度地影响着货币需求。在此不一一论述。

第二节 传统货币数量论的货币需求理论

货币需求理论主要研究货币需求的动机、货币需求的决定因素、货币需求对物价及产出等实际变量的影响。研究者对货币本质及功能的认识不同，因此，就产生了各种流派的货币理论。从发展的时间顺序来看，20 世纪以前的西方经济学家侧重于货币需求的宏观分析，20 世纪至今的经济学家则越来越重视货币需求的微观分析。

一、马克思的货币需求理论

马克思的货币需求理论以金本位制度为研究背景，以劳动价值论为理论前提，分析流通中货币需求决定因素与货币流通规律。该理论集中体现在马克思货币流通规律公式中，即：

$$M = \frac{PQ}{V}$$

式中，M 表示执行流通手段职能的货币量；P 为一般物价水平；Q 代表流通中的商品数量；因此 PQ 就是商品的价格总额；V 表示货币流通速度。公式表明，流通中的货币量与商品价格、商品数量呈正相关，而与货币流通速度呈负相关。

马克思认为，人类的无差别劳动赋予了包括黄金在内的各种商品的价值。在金本位制度下，商品与黄金的交换比率即交换价格取决于商品与黄金的内在价值比较。根据等价交换原则，既定价值的商品需要等量价值的黄金来交换，而生产率的变化会引起各自的价值变化，从而导致交换价格也相应变化。一方面，商品与黄金交换后，商品退出流通，黄金仍然留在流通领域之中，经过数次流通，等量黄金可以实现几倍于自身价值的商品交换。因此货币流通速度越快，商品流通所需要的黄金越少。另一方面，当生产率的提高引起黄金供给量超过流通中的货币需求量时，黄金价值下降，导致黄金和其他商品的交换比率即商品价格上升。黄金贬值诱使人们自动将部分黄金窖藏起来，引起流通中货币量减少，最后流通中的货币量自动等于商品流通的货币需求量。

由此可见，马克思的货币流通公式中右侧决定左侧，货币流通量内生地决定于客观货币需求量。理解这个问题的关键环节在于，黄金形式的货币商品的贮藏具有蓄水池功能，黄金可以随着货币需求的变化自动退出或进入流通领域，因此货币永远不会溢出它的流通渠道。

二、传统货币数量论

古典经济学家在 19 世纪末 20 世纪初发展起来的货币数量论，是一种探讨总收入的名义价值如何决定的理论。古典学派的经济学家一般认为货币本身是没有价值的，货币的价值源自其交换价值，即对商品和劳务的购买力。因此，他们简单地把货币视为交易媒介，把货币当作与实际经济过程并无内在联系的外生变量，从而形成货币面纱观的两分法，即视货币为覆盖于实物经济生活之上的一层"面纱"，并不影响物价、就业、产出的实际变量。这一思想在经济学史上被称为货币数量说。货币数量说有新旧之分，一般把凯恩斯以前的称为旧的或传统的货币数量说，而把以弗里德曼为代表的货币数量说称为现代的或新的货币数量说。传统的货币数量说就是货币需求理论，因为该理论揭示了对既定数量的总收入应持有的货币数量。传统的货币数量说主要存在两种形态，即现金交易说和现金余额说。

（一）现金交易说

美国经济学家欧文·费雪在其 1911 年出版的颇具影响的《货币购买力》一书中，基于古典经济的充分就业和工资与物价完全弹性的理论假设，对古典货币数量理论做了清晰的阐述。费雪认为，货币的唯一职能是充当交换媒介，人们需要货币仅仅是因为货币具有购买力，可以用来交换商品和劳务。因此，一定时间内社会所需要的货币总额必定等于一定时期内参加交易的各种商品和价值总和。他在书中提出了著名的费雪交易方程式，即：

$$MV = PT$$

其含义是流通中的通货存量（M）乘以货币流通速度（V）等于物价水平（P）乘以交易总量（T）。费雪认为，货币流通速度是由诸如银行及信用机构的组织机构、效率、人们的货币支付习惯等制度因素决定的，这些因素变化缓慢，短期内可视为常量。交易总量包括了物品、劳务乃至金融资产交易活动的总量。但交易总量与产出保持一定的比例，而产出始终处于充分就业水平，因此短期内交易总量大体上也是相对稳定的。费雪隐含强调交易媒介是货币的唯一职能，货币不管是直接用于消费，还是通过储蓄自动转化为投资，最终都将全部进入流通领域充当交易媒介。根据交易方程式，由于货币是由货币当局外生控制的，而产出水平既定，货币数量的变动将直接引起物价水平成正比例变动。

费雪将此交易议程进行了一定变形，就得出了货币需求方程式，即：

$$M_d = 1/V \cdot P \cdot T$$

公式表示，决定一时期名义货币需求数量（M_d）的因素主要是这一时期全社会在一定价格水平下的总交易量与同期的货币流通速度：交易量越大，货币需求越大；流通速度越快，货币需求越少。当货币当局调整货币供给量（M）之时，由于货币流通速度在短期内相对稳定，增加的货币将通过物价水平迅速变化释放出来，人们为了实现既定交易量的货币交易需求（M_d）相应增加，从而自动实现货币供求的平衡。

交易方程仅考虑货币的交易职能，认为货币需求纯粹被动地决定于货币供给量，这不仅是费雪货币数量论思想的主要特色，也是其理论的一大缺陷。

（二）现金余额说

在费雪发展他的货币数量论的同时，包括马歇尔、庇古等一批剑桥学派的古典经济学家得出了和费雪交易方程类似的货币需求等式，即著名的现金余额说，也被称为剑桥方程式，即：

$$M_d = K \cdot P \cdot Y$$

式中，M_d 为货币需求；Y 代表实际总产出；P 为一般物价水平；K 代表以货币形式保有的财富占名义总收入的比例，短期内相对稳定。现金余额说表明，经济中的货币需求等于人们以货币形式持有名义总收入的部分。根据方程式，当货币当局增加货币供应量时，人们发现手中的货币大于其愿意持有的份额，努力通过多种途径将货币花费出去，但在充分就业的假设下，实际总产出短期内不变，这必然促使一般物价水平上升，最终通过名义收入的变化实现货币供求的再次均衡。

现金余额说与费雪交易方程式的变形 $M_d = 1/V \cdot P \cdot T$ 比较，形式上仅有两点区别：一是以收入 Y 代替了交易量 T，二是以个人持有的货币需求对收入的比例 K 取代了货币流通速度倒数 $1/V$。实际上，两种理论的区别远非如此简单。首先，交易方程式仅强调货币的交易媒介职能，其中的货币是流通中的货币；而现金余额说则重视货币的价值贮藏职能，认为货币是放在人们手中的一种资产的持有形式。其次，交易方程式中的 V 仅取决于影响交易的金融及经济制度等客观因素，排除了在短期内利率对货币需求的影响可能；但现金余额说中的 K 却是人们通过比较持有货币的成本和收益而主动选择的结果，因此没有排除利率对货币的需求。最后，通过比较可以发现，交易方程式是从宏观角度分析货币需求，它表明要维持价格水平的稳定，在短期内由制度因素决定的货币流通速度为常数的情况下，商品交易量和物价水平是决定货币需求的主要因素；而现金余额说则从微观角度分析货币需求，考察人们如何比较持有货币的成本和收益，综合分析各种主观和客观因素，决定货币需求的多少。剑桥学派对货币需求的这种微观分析方法以及对货币需求影响因素更为细致深入的分析，对于后来经济学家的研究产生了深远的影响。剑桥学派的现金余额说在货币需求理论发展过程中具有里程碑式的意义。

第三节 凯恩斯货币需求理论及其发展

一、凯恩斯的流动性偏好理论

作为马歇尔的嫡传弟子，凯恩斯在继承剑桥学派分析方法的基础上，从货币需求的动机入手，将利率对货币需求的影响置于无以复加的重要地位。这就是在他 1963 年出版的著作《就业、利息和货币通论》中提出的流动性偏好理论。所谓流动性偏好，就是指人们宁愿持有流动性高但不能生息的货币而不愿持有其他可以生息但不易变现的资产行为。因此，流动性偏好就是货币需求，流动性偏好理论就是货币需求理论。

凯恩斯认为人们对货币的需求出于三个动机，即交易动机、预防动机和投机动机。交易动机是指个人和企业为了应付日常交易需要而持有的货币需求。个人货币需求量直接与收入水平及货币收支间的长短有关，而企业货币需求量则与生产规模和生产周期的长短有关。预防动机是人们为了应付不时之需而持有货币的动机。凯恩斯认为，生活中经常会出现一些未曾预料到的、不确定的支出和购物机会，为此人们手头需要保持一定量的货币。这类货币需求称为货币的预防需求。预防动机与交易动机引起的货币需求统称为交易货币需求，是收入的递增函数。

投机动机是凯恩斯的独创部分，因而也成为其货币需求理论中最具特色之处。凯恩斯认为人们持有货币除了为交易需求和预防需求外，还为了储存价值和保有财富，这就是货币需求的投机动机。储存价值的资产可以分为货币和债券两大类，而以何种形式持有资产，则取决于各自的预期收益。凯恩斯认为，货币资产的收益为零，债券的收益取决于市场利率的变化，两者此消彼长。如果市场利率下降，将导致债券价格上涨，持有者不仅会获得正常的利息收入还会得到额外的资本溢价，因此人们愿意持有债券而不会保留货币；相反，如果市场利率上升债券价格下跌，甚至债券的利息收入难以弥补价格下跌的亏损，那么持有货币优于债券，于是人们就会增大对货币的需求。显然，现行市场利率的高低和对于利率走向的预期成为人们在货币和债券两种资产之间进行选择的关键。当市场利率水平较高时，人们预期未来的利率将会下降，为了获得额外收益，人们放弃货币而选择持有债券；当市场利率水平较低时，预期利率将会上升，为了避免损失，人们倾向于更多地持有货币而不愿意持有债券。所以，利率和货币投机需求成负相关关系。

扣除物价水平因素，凯恩斯货币需求可以写成如下的函数形式：

$$\frac{M_d}{P} = L_1 + L_2 = L_1(\overset{+}{Y}) + L_2(\overset{-}{r})$$

式中，L_1 表示交易动机和预防动机引起的货币需求，与收入 Y 正相关；L_2 表示投机动机的货币需求，与市场利率 r 负相关。

流动性偏好理论中，利率是调节货币供求均衡的主导因素。同前人一样，凯恩斯坚持货币供给是由中央银行控制的外生变量。当中央银行增加货币供给量时，人们发现手中的货币量超过其需求，纷纷购买债券，导致债券价格上涨。由于债券价格和利率负相关，市场利率下降，于是增加货币的投机需求，最后再次实现货币供求平衡。在极端的情况下，当市场利率低到一定程度时，所有的人都认为未来的利率不可能再下降而只会上升，货币投机需求变得无限大，如果中央银行继续扩大货币供给量，新增的货币会源源不断地被人们吸收，利率无法进一步下降，这种现象就是所谓的流动性陷阱。

与前人理论比较，凯恩斯流动性偏好理论在以下方面有所创新。首先，他将货币需求从交易媒介扩展到财富贮藏，将持有货币的动机从交易动机和预防动机发展到投机动机。其次，流动性偏好理论明确地指出利率对于货币需求的影响，利率变动将调整人们的货币需求，实现货币供求的平衡。最后，由于利率变动导致货币需求经常变化，货币流通速度不再是一个稳定的常量。

然而，凯恩斯分析货币投机需求过于简单，从货币交易需求来看，他仅分析了收入水平对其的影响；从货币投机需求来看，他只考虑了货币和债券两种资产，而且根据其推理，人们要么持有货币，要么持有债券，不会同时持有二者，这显然与现实不符。

二、凯恩斯货币需求理论的发展

鉴于凯恩斯货币需求理论存在的缺陷，20世纪50年代，凯恩斯学派经济学家对该理论进行了更加深入和细致的研究。其中，鲍莫尔的平方根公式和托宾的资产选择理论最具有代表性，两者分别从货币交易需求和投机需求方面对凯恩斯的货币需求理论进行修补和发展。

（一）鲍莫尔的平方根公式

美国经济学家威廉·鲍莫尔将企业最优存货控制技术运用于对货币需求的分析，研究发现，即使是交易动机的货币需求，也是利率的递减函数。

鲍莫尔认为人们持有现金，同企业持有库存一样，也要耗费成本。由于现金无利息收入，持有现金意味着放弃了相当于该笔现金资金可投资于有价证券或其他资产而获得利息收入的机会成本。所以，人们在保证正常交易需要的情况下，有尽量减少作为交易的现金余额的理性动机。假定人们的交易活动在一定时期内是可以预见的，而且收支规律稳定。那么人们可将与该交易活动所需金额相等的一笔闲散资金投资于有价证券，从中获取利息，然后再每隔一定时间卖出一部分有价证券回收现金，以应付日常交易需要。由于对交易水平的预期取决于收入，因此可假设 Y 为一定时期的交易总额；K 为每次变现额（出售债券的数额）；b 为每次变现的费用；r 为市场利率。那么在一定时期内变现的次数为 $n=Y/K$；每月买卖证券的交易成本为 $nb=(Y/K)\cdot b$。由于每次变现 K 后都以稳定的速度将其支出，因此两次兑现期间所持平均余额为 $M=K/2$，则其间持有现金所丧失的利息收入即机会成本为 $r\cdot(K/2)$。设 X 代表持有现金余额的总成本，则有：

$$X = \frac{Yb}{K} + \frac{rK}{2}$$

对其求一阶导数，并令该导数函数为零。可得最适度的用作交易媒介的货币平均余额为：

$$M = \frac{C}{2} = \frac{1}{2}\sqrt{\frac{2bY}{r}}$$

这就是鲍莫尔的平方根公式，该公式说明了最优的交易性货币持有量与交易总量 Y 和债券的交易费用 b 的平方根成正比，与利率 r 的平方根成反比。鲍莫尔平方根公式论证了利率对交易层面货币需求的影响。

（二）托宾的资产选择理论

美国经济学者詹姆斯·托宾将马柯维茨等人开创的资产选择理论应用于货币需求分析，发展和丰富了凯恩斯的投机性货币需求理论。以托宾为代表的经济学家认为，流动性偏好理论中预期市场利率的走向决定人们在货币和债券之间的选择，这种分析过于简单，利率实际上是无法预期的，因而未来收益是不确定的，由于风险的存在，投资者决策的原则不再是预期收益最大化，而是预期效用最大化。

效用是指物品或服务满足人需求的能力，各种资产的预期效用不仅与其预期报酬率有关，还与各种资产的风险有关。投资者一般都是风险规避者，而资产的收益和风险是正相关的，所以资产收益增加一方面意味着对投资者的效用增加，另一方面既导致风险随之增加，又减少了投资者的效用。比如，持有货币的收益为零，但不存在任何风险；持有其他诸如债券之类的资产，虽然可以获得收益，但需要承担价格下跌甚至本金无法收回的风险，而且收益越高风险越大。随着风险和收益的不断变化，投资者所获得的边际效用也将变化，为了使总效用最大，人们会在资产的风险和收益之间进行权衡，因此持有的货币和债券等多种资产，既能保证资产的总体收益率，也可以降低资产的总体风险。托宾的分析还表明，资产的风险都是既定的，利率的上升会使对于每种既定风险水平的债券预期回报率上升，所以投资者持有货币的比例就会降低，由此证实了利率和投机性货币需求的负相关关系。

总体来说，通过对货币需求动机更为精确的阐释，经济学家进一步发展和完善了凯恩斯货币需求理论，在一定程度上弥补了凯恩斯分析过于简单的缺陷，扩大了货币需求的研究范围，并从微观角度提示了影响货币需求的因素，使凯恩斯的货币需求理论具有更加坚实的微观基础。

第四节　现代货币数量论

1956 年，芝加哥学派经济学家米尔顿·弗里德曼在其名作《货币数量论重新表述》一文中提出了一种新的货币数量理论，用他自己的话来说这种理论"首先是一种货币需求理论"。尽管声称其是对古典经济学货币数量论的重新表述，但实际上弗里德曼的分析却更多地吸收了凯恩斯及凯恩斯学派经济学家的货币理论的研究方法和研究成果。但与凯恩斯等经济学家不同的是，弗里德曼不再具体探讨持有货币的动机，而是倾尽笔墨分析影响人们持有各种资产的因素，并将其应用于对货币需求的分析。依据资产选择理论，弗里德曼集中分析了收入或财富、持有货币机会成本和持有货币带来的效用等影响货币需求的因素。

一、收入或财富的影响

对于最终的财富所有者来说，货币是一种资产，是持有财富的一种形式，因此货币持有量不能超过其财富总额，总财富是决定货币需求量的重要因素。但在实际中，财富无法用统计数据直接估算出来，所以弗里德曼用收入来代表财富总额。为了排除因频繁的经济波动对现期收入造成的干扰，收入由长期收入或恒久收入（一个人在比较长的一个时期内的过去、现在和今后预期会得到的收入的加权平均数）代替。根据弗里德曼的分析，货币需求与恒久收入成正比关系。

弗里德曼进一步把财富分为人力财富和非人力财富两类。人力财富是指个人凭借其天生资质和后天教育而获得的收入的能力，非人力财富是指房地产、生产资料等各种物质性财富，这两种财富都能带来收入。然而，人力财富缺乏流动性，给人们带来的收入是不稳定的，而非人力财富则能够给人们带来较为稳定的收入。因此，如果恒久收入主要来自人力财富，人们就需要持有更多的现金以备不时之需；反之，人们对于现金的货币需求就会下降。因此，非人力财富在总财富中所占的比重与货币需求成反比关系。

二、持有货币机会成本的影响

弗里德曼认为，货币的名义报酬率可能等于零（手持现金与支票存款），也可能大于零（定期存款和储蓄存款），而其他资产的名义报酬率通常大于零。其他资产的名义报酬率主要包括两部分：一是当前的收益率，如债券的利率、股票的收益率；二是预期物价变动率。显然，债券的利率、股票的收益率越高，持有货币的机会成本就越大，货币需求就越小；预期的通货膨胀率越高，持有货币带来的通货贬值损失就越大，对货币的需求就越少。因此，其他资产的预期回报率是持有货币的机会成本，货币和其他资产报酬率的比较决定了人们如何选择资产的持有形式。

三、持有货币带来的效用及其他因素的影响

对于经济活动主体而言，持有货币既可以用于日常交易的支付，又可以应付不时之需，还可以抓住获利机会，这就是货币给持有者带来的流动性效用。虽然这些效用无法直接测量出来，但人们的感觉和现实证明它的确是存在的。弗里德曼所分析的所有其他因素中，就包括这种流动性效用以及影响此效用的其他因素，如人们的偏好、兴趣等也是影响货币需求的因素。

在以上分析基础上，弗里德曼提出了如下的货币需求函数：

$$\frac{M}{P} = f(\overset{+}{Y}, \ \overset{+}{\omega}; \ \overset{-}{r_m}, \ \overset{-}{r_b}, \ \overset{-}{r_e}, \ \overset{-}{\frac{1}{P} \cdot \frac{dP}{dt}}; \ U)$$

式中，M 为个人财富持有者手中保存的货币量（名义货币量）；P 为一般物价水平；M/P 为实际货币需求量；Y 为代表财富的恒久收入；ω 为非人力财富占总财富的比率；r_m 为货币的名义报酬率；r_b 为预期的固定收益资产的报酬率；r_e 代表预期的非固定收益资产的报酬率；$\frac{1}{P} \cdot \frac{dP}{dt}$ 表示物价水平的预期变动率，即实物资产的预期收益率；U 表示影响货币需求的其他因素；上标"+"和"-"分别表示货币需求与对应的影响因素正相关或负相关。

弗里德曼与凯恩斯的货币需求理论存在着几点差异。首先，从分析范围来看，弗里德曼所分析的因素明显多于凯恩斯等经济学家的货币需求函数。流动性偏好理论只讨论了收入和利率对货币需求的影响，而弗里德曼监控程序除了强调恒久收入是主要影响因素之外，还独创性地讨论了 ω 和 U；资产的范围也不仅限于货币和债券，股票以及通货膨胀导致的实物资产收益变化都会影响货币需求；更值得一提的是凯恩斯分析的货币仅限于 M_1（通货与活期存款），在他的时代是没有任何名义收益的，而弗里德曼将货币的范围扩大到 M_2，因此许多形式的存款货币都会带来一定程度的利息收入。其次，弗里德曼将货币和商品视为替代品，即人们在决定持有多少货币时，是在两者之间进行选择，这种相互替代的情况暗示着货币数量的变动可能对总需求产生直

接的影响。最后，尽管弗里德曼分析了范围如此之广的货币需求影响因素，但其始终认为货币需求函数是稳定的，因而货币流通速度也是稳定的，以此保证了与古典货币数量论传统的一致性，也为现代货币数量理论的政策意义奠定了基础。

习题

案例分析：解剖中国的货币迷局：寻找消失的货币

超发货币没有引起物价同等幅度的上涨，这就是中国货币发行之谜。衡量货币供应异常波动的指标是货币化，即 M2/GDP。从中华人民共和国国家统计局公布的数据发现，自1990年以来，这一指标一直持续增长，1992年 M2/GDP 仅为88.9%，在2006年首次超过100%之后，一路攀升，于2008年年底达到158%，而经过2009年的信贷冲刺，这一指标已经接近200%。世界银行数据显示，2006年 M2/GDP 的世界平均值仅为96.49%，中国的 M2/GDP 畸高，说明因为追求经济增长而产生的货币超发，已经越来越脱离经济增长的基本面。在这个不断脱离的过程中，过去十年的两大增长支柱——出口与投资成为货币超发的主要"发源地"。其中，出口高速增长，使得央行通过换汇形式向市场释放大量人民币，这部分称为货币的"被动超发"。而国内市场投资需求的膨胀，则成为货币通过信贷体系流向市场的主要途径。这主要是因为在各地政府地区生产总值绩效冲击下，城市建设浪潮汹涌，大型基建项目使资金以信贷的方式流入经济。这些信贷中很大一部分没能形成有效、可持续的经济增长，只推高了一时的地区生产总值，同时留下一笔巨大的过剩资金，在市场上形成流动性泛滥的隐患。

但是更深一层的问题在于，货币一直在超发，观察历史数据却发现中国货币超发与物价上涨之间并未走出平行曲线，也没有形成直观的因果关系，这部分没有反映在GDP 和 CPI 变动的货币供应增量上，被经济学界称为"消失的货币"。例如，2007年我国 GDP 增长率达到上个经济周期的最高值13%，当时支撑这个增速的货币供应量增速仅为16.74%，而2009年前我国 GDP 同比增长7.7%，但货币供应量却高达29%的增长，这说明原本16.74%的 M2 增长可支撑13%的 GDP 增长，28%的 M2 增长却仅支撑了8%左右的 GDP 增长，中间的那部分货币去了哪里？

中国 M2、GDP、CPI 三者间关系的反常，并非中国经济增长周期的"独创"，美国经济学家麦金农在20世纪90年代初曾针对这一现象提出了"货币迷失"的质疑。麦金农一度将其解释为中国银行系统存在大量呆坏账金融体系的黑洞，让货币消失于无形，然而尽管此后中国银行体系呆坏账问题获得有惊无险的化解，消失的货币却仍然不断增长。这一现象在最近十年愈发严重，货币超发与通货膨胀的反差很鲜明，远远超过西方经济学理论的解释范畴。随着这一问题的凸显，"货币迷失"的概念也进一步升级为"中国之谜"，对"中国之谜"的探寻实际是在追问：在经济高速增长周期中，这些超发的货币流向了何处？在物价上涨之前，它们在忙什么？解剖中国特有的货币迷局，要从多方位入手。其中之一要从中国特有的渐进式经济转型中寻找。

从1978年起，不断的制度改革一直是中国经济增长的动力，也是吸收货币的巨大蓄水池。这一规律在 20 世纪 90 年代中后期表现得更为明显。在 20 世纪 90 年代中后期产权改革与要素市场化改革之前，大量关键要素被政府掌控，土地矿产等由政府在不同部门间划拨。改革使这些要素逐渐被纳入市场化的经济总量中，很多资源以前不在市场里面，通过改革把它放到市场里面，这些资源就要"吃"货币、"消费"货币，成为吸收中国大量超发货币的有力杠杆。

从土地延展开去，20 世纪 90 年代末开始的"房改"，催生出了商品房市场的迅速膨胀。商品房市场的改革路径，伴随着城市化进程的助力，形成了中国特有的 GDP 增长模式，并为吸收实体经济以外多余的流动性提供了广大空间。在商品房市场一下子打开而保障性住房体系缺失的背景下，市场整体呈现供不应求的格局，于是投机增值需求衍生了出来。商品房市场刚刚形成，便立刻成为一个重要的资本市场。房价在刚性需求与炒作双重助力的作用下扶摇直上，在 2008 年经历了一个小幅回调后，于 2009年借着大规模救市政策的出台步入最后的疯狂。

与此同时，过去十年的 A 股市场迎来了 20 世纪 90 年代末开始的国有企业股份制改革创造的历史性机遇，为流动性提供了更多的栖身之所。20 世纪 90 年代末开始的国企改革，陆续吸收了一大批社会资本参与股份制改革，成为民间资本寻求实业投资的一条重要路径。2000 年左右，中国股市没有几个重要的蓝筹股，但今天，钢铁、石化、保险、银行等企业在上证指数中占到大约 50%。由《上海证券报》与申银万国证券研究所共同发布的股市资金报告显示，2006 年年初，A 股市场存量资金大约维持在2 000 亿元的水平，而 2006 年年底存量资金已经增加到年初的三倍多，达到 6 778.8 亿元。这一数字发展到 2007 年年底，已快速扩容到约 1.8 万亿元人民币。根据中央人民银行的数据，2007 年 M2 的增量约为 5.8 万亿元，这意味着当年增长的货币有大约20% 流入了 A 股市场。此后即使经历了 2008 年股灾，A 股资金存量在 2008 年年底依然基本保持了这一规模。

如果说一系列市场化改革在"消费货币"的过程中缓解了流动性泛滥，那么随着市场化程度越来越高，从计划推向市场的资源增量越来越少，情况正在发生显著变化。因此对于"消失的货币"的研究就显得格外重要。因为对货币流动轨迹的追根溯源是思考流动性未来应如何回笼，寻求通货膨胀根本解决之道的关键。

问题：是什么原因使得中国 M2 超发与通货膨胀形成巨大反差？

概念解释：

货币需求　交易性货币需求　预防性货币需求　投资性货币需求

思考题：

（1）简述凯恩斯关于货币需求动机的观点。

（2）比较费雪的交易方程式与剑桥学派的现金余额说的异同。

（3）简述鲍莫尔模型的主要内容和意义。

（4）简述弗里德曼的货币需求理论。

第九章　货币供给

第一节 商业银行的货币创造

一、基本概念

存款货币是指存在商业银行使用支票可以随时提取的活期存款。

原始存款（primary deposit）：是指能够增加商业银行准备金的存款。

原始存款的来源可以是银行券（中央银行发行的银行券）存入商业银行；可以是商业银行从中央银行借款；可以是客户收到一张中央银行的支票（比如由国库开出的拨款支票），并委托自己的往来银行收款；也可以是客户向商业银行出售外汇并形成存款，而银行把外汇出售给中央银行并形成准备存款等。

派生存款（derivative deposit）是指相对于原始存款而言，由商业银行用转账方式发放贷款、办理贴现或投资等业务活动引申出来的存款，又叫衍生存款。

法定准备金（R_d）和超额准备金（R_e）。银行为满足存款客户随时提取现金以及方便支票结算中银行之间的应付款差额，一方面会保留一部分现金在银行内部（称为库存现金，因为他们贮藏在银行金库中），另一方面会在中央银行开立存款账户，并保留一定的存款余额（称为准备存款）。库存现金与准备存款共同构成商业银行的存款准备金。按照中央银行要求持有的准备金称为法定准备金，超过部分称为超额准备金。

二、存款货币创造的两个必要前提条件

存款货币的创造必须具备两个紧密联系的前提条件：一是各个银行对于自己所吸收的存款只需保留一定比例的准备金；二是银行清算体系的形成。

银行并不需要为其所吸收的存款保存100%的存款准备是前提条件之一。否则，银行吸收多少存款就保留多少存款准备，那就根本不可能从存款中拿出一部分提供贷款或持有证券，也就谈不上存款货币的创造过程。

正是由于活期存款业务的发展推动了清算体系的建立，而在现代银行清算体系中，应收应付差额都可以在各种银行间的同业往来账户或在清算中心开立的账户结清，这就使得银行不必准备百分之百的资金以应对所创造存款的提取需要。

三、商业银行的货币创造

为分析简便起见，我们拟做如下假设：

第一，银行只保留法定准备，超额准备全部被用于放款和投资从而为零。

第二，银行的客户包括存款人和借款人都使用支票，不提取现金，从而没有现金流出银行体系，即不存在现金漏损。

第三，银行只经营支票存款，不经营定期存款。

下面我们用简化的资产负债表——T式账户来分析。在法定准备率为10%的情况

下，一笔金额为 1 000 元的原始存款流入银行体系后，存款货币的创造是如何发生的呢？

在客户将 1 000 元存入 A 银行后，A 银行的账户如表9-1所示。

表 9-1   A 银行账户

资产	负债
准备金+1 000 元	支票存款+1 000 元
其中：法定准备 100 元	
超额准备 900 元	

因法定准备率为 10%，A 银行发现自己的法定准备增加 100 元，超额准备为 900 元。由于 A 银行不愿意持有超额准备，因而全额贷出。A 银行的贷款和支票存款增加 900 元；但当借款人动用 900 元时，则 A 银行的支票存款和准备将降低同样金额即 900 元。这时 A 银行的 T 式账户变化如表 9-2 所示。

表 9-2   A 银行账户

资产	负债
准备金+100 元	支票存款+1 000 元
贷款+900 元	

如果从 A 银行贷 900 元的借款人把这笔钱存入另一家银行，比如说 B 银行，则 B 银行的 T 式账户如表 9-3 所示。

表 9-3   B 银行账户

资产	负债
准备金+900 元	支票存款+900 元

银行体系中支票存款再次增加了 900 元，总增加额达 1 900 元（A 银行增加 1 000 元，加上 B 银行增加 90 元，B 银行增加的 900 元是由 A 银行的贷款派生出来的）。B 银行会进一步调整其资产负债状况。B 银行必须将 900 元的 10%（90 元）作为法定准备，持有 900 元的 90%（810 元）超额准备，能发放这一金额（810 元）的贷款。B 银行向一位借款人提供 810 元贷款，由借款人支用这笔钱。B 银行的 T 式账户如表 9-4 所示。

表 9-4   B 银行账户

资产	负债
准备金+90 元	支票存款+900 元
贷款+810 元	

从 B 银行借款的人再将 810 元存入另一家银行（C 银行）。因此，到此阶段为止，从银行体系最初增加的 1 000 元准备，导致银行体系的支票存款合起来增加 2 710 元

（＝1 000 元+900 元+810 元）。

　　同样的道理，如果所有的银行都将其超额准备的全额发放贷款，支票存款会进一步增加（从银行 C、D、E 等进行下去），情况如表 9-5 所示。由此可见，最初准备增加 1 000 元（原始存款）将使存款总额增加到 10 000 元（其中 9 000 元为由贷款派生的存款），增加了 10 倍，正是法定准备率的倒数。

表 9-5　　　　支票存款创造（假设法定准备率为 10%，准备增加 100 元）　　　　单位：元

银行	存款增加	贷款增加	准备增加
A	1 000.00	900.00	100.00
B	900.00	810.00	90.00
C	810.00	729.00	81.00
D	729.00	656.10	72.90
E	656.10	590.50	59.10
⋮	⋮	⋮	⋮
合计	10 000.00	9 000.00	1 000.00

　　如果银行选择把其超额准备投资于证券，结果是一样的。如果 A 银行用超额准备购买了证券而没有发放贷款，A 银行的 T 式账户如表 9-6 所示。

表 9-6　　　　　　　　　　　　　　　　　　A 银行账户

资产	负债
准备金+100 元	支票存款+1 000 元
证券+900 元	

　　当该银行购买 900 元的债券时，它向债券的卖主开出一张 900 元的支票，债券的卖主又将之存于另一家银行，比如 B 银行，这样 B 银行的支票存款增加了 900 元存款扩张过程与以前一样。银行不论选择贷款或是选择购买证券来使用其超额准备，存款扩张的效果都一样。这里要注意的是，单个银行与整个银行体系在存款创造上是有差别的。单一银行仅能创造等于其超额准备的存款，不能引起多倍存款创造。这是因为单一银行发放的这笔贷款所创造的存款存入其他银行时，该银行将不再拥有这笔准备。但是，作为整体的银行体系却可以进行多倍存款扩张，因为当一家银行失去了它的超额准备，即使这一单个银行不再拥有这些准备，但其并没有离开银行体系。因此，当各个银行发放贷款并创造存款时，这些准备就转移到另外的银行，而后者通过发放新的贷款来创造新的存款。对于整个银行体系来说，当所有银行不持有超额准备金时，存款货币创造过程将会终止。

　　上述分析表明，在部分准备金制度下，商业银行准备金的增加（客户存入存款，或者商业银行获得中央银行贴现贷款导致准备金增加，或者商业银行出售资产导致准备金增加，或者因为中央银行降低法定存款准备金率而增加了超额准备金），经过整个银行体系的运用，可产生大于准备金增加量若干倍的存款货币。此扩张的数额，主要

决定于两大因素：一是新增准备金量的多少；二是法定准备率的高低。新增准备金越多，创造的存款货币量越多；反之则反是。法定准备率越高，扩张的数额越小；反之则反是。这种由银行体系的准备增加而导致的存款多倍扩张关系，可用公式表示如下：

$$\Delta D = \frac{1}{r_d} \times \Delta R \tag{9-1}$$

其中，ΔD 为银行体系中支票存款总量的变动，r_d 为法定准备率（例子中为 $0.01 = 100/1\ 000$），ΔR 为银行体系准备额的变动（例子中为 1 000 元）。

从存款货币创造的基本模型中，我们还可以导出以下两个概念：

第一，增量派生存款总额应为增量支票存款总额减去增量初始存款额。例子中的派生存款总额为 10 000 元－1 000 元＝9 000 元。

第二，在一定法定准备率下，增量支票存款总额的扩张变动与增量初始存款之间存在着一种倍数关系（multiple relationship），令 k 代表扩张倍数，即存款乘数（deposit multiplier），从基本公式可以推导出：

$$k = \frac{\Delta D}{\Delta R} = \frac{1}{r_d} \tag{9-2}$$

可见存款乘数是法定准备率的倒数。在上述法定准备率为 10% 的例子中，k 为 10。这是存款多倍创造的最大值。存款货币的收缩过程与创造过程的原理相似，不同之处在于方向相反，即在创造过程中，存款和贷款的变动为正数，而在收缩过程中，存款和贷款的变动是负数。假设 A 银行缺少 1 000 元准备，它将通过要求客户偿还贷款或出售证券的方式补充短缺的准备，其他银行将被迫做出连锁反应，其结果是银行体系资产方的贷款或持有的证券将减少 10 000 元，负债方的支票存款也将减少同样的数额，准备金缺乏的情况将消失。也就是说，在法定准备率为 10% 的情况下，A 银行短缺的 1 000 元准备将以其 10 倍的数额收缩银行体系的支票存款。

四、存款倍数的修正

上面的分析是在一些假设条件下进行的，只考虑了法定准备率对银行体系存款创造的限制。事实上，上述假设条件中有一些与现实不太相符。因此，需要考虑这些因素对分析结论的影响。这种影响恰恰是限制了整个银行体系的存款创造能力，使其变得有限。现在我们来分析这些因素进而对存款乘数进行修正。

（一）现金漏损率

前面曾假定银行客户一律使用支票，不提取现金。然而，在现实生活中，是存在着现金漏损（loss of cashes）的。由于现金流出了银行体系，银行可用于放款部分的资金减少，因而削弱了银行体系创造存款货币的能力。就整个银行系统和经济社会而言，现金的数量（c）同存款的数量之间在一定时期大致存在某种比率关系，我们把这种比率称为现金漏损率，用 c' 表示。这种现金漏损对银行创造存款的限制与法定准备率相同，因而把现金漏损考虑之后，银行体系创造存款的扩张倍数，即存款货币创造乘数 K（creation multiplier），公式修正为：

$$K = \frac{1}{r_d + c'} \tag{9-3}$$

（二）超额准备率

银行在实际经营中为了保持流动性，所提留的准备金绝不可能恰好等于法定准备金，事实上银行实际拥有的准备金总是大于法定准备金，这种差额称为超额准备金。从实证分析表明，银行保留不用的超额准备金（E）同支票存款在数量上也保持着某种有规律的关系，这种比率关系可用超额准备率（e）来表示。超额准备率的变化对银行创造存款的限制与法定准备率及现金漏损率相同。如果超额准备率大，则银行存款创造的能力就小；反之则反是。因此，再把超额准备金的因素考虑进去，银行体系创造存款的扩张倍数公式可再修正为：

$$K = \frac{1}{r_d + c' + e} \tag{9-4}$$

（三）定期存款准备金

前面假定银行只经营支票存款。实际上，社会公众基于各种动机会以定期存款的形式保持一部分存款。当社会公众将活期存款转入定期存款时，尽管不致使原持有的准备金额有何下降，但这种变动会对存款乘数产生影响，因为银行对定期存款（D_t）也要按一定的法定准备率提留准备金（定期存款的法定准备率（r_t）往往不同于活期存款的法定准备率）。定期存款 D_t 同活期存款总额（D_d）之间也会保有一定的比例关系，当令 $t = D_t / D_d$ 时，则 $r_t \cdot D_t / D_d = r_t \cdot t$。因为按 $r_t \cdot t$ 提存的准备金是用于支持定期存款，虽然它仍保留在银行，即仍包括在其实有准备金之中，但却不能用于支持活期存款的进一步创造，故这部分 $r_t \cdot t$ 或 $r_t \cdot D_t / D_d$ 对存款乘数 K 的影响，便可视同为法定准备率的进一步提高，应在 K 的分母中加进此项数值，以做进一步的修正，即：

$$K = \frac{1}{r_d + c' + e + r_t \cdot t} \tag{9-5}$$

式中：c' ＝流通中现金与存款的比率；

r_d ＝活期存款的法定准备金率；

r_t ＝定期存款的法宝准备金率；

t ＝定期存款与活期存款的比率；

e ＝超额准备金与支票存款的比率。

如上例，我们假定 c' 为 10%，e 为 10%，r_t 为 5%，t 为 10%，那么 K 就不会是 10，而是 $3.28 = \dfrac{1}{(10\% + 10\% + 10\% + 5\% \times 10\%)}$ 了。显然，派出倍数大大变小了。上面几种情况是用抽象的方法分别说明 r_d、c'、e、$r_t \cdot t$ 等因素对存款乘数 K 的影响关系。就实际情况来说，存款货币的创造究竟能达到多少倍数，还得视整个国民经济所处的经济发展阶段而定。如果公众的支付方式发生了变化，现金漏损率也会随之出现变化，从而对 K 值产生影响。当经济发展处于不同的景气状态及利率水平发生变动，银行会调整所保留的超额准备金数额，从而 e 值会改变，也会影响到 K 值的大小。

在经济处于停滞和预期利润率下降的情况下，社会公众对贷款没有需求，银行想贷也贷不出去，因而也就不能创造货币。也就是说，银行体系能创造多少货币最终还是取决于客观经济过程对货币的需求。

拓展阅读：中国M2增速创历史新低首现"个位数"央行称不必过度解读中国人民银行

2017年6月14日公布的最新货币信贷数据显示，2017年5月份中国人民币贷款和社会融资规模增长较快，但其中关键数据广义货币（M2）同比增速为9.6%，这是有统计以来中国M2增速首次出现个位数，创下历史新低。

2017年5月份，M2增速分别比上月末和上年同期低0.9个百分点和2.2个百分点。中国人民银行有关负责人对此解释说，近期M2增速有所放缓，主要是金融体系降低内部杠杆的反应。金融体系主动调整业务降低内部杠杆，与同业、资管、表外以及"影子银行"活动高度关联的商业银行股权及其他投资等科目扩张放缓，由此派生的存款及M2增速也相应下降。总体来看，金融体系控制内部杠杆对于降低系统性风险、缩短资金链条有积极作用，对金融支持实体经济没有造成大的影响。"估计随着去杠杆的深化和金融进一步回归为实体经济服务，比过去低一些的M2增速可能成为新的常态。"中国人民银行的一位负责人说，随着市场深化和金融创新，影响货币供给的因素更加复杂，M2的可测性、可控性以及与经济的相关性亦有下降，对其变化可不必过度关注和解读。中国人民银行认为，当前中国货币信贷运行总体正常，金融对实体经济支持力度较为稳固。数据表明，金融尤其是信贷对中国实体经济的支持力度依然较大。中国人民银行将灵活运用多种货币政策工具组合，把握好去杠杆与维护流动性基本稳定之间的平衡，为供给侧结构性改革营造中性适度的货币金融环境。

资料来源：中国M2增速创历史新低首现"个位数"央行称不必过度解读[EB/OL].（2017-06-14）[2017-08-14].http://www.chinanews.com/cj/2017/06-14/8250815.shtml.

第二节　中央银行与基础货币

中央银行作为国家货币当局，在货币供给中发挥关键作用，其发挥作用主要是通过两个渠道，即控制基础货币和影响货币乘数。同时，中央银行处于货币垄断发行地位，在通货的发行中独立发挥作用。

一、基础货币

基础货币特指中央银行发行的货币，是中央银行发行的债务凭证，也称货币基数（monetary base）、强力货币、初始货币，因其具有使货币供应总量成倍放大或收缩的能力，又称为高能货币（high-powered money）。

基础货币是指能创造存款货币的商业银行在中央银行的存款准备金（R）与流通于银行体系之外的现金（C）这两者的总和。存款准备金（R）包括商业银行持有的库存现金、在中央银行的法定准备金以及超额准备金。基础货币（B或H）常以下式表示：

$$B = R + C \tag{9-6}$$

在国际货币基金组织的报告中，基础货币被称为"reserve money"。基础货币是整个商业银行体系借以创造存款货币的基础，是整个商业银行体系的存款得以成倍扩张的源泉。基础货币的概念之所以如此重要，是因为它比银行准备金更易为中央银行所控制，因此只要掌握了它与货币供给之间的联系，中央银行就可以利用这种联系对货币供给进行控制。

二、中央银行的货币发行

垄断货币发行权曾经是中央银行的标志性功能，尽管随着商业银行体系发挥存款货币创造功能，金融创新推动各种新型货币工具出现，中央银行货币发行的影响力有所下降，但货币发行毕竟是法定货币体系下最终流动性的提供者，货币发行仍然是货币供应的重要组成部分。

（一）货币发行的两种性质

货币发行（currency issue）按其发行的性质可以分为两种：经济发行和财政发行。

（1）经济发行是指中央银行根据国民经济发展的客观需要增加现金流通量。

（2）财政发行是指为弥补国家财政赤字而进行的货币发行。

财政发行没有经济增长基础，因此增加的货币发行容易导致市场供求失衡和物价上升。传统的看法认为，货币发行仅指通货发行。但是，随着金融创新和电子技术的发展，存款货币作为流通手段的重要性不断提高，扩展了货币的范围，货币不仅包括现金，还包括存款货币。因此，货币的经济发行应该扩展到包括增加存款货币的货币供应总量。在货币经济发行的条件下，货币的投放适应流通中货币需要量增长的需要，既满足经济增长对货币的需要，又避免货币投放过多。为保证货币的经济发行，必须要建立健全货币发行制度。货币发行制度包括货币发行的程序、最高限额和发行准备。

（二）货币发行准备

在不同的货币制度下，货币发行的准备是不同的。在金属货币制度下，货币的发行准备是贵金属，如白银、黄金等。在现代信用货币制度下，货币发行往往使用现金和有价证券做准备。现金准备包括黄金、外汇等具有极强流动性的资产，使货币具有现实的价值基础，有利于币值稳定。但若全部以现金做准备，则不利于中央银行根据经济水平和发展的需要进行弹性发行。因此，中央银行还往往使用有价证券做准备，即证券准备。证券准备包括短期商业票据、短期国库券、政府公债等，这些证券必须是在金融市场上进行交易和流通的证券。使用证券做发行准备，有利于中央银行进行适应经济需要的弹性发行。

中央银行主要的发行准备制度有如下几种：

（1）现金准备发行制，即货币的发行100%以黄金和外汇等现金做准备。这种制度的优点是能够防止货币发行过量，缺点是缺乏弹性。

（2）证券准备发行制，即货币发行以短期商业票据、短期国库券、政府公债做准备。这种制度的优点是给予中央银行较大的利用货币发行调节宏观经济的余地。缺点是货币发行的调控需要发达的金融市场和较高的控制技术。

（3）现金准备弹性比例发行制，即货币发行数量超过规定的现金准备比率时，国家对超过部分的发行征收超额发行税。这种发行制度兼顾了信用保证原则和弹性原则。

但是，货币过度发行的效果如何，取决于超额发行税的制约作用和中央银行的独立性。一般来说，超额发行税对货币发行有制约作用。因为当超额发行时，中央银行往往会通过提高再贴现率将部分税负转移到商业银行，降低商业银行对中央银行的借款需求，从而减少货币发行。但是，当商业银行对中央银行的借款需求具有非常强的刚性需求，中央银行提高再贴现率并不能减少商业银行的借款需求时，超额发行税就不能起到制约货币发行的作用。或者如果中央银行的独立性很差，严重依附于政府，不管形式上有没有超额发行税，货币的发行完全依据于政府财政的状况。

（4）证券准备限额发行制，即在规定的发行限额内，可全部用规定证券做发行准备，超过限额的发行必须以十足的现金做发行准备。

（三）货币发行对货币供应量的影响

在现代银行制度下，中央银行被授权为唯一的货币发行机构。流通中的现金货币是中央银行的负债。各国中央银行均有自己一套严谨的现金发行程序。当然，中央银行掌握现金的发行权并非意味着中央银行能够完全控制现金的发行数量，现金发行数量的多少最终取决于各经济部门对现金的需求量。在现金与存款货币可以完全自由转换的经济体中，使用 M1 中的哪一种货币形式，取决于经济主体的意愿。经济活动主体需要较多的现金，表现为对商业银行的提现量增加，使商业银行在中央银行的超额准备减少和流通中现金增加；反之，则表现为商业银行的存款增加，流通中现金减少。可见，从整个过程看，中央银行对现金发行的控制处于被动的位置。这也说明银行体系最终能向社会供给多少货币，取决于社会对货币的需求。随着电子货币的发展，现金使用的减少，货币发行对于货币供应量的影响越来越小。这一点在我国近几年移动支付突飞猛进地推动下表现得更加明显。

三、中央银行对基础货币的影响

基础货币特指中央银行发行的货币，有两种基本存在形态。一种是实物现金货币，包括流通中的现金和存款类金融机构的库存备付现金两部分。以现金形态存在的基础货币对应于中央银行资产负债表负债方中的"货币发行"科目。另一种是央行存款货币。严格地讲，中央银行资产负债表中的所有存款负债，都应归入以央行存款形态存在的基础货币的统计范畴。它们包括商业银行、信用社和财务公司在中央银行的准备金存款，其他金融性公司、非金融性公司在央行的存款，政府在央行的国库存款等。因此，经济体中的基础货币总量等于央行发行的所有现金货币和央行存款货币之和。各国中央银行对基础货币的表述各有不同。在中国人民银行资产负债表上，基础货币体现为储备货币（reserve money），包括央行的货币发行（currency issue）与其他存款性公司存款（deposits of other depository corporations）。

与基础货币的两种存在形态相对应，基础货币发行方式也有两种：一种是直接向发行对象（企业、个人和金融机构）支付现金。例如，央行用现金向企业或个人购汇、商业银行从中央银行提取现金等。另一种是在发行对象（通常是存款类金融机构）在央行开设的存款准备金账户中记入一笔存款。例如，央行从金融机构手里购买了 200 亿元政府债券，会在其存款准备金账户记入 200 亿元的存款。

基础货币的两种存在形态可以相互转化。如果金融机构持有的现金过多，那么它们可以将多余的现金存入中央银行，变成它们在中央银行存款准备金账户中的存款；反之，如果现金出现短缺，它们可以向中央银行申请提现，这时它们在央行的存款相应减少。随着金融体系中现金使用的减少，金融机构持有的现金水平基本是可预测的，因此现金水平在基础货币中的变化对于整个货币供给和宏观经济几乎不产生影响。中央银行作为货币供给主体，其对货币供应量的作用主要是通过公开市场操作、贴现贷款以及调整法定存款准备金率来调控商业银行准备金水平，从而调控商业银行创造存款货币能力得以实现的。

（一）公开市场操作

公开市场操作是中央银行控制基础货币水平的主要手段。中央银行可以按照规定公开市场上按照交易相应的政府债券，中央银行买卖证券并不是为了盈利，而是为了控制基础货币、监控市场上的流动性水平。作为中央银行解决流动性过剩的特有手段，中国人民银行除了进行普通的证券交易，还通过发行央行票据来调控市场流动性。

例如，当中央银行在市场上买入证券 100 亿元，央行的资产负债同时增加如表9-7所示，可见中央银行在公开市场上的购买行为增加了基础货币。

表 9-7　　　　　　　　　　　央行资产负债表

资产	负债
政府债券+100 亿元	准备金+100 亿元

与此同时，若交易对手是商业银行 A，则其在中央银行的准备金账户上增加了 100 亿元，商业银行自身的资产负债表发生如表 9-8 所示的变化。

表 9-8　　　　　　　　　　商业银行 A 资产负债表

资产	负债
准备金+100 亿元	
政府债券−100 亿元	

若交易对手是非银行金融机构 B，则其开户银行的存款账户上增加了 100 亿元。如果该机构仍然以存款形式持有所获得的交易款，则准备金和基础货币同时增加 100亿元。其资产负债表的变化如表 9-9 所示。

表 9-9　　　　　　　　　非银行金融机构 B 资产负债表

资产	负债
存款+100 亿元	
政府债券−100 亿元	

其开户银行 C 资产负债表的变化如表 9-10 所示。

表 9-10　　　　　　　　　　　　　　商业银行 C 资产负债表

资产	负债
准备金+100 亿元	存款+100 亿元

但是，如果非银行金融机构 B 将所得交易款部分以现金形式持有，将对准备金水平产生不同的影响。当该机构将其中 10 亿元以现金形式持有，其资产负债表则表现如表 9-11 所示。

表 9-11　　　　　　　　　　　　　非银行金融机构 B 资产负债表

资产	负债
存款+90 亿元	
现金+10 亿元	

其开户银行 C 资产负债表的变化如表 9-12 所示。

表 9-12　　　　　　　　　　　　　　商业银行 C 资产负债表

资产	负债
准备金+90 亿元	存款+90 亿元

此时中央银行的资产负债表的变化如表 9-13 所示。

表 9-13　　　　　　　　　　　　　　　央行资产负债表

资产	负债
政府债券+100 亿元	货币发行+10 亿元
	准备金+90 亿元

从以上可以看出，中央银行在公开市场上的购买行为可以增加基础货币，基础货币的增加额等于所购买债券的金额。但中央银行购买行为对于银行体系的准备金水平的影响并不确定，增加的准备金等于或者小于中央银行的购买金额。因此，中央银行通过公开市场购买对基础货币水平的控制要强于对准备金水平的控制。与之相对应地是，当中央银行在公开市场上出售所持有的政府债券时，对基础货币的影响方向正好相反。

（二）贴现贷款

中央银行作为特殊的银行金融机构，并不向社会居民和企业发放贷款，但是作为商业银行最后贷款人，中央银行的贴现贷款发挥着重要作用。中央银行通过向商业银行发放贴现贷款，可以增加商业银行的准备金，由此形成的准备金被称为借入准备金，这部分准备成为商业银行的负债。

当中央银行向商业银行 S 通过发放 100 亿元贴现贷款增加准备金时，中央银行的资产负债表变化如表 9-14 所示。

表 9-14 央行资产负债表

资产	负债
贴现贷款+100 亿元	准备金+100 亿元

该商业银行的资产负债表变化如表 9-15 所示。

表 9-15 商业银行 S 资产负债表

资产	负债
准备金+100 亿元	贴现贷款+100 亿元

可以看出，中央银行向商业银行发放贴现贷款，可以直接增加基础货币和准备金，并且基础货币和准备金是同方向、同数量的增加。但是，中央银行是否向商业银行发放贴现贷款，首先要取决于商业银行的态度，如果商业银行没有提出申请，中央银行不可能发放贷款，也就不能通过发放贴现贷款来增加基础货币。中央银行向商业银行发放的贴现贷款到期后，商业银行偿付时，商业银行的准备金将相应减少，中央银行的负债和基础货币也将同样减少。比较中央银行通过公开市场操作和发放贴现贷款对基础货币的影响可以发现，中央银行通过公开市场业务可以完全实现自己的基础货币目标，但是发放贴现贷款的效果不完全受中央银行的控制。

（三）调整法定存款准备金率

中央银行还可以运用调整商业银行法定存款准备金率的手段，通过改变商业银行法定存款准备金率来改变商业银行超额准备金水平，在不调整基础货币的情况下，通过影响商业银行存款货币创造能力来影响货币供应量。

第三节 货币乘数与货币供给

一、货币供给

货币供给量即一定时点上一国经济中的货币存量。在当代不兑现信用货币制度下，货币供给作为与货币需求相对应的概念，体现为经济生活中多种形态信用货币的集合，主要包括现金和各种银行存款。其中，现金是中央银行的债务，各种银行存款则是商业银行等金融机构的债务。

货币供给量与货币需求量的一个不同在于，货币需求虽然也有一个客观的数量界限，却是一个预测值；货币供给量则是一个确切的数值，可以通过对中央银行和商业银行等金融机构资产负债表中的相关数据统计得出。把握货币供给量的概念首先要区分货币存量（stock of money）与货币流量（flow of money）。存量是与一定时点相对应的变量，而流量是与一定时期相对应的变量。货币供给量是一个存量概念（货币需求量亦如此），是某一时点的货币量，具体来讲，是反映在银行资产负债表中的一定时点上（如年末、月末）的现金与存款总额。而货币流量则是指在一定时期内货币周转的总额，货币流量的大小等于货币供给量乘以同一时期的货币流通速度。其次按照是否考虑物价因素的影响，货币供给量还可以分为名义货币供给量（nominal money supply）

与实际货币供给量（real money supply）。名义货币供给量，是指一定时点上不考虑物价因素影响的货币存量；实际货币供给量就是指剔除了物价影响之后的一定时点上的货币存量。如果我们用 M_S 表示名义货币供应量，则实际货币供应量为 M_S/P。

二、货币乘数

（一）货币乘数的概念

基础货币可以引出数倍于自身的可为流通服务的信用货币。把货币供给量与基础货币相比，其比值称为货币乘数（money multiplier）。用 MS 代表货币供给，B 为基础货币，则可列出下式：

$$MS = m \times B \tag{9-6}$$

式中，m 为货币乘数。

基础货币虽然是由通货（也即处于流通中的现金 C）和存款准备 R 两者构成，但在货币乘数中的作用并不一样。通货 C 虽然是创造存款货币不可或缺的根据，但它本身的量，中央银行发行多少就是多少，不可能有倍数的增加，引起倍数增加的只是存款准备 R。

（二）货币乘数的决定

根据式（9-6），我们要计算货币乘数 m，只需分别写出货币供给 MS 和基础货币 B 的表达式，再令二者相除就可以了。根据定义，则有：

$$m = \frac{MS}{B} = \frac{D + C}{R + C} \tag{9-7}$$

如果把这个式子中的分子、分母各项均除以 D，则有：

$$m = \frac{1 + \dfrac{C}{D}}{\dfrac{R}{D} + \dfrac{C}{D}} \tag{9-8}$$

式（9-8）中有个 C/D，称为通货—存款比，这个比率的大小取决于私人部门——包括个人与公司的行为。式（9-8）中有个 R/D，称为准备—存款比，这个比率的大小取决于存款货币银行的行为。这两个比率决定乘数的大小，再加上基础货币，即决定货币供给量。而基础货币的多少，在一定意义上说取决于中央银行的行为。

根据式（9-8），货币乘数 m 必然大于1，因此基础货币的增减将导致数倍的货币供给增减。即如果 $m = 2.4$，则基础货币每增减1元，货币供给 MS 将增减2.4元。

拓展阅读：1930—1933 年大萧条时期的银行业危机

我们可以使用货币供给模型来帮助我们理解发生在过去的货币供给的主要变动。在这个应用例子中，我们使用模型来解释发生在大萧条时期——美国历史上最严重的经济低迷时期的货币收缩。大萧条时期银行业危机使信用市场的信息不对称问题变得更加严重，从而对整个经济运行造成伤害。银行业危机的另一个后果，就是它可以引起货币供给的急剧减少，从而对整体经济造成危害。在米尔顿·弗里德曼（Milton Friedman）和安娜·施瓦茨（Anna Schwartz）的经典名著《美国货币史，1867—1960》

（*A Monetary History of the United States*，1867—1960）中，描述了 1930 年年末第一次银行业危机爆发的情景：

1930 年 10 月之前，停业的（倒闭的）商业银行的存款比 1929 年的大部分时间都稍多一点，但是和前 10 年的经验相比，还是不协调的。1930 年 11 月，这类存款是自 1921 年有月度数据记录以来的最高数额的两倍多。大批银行的倒闭，特别是在密苏里州、印第安纳州、伊利诺伊州、艾奥瓦州、阿肯色州和北卡罗来纳州，引起了广泛的试图将支票存款和定期存款转换为通货，或至少转换为邮政储蓄存款的浪潮。恐惧像传染病一样在存款者之间蔓延，最早从农业领域开始，它们在 20 世纪 20 年代已经经历了银行倒闭的沉重打击。但是，1930 年 11 月有 18 000 万美元存款的 256 家银行的倒闭很快就被 12 月拥有超过 37 000 美元存款的 532 家银行的倒闭所代替（所有数字每季未调整），最严重的是 12 月 11 日美洲银行的倒闭，该银行拥有超过 20 000 美元的存款。那次倒闭事件非同寻常。以存款数额衡量，美洲银行是到那时为止美国历史上倒闭的最大的商业银行。虽然它只是一家普通的商业银行，美洲银行的声望却使得国内外许多人士将它当作带有官方性质的银行，因此它的倒闭所带来的对信心的打击，比起名声平平的银行的倒闭所引起的打击要大得多。

从 1930 年 10 月到 1931 年 1 月的第一次银行业危机，那时倒闭银行的存款数额有所增加。因为那时没有存款保险（联邦存款保险公司直到 1934 年才建立），当一家银行倒闭时，存款者只能得到相当于他们存款的一部分的赔偿。因此，当银行在银行业危机中倒闭时，存款者十分清楚他们将可能遭受巨大的存款损失，因而存款的预期收益为负。根据资产需求理论，随着第一次银行危机的爆发，存款者从银行账户取出通货，将他们持有的支票存款转换为通货，所以 C/D 提高。我们先前对超额存款准备金率的分析表明，存款流出的剧增会引起银行大幅提高超额存款准备金率（ER/D）以保护自己。在第一次银行危机（1930 年 10 月—1931 年 1 月）期间，C/D 开始升高。更显著的是 ER/D，1930 年 11 月到 1931 年 1 月，其值是原来的 2 倍多。

货币供给模型认为，当 ER/D 和 C/D 上升时，货币供给会减少。C/D 的上升导致多倍存款扩张的整体水平下降，从而导致较小的货币乘数和货币供给的减少；而 ER/D 的上升会降低可用来支持存款的存款准备金的数额，也会引起货币供给减少。于是，我们的模型指出，在第一次银行危机爆发以后，ER/D 和 C/D 的上升会导致货币供给的减少。在第一次银行危机期间，1930 年 12 月到 1931 年 1 月，货币供给急剧减少。1931—1933 年，银行危机持续发生，C/D 和 ER/D 继续上升。到 1933 年 3 月危机末期，货币供给（M1）下降了超过 25%——美国历史上最大的下降——与此对应的是国家最严重的经济收缩。更为显著的是，尽管基础货币水平上升了 20%，货币供给还是下降——这就证明了在银行危机期间 C/D 和 ER/D 的变动对货币供给决定的重要性。它也证明了存款者和银行的行为使美联储实施货币政策的工作更加复杂。

第四节　货币供给理论

货币供给理论是研究货币供给量由哪些因素所决定以及如何决定的理论。在过去较长的时期内，货币供给量这一重要的经济变量和政策指标被视为可由金融当局绝对加以控制的外生变量。20 世纪 60 年代以后，随着货币主义的兴起和货币政策日益被人们所重视，经济学家和金融学家们普遍重视货币供给理论的研究，使之迅速发展。因此，西方货币供给理论经历了凯恩斯及凯恩斯学派和货币供给分析、新古典综合派对货币供给理论的分析、货币学派的货币供给理论分析和新经济自由主义学派的货币供给理论分析的主流沿革。

一、凯恩斯学派和新剑桥学派

（一）凯恩斯及凯恩斯学派

凯恩斯对货币供给的分析相对于货币需求的分析来说比较简单。在货币供给方面，凯恩斯认为，货币供给是由中央银行控制的外生变量，它的变化影响经济运行，但自身并不受经济因素的制约。他认为，货币的生产（货币供应的来源）对私人企业来说是可望而不可即的。一般有以下两种情况：

（1）商品货币（金属币）的生产受自然力量主要是资源稀缺性限制。在绝大多数非产金国里，私人企业即使投入大量的劳动力和设备，货币生产能力的扩大也是微乎其微的，货币供应量的增加也是微不足道的。

（2）管理货币或法定货币不是私人企业所能产生的，唯有依靠国家的权力才能发行，强制流通。任何私人企业都无力与之抗衡。无论货币需求有多大，或经济中其他变量的刺激有多强烈，由于货币特征的存在，货币供应不会受它们的影响而自行变化。货币供应的控制权由政府通过中央银行牢牢地掌握在手里，中央银行根据政府的金融政策，考虑到经济形势变化的需要，可以人为地进行控制，增减货币供应量。

（二）新剑桥学派

新剑桥学派不完全赞成凯恩斯的外生货币供应理论。他们认为，虽然从形式上看，现有的货币供应量都是从中央银行渠道出去的，但实质上这个量的多少并不完全由中央银行决定，在很大程度上是中央银行被动地适应公众货币需求的结果。这是因为，公众的货币需求经常并大量地表现为贷款需求，而银行的贷款和货币供应量是联系在一起的。当经济前景光明时，企业将增加贷款需求，银行只要找到理想的借款人，在无信用风险、有还款保证和能够获利的情况下，总会贷出款项。银行的贷款即可转成存款，每个存款的所有人可以随意支付或提取现金。可见，银行存款的增加实际上扩大了货币供应量，中央银行只能被动地适应。同样，随着物价的上涨和工资额的提高，银行贷款也会相应增多。只要经济活动增加，货币供应就会扩大；反之，则相反。因此，对现有货币量发生决定性影响的主要是货币需求，而货币需求的大小取决于经济的盛衰以及人们的预期。

在货币供应的控制问题上，新剑桥学派一方面赞同凯恩斯的观点，即中央银行能够控制货币供应；另一方面又认为中央银行对货币的控制能力和效果不像凯恩斯认为的那样绝对。

他们主张中央银行对货币供应的控制是有限度的。其原因有以下几点：第一，当货币需求旺盛时，银行体系会想方设法逃避中央银行的控制，主动增加贷款，扩大货币供应。第二，中央银行在货币供应方面存在着漏区，使中央银行不可能严密地控制住货币供应总量。例如，在经济高涨时，中央银行企图限制货币供应的增长但是金融界可以采取一些信用形式，变相地增加货币供应。比如，银行参与的商业信用为基础的票据流通，就是合法货币的替代品，扩大票据流通，等于增加了货币供应。另外，在中央银行直接控制的银行体系以外，还存在着许多非银行金融机构，它们不受中央银行的严格控制。由于中央银行在控制上存在漏区，使中央银行对货币供应控制能力大大减少。同时，他们认为，中央银行对货币供应的控制能力，在货币供应的增加或减少方面的分布是不均匀的。中央银行增加货币供应的能力远远大于其减少货币供应的能力。也就是说，如果中央银行要增加货币供给，它完全有能力达到目标，但要减少货币供应量它未必有能力实现目标。这种控制力的差异不完全是中央银行本身的问题。

总之，新剑桥学派虽然没有明确地提出内生货币供应理论，但在论述中包含了这层含义，其理论分析也已经脱离了凯恩斯的外生货币供应论。

二、对凯恩斯货币供给理论的发展

（一）新古典综合派对货币供给理论的发展

新古典综合学派对凯恩斯货币供给理论的发展，是随着 20 世纪 60 年代以来的西方国家金融创新的大量涌现，传统的金融理论、金融体制受到冲击，中央银行的货币政策效果被扰乱这一背景而产生的。新古典综合学派对货币是否外生变量，货币供给量的决定因素和各经济主体的行为对货币供应量的影响等问题进行了研究，提出了有别于凯恩斯货币供给理论的内生货币供应论。他们认为，货币供应量主要由银行和企业的行为决定，而银行和企业的行为又取决于经济体系内的许多变量，中央银行不可能有效地限制银行和企业的支出，更不可能支配它们的行动，因此，货币供应量主要是内生的。其主要理由可归纳如下：

（1）在存贷关系上，他们认为银行的负债是由银行的资产决定的，认为在金融体系高度发达的当代，只要有贷款要求，银行就能提供信贷并由此创造出存款货币，致使货币供应量增加，形成从银行体系到实业部门的信贷——货币流。

（2）金融媒介方面的创新能够起到动用闲置资金、节约头寸、改变货币流通速度的作用。因此，如果中央银行只是部分地提供所需货币，通过金融创新也可相对地扩大货币供应量。

（3）以创造非银行形式的支付，扩大信用规模。当企业决定增加投资时，融资问题很少会成为限制因素。因为银行信贷不是满足新增投资支出的唯一途径，企业可以通过发行或交换期票，甚至通过不履行还款义务等创造出非自愿商业信贷的方式来支付投资项目。当原材料价格或工资上涨、生产成本上升时，需求相应增加的流动资金也可以用同样的方式解决。

（二）货币学派对凯恩斯货币供给理论的发展

货币学派的货币供给理论主要体现在对通货膨胀的分析和政策主张上。弗里德曼对货币需求研究的结果认为，货币需求是相对稳定的，要保证货币需求与供给的平衡，就必须保证货币供给的稳定性。因此，他反对凯恩斯提出的需求管理，认为应当把重点放在货币供给上。货币政策应该是一切经济政策中唯一重要的法宝，其他经济政策如果不通过货币政策或没有货币政策的配合，不可能取得预期的效果。弗里德曼认为控制货币供应量的最佳选择是实行单一规则，即公开宣布并长期采用一个固定不变的货币供应增长率。

实行单一规则需要解决三个问题：①如何界定货币数量的范围？②如何确定货币数量的增长率？③货币数量增长率在年内或季节内是否允许有所波动？

关于货币数量的范围，弗里德曼认为，应确定为流通中的通货加上所有商业银行的存款，也即 $M2$；关于货币增长率的确定，他认为应与经济增长率大体相适应；关于货币增长率在每年内或每季度内是否允许波动，货币供应增长率一经确定，是不能任意变动的，若遇特殊情况必须更改时，应该事先宣布并尽量缩小变动的范围。

（三）新经济自由主义学派的货币供给理论

由于德国中央银行在欧洲的核心地位及其成功的货币政策实践，德国新经济自由主义学派的货币供给理论受到重视。该理论认为，要保证社会市场经济模式的协调和稳定，必须首先稳定货币。货币供应的总原则应该是保证币值稳定。要保证币值的稳定，货币供应必须与商品相联系。据此，提出了两条货币供应的条件：①货币供应与社会生产能力相适应。一个国家的社会生产能力决定了该国能够生产出多少商品，由此决定了需要多少货币进行交易，因此，以现价计算的社会生产能力除以货币流通速度，就是货币供应的最佳量。②保持商品追逐货币的局面。他们认为，在商品和货币的对应关系上，如果货币量多，商品量少，就会出现货币追逐商品的局面，表现为物价上涨、商品短缺、市场紧张。但若使货币量相对略少于商品，则形成商品追逐货币的局面，吸引商品源源不断地流入市场，通过公众所投的货币来判断商品的优劣，以此来提高商品的数量和质量。货币略小于商品的局面，为开展自由竞争和提高社会市场经济效率提供必要的环境。他们提出了货币目标公布制，并进一步提出货币供应增长率的区间论，就是把货币供应增长率从一个具体数值变为一个特定范围。这样，中央银行调控货币供应就有了一定的机动性。

三、货币供给理论的比较

综上所述，凯恩斯认为货币供给是中央银行控制的外生变量，其变化影响经济运行，而自身不受经济因素的制约。新剑桥学派认为，从实质上看货币供给并不完全由中央银行决定，在很大程度上是被动地适应货币需求的结果。因此，中央银行虽然能够控制货币供给，但它的控制能力和效果不是绝对的。新古典综合学派提出了和凯恩斯观点相反的内生货币供应论，认为货币供给量主要是一个受经济体系内诸多因素影响而自行变化的内生变量，它主要是由经济而不是中央银行所决定的。据此，新古典综合学派提出中央银行的政策目标不能放在货币供应量上，反而应放在利率、对商业银行及各类金融机构的资产结构和信用规模管理上。货币学派也十分重视货币供给稳定，他们主张保证货币供给的稳定性。弗里德曼主张把货币供应增长率固定在一个合理的水平上；合理预期学派基本赞同货币学派关于稳定货币供应增长率的观点。德国学派的理论也和货币学派的观点相近，认为中央银行应控制货币供给，货币供应的增长应与社会生产能力的增长相一致。货币供应由潜在的生产能力增长即社会正常的经济增长决定。他们还认为，货币供给增长率应该是一个区间，在时间上应分为短期目标和中期目标，并建议通过实施"货币目标公布制"实现既定目标。

习题

概念解释：

原始存款　派生存款　法定存款准备金　超额准备金　基础货币　货币供给　货币乘数

思考题：

（1）简述商业银行的货币创造过程。

（2）简述中央银行两种不同性质的货币发行。

（3）分析中央银行对基础货币的影响。

（4）简述凯恩斯货币供给理论。

第十章　通货膨胀与通货紧缩

通货膨胀和通货紧缩现已是当今世界各国在经济发展中普遍存在的问题，并且倍受全世界经济学家的关注。因此如何科学地定义和度量通货膨胀和通货紧缩、深入挖掘其形成的原因和影响以及如何有效地防止和治理已成为当今经济学研究的重要课题。

第一节 通货膨胀的定义及其度量

一、通货膨胀的定义

在历史上，西方经济学家关于通货膨胀的定义主要有以下几种：哈耶克认为，通货膨胀一词的原意和本意是指货币数量的过度增长，这种增长会合乎规律地导致物价的上涨。萨缪尔森指出，通货膨胀的意思是物品和生产要素的价格普遍上涨。弗里德曼指出，通货膨胀是一种货币现象，起因于货币量的急剧增加超过了生产的需要，如果货币数量增加的速度超过能够买到的商品和劳务增加的速度，就会发生通货膨胀。

现如今中西方的经济学家对通货膨胀普遍的定义是：通货膨胀是商品和劳务的货币价格总水平持续明显上涨的经济现象，一般的通货膨胀表现为货币持续贬值或货币购买力持续大幅下降。在这一定义中通货膨胀有以下四个要点：①通货膨胀并不是局部性的个别商品和劳务价格的上涨，而是指价格总水平的上涨；②通货膨胀不是季节性、暂时性或偶发性的价格上涨，而是具有一定趋势的"持续"价格上涨；③通货膨胀是价格总水平明显的上涨，而不是轻微的价格水平上升，但这个概念是一个较为主观性的概念，取决于不同时期人们对通货膨胀的敏感程度；④通货膨胀是用货币数量标出的货币价格的上涨，而不是商品、劳务与商品、劳务之间的对比关系的变化。

通货膨胀发生时的主要特征是明显的物价上涨。但是，通货膨胀与物价上涨也并非完全一样，其原因如下：

第一，通货膨胀并不一定表现为物价上涨。虽然发生通货膨胀时，物价水平通常会明显上涨，但在一些实行高度集中计划经济体制的国家里，价格受到国家的严格控制，物价长期被冻结，大部分商品既不涨价也不降价。在这些国家中，即使货币超量发行，市场货币流通量过多，物价水平也会因为政府的管制而不会出现明显的上涨。这种不以价格信号（物价上涨）形式表现的通货膨胀是一种隐蔽的通货膨胀，也被人们称为抑制型或隐蔽型通货膨胀。

第二，通货膨胀是物价普遍、持续地上涨。这种物价上涨不是单指某个或某类商品或劳务的价格上涨，而是指物价的总水平的上涨，即各类商品和劳务价格加总的平均数的持续上涨。若是由于季节性、暂时性或偶然性的价格上涨，则不能视为通货膨胀。但是，价格上涨究竟要持续多长时间，才能被称为通货膨胀？对这个问题的回答却带有一定的随意性或争议，有的学者认为 1 年或半年，有的学者认为 3 年。

第三，通货膨胀按其程度可以根据物价上涨的具体数量界限来做更细致的定义，但这个数量界限却是变化的。一般地，经济学家将发达国家的通货膨胀再细分为爬行的或温和的通货膨胀、严重的通货膨胀、奔腾式通货膨胀。20 世纪 60 年代，发达国家一般认为年通货膨胀率达6%就已忍无可忍，可视为严重的通货膨胀，达到两位数则是恶性通货膨胀。到了20世纪70年代以后，世界范围的通货膨胀使人们改变了恶性通货膨胀的标准。20世纪80年代末期开始，拉丁美洲的债务危机、苏联及东欧的渐进式改革、亚洲金融风暴等，使相当多国家出现了三位数以上的通货膨胀。这样，如何衡量通货膨胀的程度（尤其是对于发展中国家来说）变得更困难。

二、通货膨胀的度量

根据通货膨胀的定义，通货膨胀的程度可以用物价上涨的幅度来衡量。目前世界各国普遍采用物价指数作为度量通货膨胀的主要指标，但物价指数有很多种，世界各国主要选择了以下几种指标。

（一）消费者物价指数

消费者物价指数（Consumer Price Index，CPI）也称为居民消费价格指数或零售物价指数，是对一个固定的消费品篮子价格的衡量，其主要反映的是消费者支付商品和劳务的价格变化情况。构成该指数的主要商品共分为八大类，其中包括食品和酒及饮品、住房、衣服、教育和通信、交通、医药健康、娱乐、其他商品及服务。居民消费价格指数是一个滞后性的数据，但它往往是市场经济活动与政府货币政策的一个重要参考指标，也是一种度量通货膨胀水平的工具。它的计算公式如下：

CPI＝（一篮子商品按当期价格计算的价值－一篮子商品按基期价格计算的价值除以一组固定商品按基期价格计算的价值）×100%

（二）生产价格指数

生产价格指数（Producer Price Index，PPI）是衡量工业企业产品出厂价格变动趋势和变动程度的指数，是反映某一时期生产领域价格变动情况的重要经济指标，也是制定有关经济政策和国民经济核算的重要依据。生产者物价指数与消费者物价指数不同，主要目的是衡量企业购买的一篮子物品和劳务的总费用。由于企业最终要把它们的费用以更高的消费价格的形式转移给消费者，所以，通常认为生产物价指数的变动对预测消费物价指数的变动是有用的。

（三）批发物价指数

批发物价指数（Wholesale Price Index，WPI）是根据大宗物资批发价格的加权平均价格编制而得的物价指数，包括的产品有原料、中间产品、最终产品与进出口商品，但并不包括各类劳务。批发物价指数只计算了商业在生产环节和批发环节上的价格变动，没有包括商品最终销售时的价格变动，其波动幅度通常小于居民消费价格指数。批发物价指数是讨论通货膨胀时最常提及的物价指数之一，可以作为通货膨胀发生的征兆。

（四）国民生产总值平减指数

国民生产总值平减指数（GNP Deflator）又称国民生产总值缩减指数或国民生产总值折算指数，是用报告期价格计算的国民产生总值除以基期不变价格计算的国民生产总值得出的。国民生产总值平减指数是衡量一国在不同时期内所生产的最终产品和劳务的价格总水平变化程度的价格指数。国民生产总值平减指数的优点之一是其包含的范围较广，但缺点也较为明显，在编制此指数的时候需要收集大量的资料，还需要投入大量的时间，很难及时更新和公布，在时效上无法满足政府制定经济决策时的需要。

以上用来度量通货膨胀水平的四种指数中，居民物价指数和生产价格指数使用最为普遍。但是这两种指数的编制缺少一些实物资产和金融资产的统计，如房地产、金融资产、艺术品等价格，因此对不拥有此类资产的消费者来说，通货膨胀的程度会被远远低估。

第二节　通货膨胀形成的原因

美国经济学家、货币主义的主要代表人物、诺贝尔经济学奖获得者米尔顿·弗里德曼曾发表著名论断："通货膨胀永远是一种货币现象。"价格是商品价值的货币表现形式。没有过高的、持续不断的货币供给，价格水平无论如何也不可能持续不断地涨上去。如果通货膨胀不利于一国的经济发展，那为什么还会看到世界各国政府都在超发货币从而诱发了高货币增长率和高通货膨胀率呢？因为，各国政府为了保持稳定和较低的失业率便开始采取更为积极的货币政策。这可能会导致三种类型的通货膨胀，即需求拉动型通货膨胀、成本推动型通货膨胀、供求混合推进型通货膨胀和结构型通货膨胀。

一、需求拉动型通货膨胀

需求拉动型通货膨胀是指由于社会总需求的过度增大，超过了现行价格水平下商品和劳务总供给的增长，致使过多的货币追逐过少的商品和劳务，从而引起货币贬值、物价上涨的经济现象。在西方经济学中，需求拉上论是产生最早、流传最广，从而也是影响最大的通货膨胀理论。20 世纪 50 年代中期以后，尽管出现了许多新的理论，需求拉上理论仍不失其原有的统治地位，只是其理论结构和分析方法有了很大变化。需求拉上论是解释通货膨胀成因的早期学说，主要从总需求的角度寻找通货膨胀的原因。该学说认为，经济生活中之所以产生一般性物价上涨，其直接原因来自货币因素，即货币的过量发行，如果政府采用了扩张性财政政策与货币政策，增加了货币供给量，导致了总需求膨胀。当货币需求大于商品供给时，就形成了膨胀性缺口，牵动物价上涨，导致通货膨胀。所谓膨胀性缺口，也就是一国总需求超过商品和劳务总供给的部分。需求拉上论是凯恩斯学派特别是现代凯恩斯主义的一个重要学说。

二、成本推动型通货膨胀

20 世纪 50 年代后期，一些国家出现了物价持续上升而失业率却居高不下的情况，甚至失业率与物价有时同时上升。于是一些经济学家开始探讨其缘由，认为通货膨胀和物价上涨的根源在于商品供给或成本方面。

成本推进理论认为，是由于总供给曲线移动所引起的一般物价水平的上涨，从这种通货膨胀引起的原因来看，主要有四个方面推动其上涨：工资成本推动、利润推动、原材料价格上升、间接成本推动。

（一）工资成本推动

工资的提高会引起生产成本的增加，导致物价上涨。而物价上涨后，工人又要求增加工资，从而再度引发物价上涨。如此反复，造成工资-物价螺旋上升。但这种工资推进通货膨胀发生的前提条件是工资的增长超过了劳动生产率的增长，只能发生在不完全的劳工市场，其最重要的特征便是工会的存在。由于工会可以将相当多的劳动力组织起来，通过强有力的工会斗争，使得货币工资的增长超过劳动生产率的增长，于是企业便减少对劳动力的需求并使就业量减少，而就业量的减少必将使产量降低，使总供给落后于总需求，导致物价上涨，进而引发通货膨胀。

（二）利润推动

利润引发通货膨胀，必须以商品和劳务销售的不完全竞争市场的存在为前提条件。因为在完全竞争的产品市场上，价格完全取决于商品的供求，任何企业都不能通过控制产量来改变市场价格。只有在不完全竞争的市场上，商品供应者才能操纵价格。垄断企业和寡头企业为了谋取高额利润，利用市场权利操纵价格，使产品价格上涨速度超过其成本的增长速度，从而引发通货膨胀。

（三）原材料价格上升

原材料价格上升会导致商品生产成本上升，企业为维持利润水平会相应地提高商品价格，进一步带动其他商品价格上涨。原材料价格上升有各种因素：气候原因导致产品歉收，使价格上升；石油输出国联合组织大幅提高价格，使得成千上万以石油或其加工产品为原料的企业成本上升。

（四）间接成本推动

现代企业为了加强竞争、扩张市场，必须增加技术改进费、广告费等许多间接成本开支，将这些间接成本转嫁到产品价格中，就会引起物价上涨。

无论是哪一种原因，提出成本推动型通货膨胀理论，旨在揭示不存在需求拉上型条件下也能产生物价上涨。在需求给定的前提下，物价水平上涨时取得供给均衡的条件只能是实际产出下降，相应地，则必然是就业率的降低。所以，在成本推动通货膨胀的条件下，实现的均衡是非充分就业的均衡。也就是说，成本推动通货膨胀理论解释了在整个经济还未达到充分就业的情况下物价上涨的原因。这种理论也试图被用来解释"滞胀"的成因。

三、供求混合推进型通货膨胀

供求混合型通货膨胀的论点是将供求两个方面的因素综合起来，认为通货膨胀是由需求拉上和成本推进共同起作用引发的。

这种观点认为，在现实经济社会中，通货膨胀的原因究竟是需求拉上还是成本推进很难分清：一方面，既有来自需求方面的因素，又有来自供给方面的因素，即所谓"拉中有推，推中有拉"。例如，通货膨胀可能从过度需求开始，但由于需求过度所引起的物价上涨会促使工会要求提高工资，因而转化为成本（工资）推进的要素。另一方面，通货膨胀也可能从成本方面开始，如迫于工会的压力而提高工资等。但如果不存在需求和货币收入的增加，这种通货膨胀过程是不可能持续下去的。因为工资上升会使失业增加或产量减少，结果将会使成本推进的通货膨胀过程终止。可见，成本推进只有加上需求拉上才有可能产生一个持续的通货膨胀。现实经济中，这样的论点也得到了论证：当非充分就业均衡严重存在时，则往往会引出政府的需求扩张政策，以期缓解矛盾。这样，成本推进与需求拉上并存的混合型通货膨胀就会成为经济生活的现实。

四、结构型通货膨胀

此外，还有一种通货膨胀与经济结构有关，这种由经济结构不平衡等原因造成的通货膨胀，经济学家将其称为结构型通货膨胀。

结构失衡的核心思想是在一个经济的不同部门中，劳动生产率的增长率是不同的，而货币工资的增长率却是相同的。结构型通货膨胀理论的基本特征是强调结构因素对通货膨胀的影响。而所谓结构，在各种理论模型中又有不同的解释，即各种模型对整个经济的划分是各不相同的。其主要有以下几种：

（一）希克斯和托宾的相对工资理论

希克斯和托宾认为，不同部门之间在生产率存在差异的条件下具有货币工资增长率的一致性，其主要原因是工人对相对工资的关心。所谓相对工资，是指本人或本行业的工资水平与别的行业的工资水平相比，在相对意义上的高低，或者说工资增长率在相对意义上的快慢。正因为存在着对这种相对工资的关系，所以某一部门的工资上升将导致其他部门的攀比，以致引起整个经济活动中的工资、物价的普遍上涨。

（二）斯堪的纳维亚通货膨胀模型

因为提出和发展这一模型的主要是挪威、瑞典等斯堪的纳维亚地区的国家的经济学家，所以这一模型由此得名。该模型又称北欧模型，是结构型通货膨胀理论中影响最大的一种理论模型。斯堪的纳维亚模型的分析对象是那些小国开放经济。所谓小国开放经济，是指这样一类国家：它们参与国际贸易，但其进出口总额在世界市场上所占的份额微乎其微、无足轻重，因而它们进口或出口某种商品对该种商品在世界市场上的价格不会产生任何影响。不过，世界市场上的价格变化对这类国家的国内价格水平却有着举足轻重的影响。因此，这些国家的通货膨胀在很大程度上要受世界通货膨胀的制约。

提出这一模型的经济学家们把这种小国开放经济大致分为两个部门：一是开放部门，是指那些生产的产品主要用于出口的，或产品虽然用于国内消费，但有进口替代品与之竞争的行业，即那些易受到国外竞争压力的行业；二是非开放部门，是指那些因受政府保护或者因产品本身的性质而免受国外竞争压力的行业，当然，并不排除它们在国内市场上互相竞争的可能。

第三节 通货膨胀的经济效应

虽然通货膨胀既是国民经济出现严重问题的结果，又对经济、社会产生不良影响。但是通货膨胀经常与经济快速增长、失业率降低相伴而行，因此，一定程度的通货膨胀可以加以容忍。关于通货膨胀对社会经济会产生怎样的影响，现代经济学家争论颇多，现可以将其归纳为经济增长效应、收入再分配效应、财富再分配效应和强制储蓄效应。

一、通货膨胀的经济增长效应

关于通货膨胀对经济增长的效应，西方经济学界在20世纪60年代曾有过激烈的讨论，最终形成三种观点：一是促进论，认为通货膨胀可以促进经济增长；二是促退论，认为通货膨胀会损害经济增长；三是中性论，认为通货膨胀对经济增长既有正效应，也有负效应。

（一）通货膨胀促进论

促进论的基本理论依据是凯恩斯的有效需求不足理论。该理论认为当现实经济中的实际产出水平低于充分就业产出水平时，政府可以运用增加预算、扩大投资支出和增加货币供给等手段刺激有效需求，促进经济增长，其理由如下：

1. 弥补投资资金不足

资金缺乏、投资不足是造成一国产出水平不高的主要原因。而采用增加税收的方式来提高产出则会产生挤出效应。因此，政府通过财政赤字政策保持适当比例的通货膨胀率能有效地弥补投资资金的不足，以促进经济增长。更主要的是通过通货膨胀政策，通过增加货币供应相应地增加有效需求，能使那些受到有效需求不足限制造成的闲置资源得到有效利用，增加就业和产出。

2. 铸币税的正效应

铸币税是指由于国家对货币供给的垄断地位而流入国家的所有收入。因此，铸币税并非通常意义上的税，它是一个特定的经济概念。不同的文献在确认哪些收入属于铸币税收入时可能有不同的定义，如有些经济学家把中央银行上交给财政部的收益看作政府的铸币税收入；有的经济学家认为中央银行大部分货币的创造是通过购买有价证券产生的，但中央银行由此增发的基础货币（通货和准备金存款），通常是无息的或只是支付很低的利息，其低于国家在资本市场上举债时必须支付的利息部分就是国家的铸币税收入，所以经济学家把铸币税定义为政府发行无息负债而不是带息债券所节约的利息支付。

铸币税通常被称为通货膨胀税，其税率为通货膨胀率。政府以铸币税的形式得到了 部分资金，其可将这部分资金用于增加投资。如果居民的消费不变或消费的下降量小于投资的增加量，产出仍能通过乘数效应上升。

3. 调高储蓄率

通货膨胀通过收入再分配效应，使工人的实际工资减少，从而使企业家的利润增加。通货膨胀把国民收入进行了有利于利润所得者而不利于工资所得者的再分配。由于公认的边际储蓄倾向往往较低，而企业家倾向较高，从而有利于企业家用这部分储蓄资金来增加社会投资支出，促进经济增长。

4. 货币幻觉的正效应

在通货膨胀初期，全社会都存在货币幻觉，对于企业家而言，由于公众对通货膨胀预期的调整存在时滞，此时物价上涨了，而名义工资不会发生变化，企业利润会相应提高，通货膨胀使资本家更加乐意进行投资。对于工人而言，他们通常将名义价格、名义工资、名义收入的上涨看成实际的上涨。于是劳动者愿意提供更多的劳动，企业家愿意扩大投资，增加雇佣工人，从而扩大再生产。

（二）通货膨胀促退论

促退论认为通货膨胀会损害市场运行效率，阻碍经济增长，其理由如下：

1. 资源配置失调

通货膨胀会造成价格信号失真，导致资源配置失调，经济效率降低，使经济处于不稳定状态。而且，在高通货膨胀率下，持有现金的成本大大上升，需要花费大量的时间管理现金，造成社会资源的浪费。我们知道，假设现金的名义收益率为零，如果通货膨胀率为20%，则意味着现金的实际收益率将下降20%。此时，公众会觉得现金"烫手"，他们将不遗余力地将现金转化为实物资产或名义收益率随通货膨胀上升的存款和债券。企业也会花费大量的精力进行现金管理，尽可能地避免在自己的账户上保留过多的现金余额。西方经济学家将人们因此而花费的大量时间和精力形象地称为皮鞋成本。

2. 诱发过度的资金需求

通货膨胀使银行的实际利率低于名义利率，企业投资成本降低，因而极易诱发过度的资金需求。而过度的资金需求往往会迫使货币当局加强信贷管理，从而削弱金融体系的运营效率。

3. 生产性投资成本和风险加大

从长期来看，通货膨胀最终会引起名义工资率上升和银行利率上调，生产性投资成本和风险加大，泡沫经济升温。在市场经济中，价格是商品生产的调节器。价格机制发挥着引导资源流动、分配社会资源的作用，使社会各种生产要素最有效地发挥其功能。但是，当发生通货膨胀时，特别是在非预期通货膨胀的情况下，各种生产要素、商品、劳务的相对价格随之发生不稳定的变化，致使资源分配被扭曲，因而也增大了生产性投资的风险

4. 边际储蓄倾向降低

通货膨胀意味着货币购买力下降、人们的实际收入水平降低。实际收入水平的下降会引起人们的边际储蓄倾向降低，社会储蓄率下降，从而使投资率和经济增长率下降。在高通货膨胀率下，实际利率往往会下降，甚至出现负利率，引起储蓄减少，从而使投资者无法获得足够的资金来源。

尽管根据费雪效应，名义利率会根据预期通货膨胀率进行调整，但事实上这种调整往往是不充分的。而且许多国家都不同程度地存在对利率的管制，利率的上升受到很多因素的限制。因此，在通货膨胀较为严重时，实际利率往往会下降，甚至会出现负利率，在这种情况下，人们会增加当前消费，减少储蓄，致使投资者无法得到足够的投资资金。

5. 助长投机

通货膨胀发生时，人们不愿意持有货币，不愿意从事生产活动，而是纷纷抢购实

物资产，囤积货物，抢购黄金、外汇和其他奢侈品，甚至从事房地产等投机活动，结果严重阻碍了经济的发展。当发生严重通货膨胀时，人们会放弃货币，改用实物作为交易媒介，使得交易成本升高，经济效率严重受损。

（三）通货膨胀中性论

中性论认为通货膨胀与经济增长不相关。在长期内，公众会形成通货膨胀预期，事先提高各种商品的价格，做出相应的储蓄、投资决策，从而抵消通货膨胀带来的各种影响。

二、通货膨胀的收入再分配效应

由于社会各阶层的收入来源不同，物价水平上涨对收入水平的影响也不同：有些人的收入水平会下降，有些人的收入水平反而会上升。这种由物价上涨造成的收入再分配，就称为通货膨胀的收入分配效应。其影响如下：

（一）固定收入者实际收入下降

在通货膨胀期间，通常固定收入者的收入调整滞后于物价水平，实际收入会因通货膨胀而减少；而非固定收入者能够及时调整其收入，从而可能从物价上涨中获益。比如，依赖工资收入的工薪阶层，工资调整总是落后于物价上涨，所以该阶层是通货膨胀的受害者。依赖退休金生活的退休人员，退休金不易随通货膨胀的发生而增长或增长滞后，所以也会深受通货膨胀之苦。

（二）企业家利润先升后降

对于非固定收入的企业家而言，在通货膨胀初期企业家会因产品价格上涨、利润增加而获益。但当通货膨胀持续发生时，随着工资和原材料价格的调整，企业利润的相对收益就会消失。

（三）政府是通货膨胀的最大受益者

通货膨胀的最大受益者是政府。在累进所得税制度下，名义收入的增长使纳税人所适用的边际税率提高，应纳税额的增长高于名义收入增长。而且，政府往往是一个巨大的债务人，向公众发行了巨额的国债，价格水平的上涨使政府还本付息的负担相对减轻。正是从这个角度，有人认为：政府具有诱发通货膨胀的利益动机。

三、通货膨胀的财富再分配效应

当发生通货膨胀时，社会财富的一部分会从债权人手中转移到债务人手中，即通货膨胀使债权人的部分财富流失，而使债务人的财富相应增加，从而形成了财富再分配效应。这是因为通货膨胀使得货币的实际购买力下降，而债权人未来收回的本息之和名义价值不变，所以其实际收入下降，财富流失；同时债务人所偿还本息的名义价值不变，其实际负担减小，财富增加。

在现实生活中，人们的财富并不仅仅由货币资产构成，还包括实物资产和负债，其财产净值为资产价值与债务价值之差。在通货膨胀环境下，实物资产的货币价值大体随着通货膨胀率的变动而相应升降，金融资产的价值变化则比较复杂。在通货膨胀中股票的行市可能会上升，但影响股票价格的因素是多样化的，所以股票绝非抵御通货膨胀的理想保值资产形式。至于以货币表示的债权债务，其共同特征是确定的货币金额，其名义货币金额不会随着通货膨胀的存在与否而变化，物价上涨会使货币的实际余额减少。同时，我们根据经济主体资产负债余额的不同，将货币资产大于货币负债的经济主体称为净货币债权人，将货币负债大于货币资产的经济主体称为净货币债务人。

四、通货膨胀的强制储蓄效应

通货膨胀的强制储蓄效应是指政府以铸币税的形式取得的一笔本应属于公众的消费资金。强制储蓄有两层含义：一是强制储蓄是由消费的非自愿减少或强制性减少造成；二是强制储蓄的形成伴随收入在不同主体之间的转移。这里所说的储蓄，是指用于投资的货币积累。作为投资的储蓄积累主要来源于三部分：一是家庭，二是企业，三是政府。

在正常情况下，上述三个部门的储蓄有各自的形成规律：家庭部门的储蓄来源于收入减去消费后的部分；企业储蓄来源于其用于扩大再生产的净利润和折旧基金；政府的投资如果是用税收的办法从家庭和企业中取得的，那么，这部分储蓄是从其他两部门的储蓄中挤出来的，全社会的储蓄总量并不增加。如果政府通过向中央银行借款解决投资资金，则直接或间接导致增发货币，这种筹措建设资金的办法就会强制增加全社会的储蓄总量，结果将是物价上涨。在公众名义收入不变的条件下，如果公众仍按原来的模式和数量进行消费和储蓄，则两者的实际总额会随着物价的上涨而相应减少，其减少的部分大体相当于政府运用通货膨胀实现的强制储蓄部分。这就是所说的通货膨胀的强制储蓄效应，这种强制储蓄效应带来的结果是物价水平的持续上涨。

促进论者认为，通货膨胀的强制储蓄效应是动员资金的有效途径之一。它会引起国民收入在政府与公众之间再分配，从而使整个社会储蓄投资流量增加，使公共投资增加。投资的增加通过乘数效应使实际产量得到倍增。

促进论者坚持通货膨胀能优化资源配置，因为政府通过通货膨胀增加的资金主要用于投资基础设施和基础产业，创造很大的外部经济和社会效益，从而对资源配置产生影响。当然，上面的分析是基于充分就业的假定的。如果一国未达到充分就业水平，实际 GDP 低于潜在 GDP，生产要素大量闲置，此时，如果政府通过扩大货币发行来扩张有效需求，虽然也是一种强制储蓄，但并不会引起持续的物价水平上涨。

第四节　通货紧缩的含义及成因

一、通货紧缩的含义

世界各国的经济学家对于通货紧缩目前有 3 种不同观点：第一种观点认为，通货紧缩是物价的普遍持续下降。这种观点和经济学界关于通货紧缩的主流观点比较接近。第二种观点认为，通货紧缩是物价持续下跌，货币供应量持续下降，与此相伴随的是经济衰退。第三种观点认为，通货紧缩是经济衰退的货币表现，因而必须具有 3 个特征：物价持续下跌，货币供应量持续下降；有效需求不足，失业率高；经济全面衰退。

加拿大一家投资公司的首席经济学家莱斯根认为通货紧缩不只是价格下降，还包括货币数量减少、货币流通速度下降以及经济萧条。

人们认为，通货紧缩是与通货膨胀相反的一种经济现象。通货膨胀是货物与服务价格普遍持续地上升，通货紧缩则是货物和服务价格的普遍持续下跌。价格是货物和服务价值的货币表现，价格普遍持续下降，表明单位货币所反映的商品价值在增加，即通货在收缩，因而通货紧缩与通货膨胀一样，也是一种货币现象。通货紧缩所反映的物价下跌，必须是普遍的、持续的。个别货物和服务价格的下降，是由于某些货物或服务供大于求或技术进步、市场开放、生产效率提高降低了成本所致，反映了不同货物和服务之间比价的变化，不是通货紧缩。货物和服务价格的暂时或偶然下跌，是受诸如消费心理变化、季节性因素等某些非货币因素影响而引起的价格变化，它们与货币本身没有必然联系，也不是通货紧缩。

在经济实践中，判断某个时期的物价下跌是否是通货紧缩，一看通货膨胀率是否由正转变为负；二看这种下降的持续是否超过了一定时限。有的国家以一年为界，有的国家以半年为界，我国通货膨胀潜在压力较大，则以一年为界。只要具备两条中的一条，就可以认为是通货紧缩。通货紧缩依其程度不同，可分为轻度通货紧缩、中度通货紧缩和严重通货紧缩三类。通货膨胀率持续下降，并由正值变为负值，此种情况可称为轻度通货紧缩；通货膨胀率负增长超过年且未出现转机，此种情况应视作中度通货紧缩；中度通货紧缩继续发展，持续时间达到两年左右或物价降幅达到两位数，此时就是严重通货紧缩。

以物价普遍持续下跌判断通货紧缩，并不排斥对货币供应量和经济增长率的分析。通货紧缩是一种货币现象，但物价总水平的持续下跌有可能与广义货币供应量（$M2$）适度增长并存。这一现象的出现与特定的货币结构有关，如货币供应的流动性（$M1/M2$）下降，即 $M2$ 中储蓄存款比重大。例如，我国 1998 年下半年以来 $M2$ 增量中几乎全部是储蓄存款，而企业存款（特别是活期存款）则是零增长或负增长。这种特定的货币结构下的通货紧缩现象，实质上是通货中强流动性部分发生了紧缩。严重的通货紧缩往往伴随经济衰退。20 世纪 30 年代美国经济大萧条是最典型的例子。从 1929 年 10 月 24 日股票市场崩溃开始，美国经济陷入严重的通货紧缩和衰退之中，一直延续到 1933 年，这期间消费价格指数年均下降 67%，实际美国国内生产总值年均下降 8.2%，失业率连续几年超过 20%。但是，不能据此认为只有出现经济衰退才可判定为通货紧缩。通货紧缩并不一定导致经济衰退，轻度通货紧缩一般不会造成经济下滑，中度通货紧缩可以引起经济下滑，如得不到治理，发展成严重的通货紧缩，就可能导致经济衰退。但是，通货紧缩只是经济下滑或经济衰退的一个原因，而不是唯一的原因。人们可以用经济下滑或衰退来判断通货紧缩的严重程度和危害程度，但不能用经济是否下滑、是否衰退作为判断通货紧缩是否存在的依据。

发达国家多属效益型经济，且经济基数大，年经济增长 3%~4% 已相当可观。中国是一个发展中国家，属数量型经济，经济增长中水分较大，不仅无法忍受经济负增长这种明显的衰退，即使年均增长低于 7%，各方面问题也会非常突出。因此，判断我国经济是否出现衰退，不能完全参照发达国家的增长率，总之，尽管关于经济增长和货币供应状况的分析对于判断通货紧缩非常重要，但通货紧缩的最终判断标准还是物价的普遍持续下跌。从某种意义上说，经济下滑是通货紧缩的结果，货币供应收缩是通货紧缩的原因之一，但它们都不是通货紧缩本身。

二、通货紧缩的成因

通货膨胀更多是一种货币现象，但纵观世界各国在各时期发生的通货紧缩，却更多是由非货币因素即实际因素引起的。我们可以发现导致通货紧缩发生的原因主要有如下几种：

（一）有效需求不足

在实体经济中，如果总需求持续低于总供给，往往就会出现通货紧缩。因为消费需求、投资需求、政府支出和出口等所构成的总需求不足时，正常的供给就会显得过剩，价格水平就会下跌，利润下降，投资就会减少，进而造成通货紧缩。在经济发展处于低谷，预期资本边际收益率下降时，需求不足的结果更甚。

（二）供给过剩

不管是相对过剩，还是绝对过剩，都会造成价格下降的压力，形成通货紧缩。各种新发明、新创造、新技术的应用都会导致劳动生产率提高，单位商品成本降低或产量增加，生产能力过剩，从而使价格下降。管理创新或融资成本降低等也有助于降低商品成本。这种从供给方面来解释通货紧缩形成的观点常被归纳为重大技术进步论。在经济繁荣时，这种影响更甚。

（三）紧缩政策

弗里德曼认为，价格水平的变动是货币供给量变动的结果。货币供给量减少必然导致物价水平下降。一国采取紧缩性货币政策与财政政策，减少货币发行或压缩财政支出，会导致货币供给不足和需求下降，使部分商品和劳务不能实现其价值，使追加投资无法进行，最终形成通货紧缩。

（四）金融体系脆弱或效率低下

在某些特定时期，如经济低谷时，金融机构为了规避金融风险，不愿扩大贷款，结果造成信贷萎缩，进而形成通货紧缩。信贷萎缩又会使利率提高，导致投资支出减少，并通过乘数效应抑制总需求，最终使产量和价格双双下降。

三、通货紧缩的经济效应

（一）产出效应

纵观历史上的通货紧缩，往往与产出减少、经济衰退相伴，因而常被称为经济衰退的加速器。这是因为物价持续下降，其一会使市场销售困难，生产者利润减少，投资减缓。通货紧缩往往伴随证券市场的萎缩，使企业融资面临较大困难，企业减产或停产使就业下降，失业增加，经济增速受到抑制。其二会使实际利率提高，加重债务人负担，还款难度加重，新的信用需求减少。债权收回遇困，使银行不良贷款增加，风险增大，经营环境恶化，不利于信贷规模扩大，货币供给增长减缓，货币政策传导出现困难，进一步加剧通货紧缩，从而对经济增长带来负面影响。其三会使货币购买力提高。面对不断下降的物价，人们会增强对物价下降的预期，从而持币待购，增加当前储蓄，导致个人消费支出受限，阻碍经济增长。

（二）财富分配和再分配效应

在通货紧缩中，实物资产的价值会随物价水平下降而降低。金融资产中的股票由于其价值取决于市场价格，价格变化取决于多种因素，这样股票收益在通货紧缩中较难确定。而现金、存款和债券价值却会提高。因此，通货紧缩影响财富分配。通货紧缩时就业减少，失业增加，人们的收入水平下降，从而使可支配财富减少。此外还将使得债务人的债务加重，债权人的资产相对增加，从而加大贫富差距。如果说通货膨胀是通过降低货币的购买力影响人们生活水平的话，通货紧缩则是通过减少人们可支配的社会财富影响人们的生活水平。

第五节　治理通货膨胀和通货紧缩的对策

一、通货膨胀的治理

通货膨胀严重影响了国家经济的正常发展，为此，世界各国都十分重视抑制止通货膨胀，将其视为经济工作的主要任务之一，制定并采取了一系列措施抑制通货膨胀。概括而言，主要治理措施有下列几种：

（一）紧缩性货币政策

由于通货膨胀是纸币流通条件下出现的经济现象，引起物价总水平持续上涨的主要原因是流通中的货币量过多。因此，各国在治理通货膨胀时，所采取的重要措施之一就是紧缩货币政策，即中央银行实行抽紧银根政策，即通货紧缩或紧缩货币，通过减少流通中货币量的办法以提高货币购买力，减轻通货膨胀压力。掌握货币政策工具的中央银行一般采取下列措施。

（1）出售政府债券，这是公开市场业务的一种方法，中央银行在公开市场上出售各种政府债券，就可以缩减货币供应量和货币供应量潜在的膨胀，这是最重要且经常被利用的一种政策工具。

（2）提高贴现率和再贴现率，以影响商业银行的贷款利息率，这势必带来信贷紧缩和利率上升，有利于控制信贷的膨胀。

（3）提高商业银行的法定准备金率，以减少商业银行放款，从而减少货币供应。

（4）直接提高利率，紧缩信贷。利率的提高会增加使用信贷资金的成本，借贷就将减少，同时利率提高，还可以吸收储蓄存款，减轻通货膨胀压力。

（二）紧缩性财政政策

用紧缩性财政政策治理通货膨胀就是紧缩财政支出、增加税收、谋求预算平衡、减少财政赤字。

（三）收入政策

收入政策就是政府为了降低一般物价水平上涨的幅度而采取的强制性或非强制性的限制货币工资和价格的政策。其目的在于力图控制通货膨胀而不至于陷于"滞胀"。收入政策一般包括以下几个方面的内容：

1. 确定工资-物价指导线

政府将此指导线作为指标，限制工资和物价的上升，这种指导线是由政府当局在一定年份内允许总货币收入增加的一个目标数值线，即根据统计的平均劳动生产率的增长，政府当局估算出货币收入的最大增长限度，而每个部门的工资增长率应等于全社会劳动生产率增长趋势。只有这样，才能维持整个经济中每单位产量的劳动成本的稳定，因而预定的货币收入增长就会使物价总水平保持不变。

2. 以纳税为基础的收入政策

此政策是指通过一种增加工资的企业，按工资增长超额比率征以特别税款的办法，来抑制通货膨胀。一般认为，实行这种税收罚款办法，可以使企业有所约束，拒绝工资超额提高，并同工会达成工资协定，从而降低工资增长率，减缓通货膨胀率。

3. 价格政策

通过反托拉斯法限制价格垄断，这是价格政策的基本内容。价格垄断有可能出现定价过高和哄抬物价的现象，为了治理通货膨胀，就必须限制价格垄断。

4. 供应政策

提高劳动生产率，降低商品成本，增加有效供给。供应政策的主要内容包括：①减税，即降低边际税率；②削减社会福利开支；③稳定币值；④精简规章制度、给企业松绑、刺激企业创新积极性、提高生产率等。

二、通货紧缩的治理

治理通货紧缩就是要采用各种政策措施使过低的物价恢复到正常的均衡水平。其政策措施大致包括以下几种：

（一）扩张性财政政策

扩张性财政政策主要包括扩大财政支出、增加赤字规模，以及降低投资和消费方面的税收、刺激投资和消费需求的增长等。而且，从理论上讲，财政政策产生效应的时滞小于货币政策的时滞，能较快地克服和消除经济中的通货紧缩现象。但是，运用扩张性财政政策面临着两个问题：一是债务负担问题。因为减税会使财政收入减少，而扩张性财政政策又会使财政支出增加。解决这一问题的主要办法是发行国债，但国债积累到一定规模时，就会加大政府偿债负担，甚至引起债务危机。二是财政支出的挤出效应。所谓挤出效应是指政府开支的增加如果没有货币供应量的相应增长，那么在支出增加和货币供应量不变的情况下，必然导致利率的上升，由此引起私人投资和消费的缩减。因此，在对付通货紧缩时，要注意财政政策和货币政策的相互配合。

（二）扩张性货币政策

在通货紧缩时期，扩张性的货币政策主要是通过降低法定存款准备金率、再贴现率、再贷款利率和在公开市场上买进有价证券，增加货币供应量，以刺激经济发展。但在通货紧缩时期，一方面，由于货币流动性下降，削弱了货币供给对产出的拉动作用，增加货币供给的扩张功能下降；另一方面，由于货币供给的内生性，使得中央银行扩张性货币政策效果并不明显，因为，中央银行无法强迫商业银行扩大贷款，也不能主动改变货币的流动性，货币政策只能起指导性作用。因此，在通货紧缩时期，货币政策对经济增长的拉动作用下降，其作用主要体现在稳定宏观经济环境方面。

习题

概念解释：

  通货膨胀 铸币税 通货膨胀的收入分配效应 通货紧缩

思考题：

  （1）通货膨胀的度量指标是哪几方面？

  （2）简述通货膨胀的收入分配效应的影响。

  （3）简述通货紧缩的成因。

  （4）简述通货膨胀和通货紧缩的治理措施。

第十一章　货币政策

货币政策在国家宏观经济政策中居于很重要的地位，同财政政策一起构成国家调节经济的两大宏观政策。货币政策是指中央银行为实现特定的经济目标而采用的各种控制和调节货币、信用及利率等变量的方针和措施的总和。一项完善的货币政策包括最终目标、中间目标、政策工具、传导机制或作用过程和效果监控或评价。货币政策对经济发生作用，就是通过这五大要素的逐级传递关系来实现的。本章主要阐述货币政策目标与工具。

第一节 货币政策目标

一、货币政策的含义、特征与功能

（一）货币政策的含义

货币政策指中央银行为实现既定的经济目标（稳定物价、促进经济增长、实现充分就业和平衡国际收支）运用各种工具调节货币供应量和利率，进而影响宏观经济的方针和措施的总和。

（二）货币政策的特征

货币政策通常具备以下特征：

1. 货币政策是宏观经济政策

货币政策是涉及整个国民经济运行中的货币供应量、信用量、利率、汇率以及金融市场等宏观经济指标，进而涉及社会总需求与总供给的一项宏观经济政策，而不直接涉及单个银行或企业、个人的金融行为。

2. 货币政策是调节社会总需求的政策

任何现实的社会总需求，都是一种有货币支付能力的需求，货币政策调节宏观经济是通过调整社会总需求而实现的。货币政策通过对社会总需求的调整间接地影响社会总供给的变动，从而促进社会总需求与总供给的平衡。

3. 货币政策主要是间接调控政策

货币政策主要采用经济手段和法律措施，通过调整经济当事人的经济行为实施间接调控。只是在特定的经济和金融环境下，才采取必要的直接控制措施。

4. 货币政策是长期连续的经济政策

货币政策的终极目标是一种长期性的政策目标，而特定时期、特定条件下的货币政策却总是短期性的、不断变动的，但与最终目标是一致的。

（三）货币政策的功能

货币政策作为国家重要的宏观调控的工具之一，主要具有以下 5 个方面的功能：

1. 促进社会总需求与供给平衡，保持币值稳定

社会总需求与总供给的均衡是社会经济平衡运行的重要前提。社会总需求是有支付能力的需求，它是由一定时期的货币供给量决定的。中央银行通过货币政策的实施，调节货币供给量，影响社会总需求，从而促进社会总需求与总供给的平衡，有利于币

值稳定。

2. 促进经济的稳定增长

由于各种因素的影响,经济增长不可避免地会出现各种波动。剧烈的波动对经济的持续稳定增长是有害的。"逆风向行事"的货币政策具有促进经济稳定增长的功能。在经济过度膨胀时,通过实施紧缩性货币政策,有利于抑制总需求的过度膨胀和价格总水平的急剧上涨,实现社会经济的稳定:在经济衰退和萧条时,通过实施扩张性货币政策,有利于刺激投资和消费,促进经济的增长和资源的充分利用。

3. 促进充分就业,实现社会稳定

非充分就业既不利于劳动力资源的充分利用,又可能导致社会的不稳定。因而,促进充分就业、实现社会稳定就成为宏观经济调控的重要目标之一。就业水平的高低受经济规模、速度和结构等因素的影响。货币政策通过一般性货币政策工具的运用可对货币供给总量、经济规模和速度产生重要影响,从而对就业水平产生影响:通过选择性货币政策工具的运用可对货币供给结构、经济结构从而对就业水平产生影响。

4. 促进国际收支平衡,保持汇率相对稳定

在经济和金融日益全球化、国际化的宏观环境下,一个国家汇率的相对稳定是保持其国民经济稳定健康发展的必要条件。而汇率的相对稳定又是与国际收支平衡密切相关的。货币政策通过本外币政策协调、本币供给的控制、利率和汇率的适时适度调整等,对促进国际收支平衡,保持汇率相对稳定具有重要作用。

5. 保持金融市场稳定,防范金融危机

保持金融市场稳定是防范金融危机的重要前提。货币政策通过一般性政策工具和选择性政策工具的合理使用,可以调控社会信用总量,有利于抑制金融泡沫和经济泡沫的形成,避免泡沫的突然破灭对国民经济,特别是金融部门的猛烈冲击,有利于保持金融市场稳定和防范金融危机。

二、货币政策的中介目标

从货币政策工具的运用到货币政策目标的实现有一个相当长的作用过程,在这过程中有必要及时了解政策工具是否得力,估计政策目标能不能实现,这就需要借助于中介目标的设置。事实上,中央银行本身并不能直接控制和实现诸如经济稳定增长这些货币政策目标。它只能借助于货币政策工具,并通过对中介指标的调节和影响最终实现政策目标。因此,中介指标就成了货币政策作用过程中一个十分重要的中间环节,对它们的选择是否正确以及选定后能否达到预期调节效果,关系到货币政策最终目标能否实现。通常认为中介目标的选取要符合如下 5 个标准:

（一）可控性

可控性即是否易于为中央银行所控制。通常要求中介指标与所能适用的货币政策工具之间要有密切的、稳定的和统计数量上的联系。

（二）可测性

其含义包括两个方面:一是中央银行能够迅速获取有关中介指标的准确数据;二是可测性的定义并便于观察、分析和监测。

（三）相关性

相关性是指要能达到中介指标与货币政策的最终目标之间要有密切的、稳定的和统计数量上的联系。

（四）抗干扰性

货币政策在实施过程中常会受到许多外来因素或非政策因素的干扰。只有选取那些受干扰程度较低的中介指标，才能通过货币政策工具的操作达到最终目标。

（五）与经济体制、金融体制有较好的适应性

随着经济及金融环境的不同，中央银行为实现既定的货币政策目标而采用的政策工具也不同，选择作为中介指标的金融变量也必然有区别。

根据以上5个条件，尤其是前3个条件所确定的中介指标一般有利率、货币供应量、超额准备金和基础货币等。根据这些指标对货币政策具有反应的先后和作用于最终目标的过程，又可分为两类：一类是近期指标，即中央银行对它的控制力强，但距离货币政策的最终目标较远；另一类是远期指标，即中央银行对它的控制力较弱，但距离货币政策最终目标较近。

（一）利率作为中介指标的优点

第一，可控性强，中央银行可直接控制再贴现率，而通过公开市场业务或再贴现政策，也能调节市场利率的走向。

第二，可测性强，中央银行在任何时候都能观察到市场利率的水平及结构。

第三，相关性强，中央银行能够通过利率影响投资和消费支出，从而调节总供求。

但是利率作为中介指标也有不理想之处，即利率指标往往具有双重性质：一方面，作为经济内生变量，它们的变动会受到社会经济状况的影响；另一方面，作为政策变量，它们的变动又带有政策性因素，这种状况往往会给中央银行的判断带来麻烦，使中央银行分辨不清这种变动是来自社会经济状况的影响，还是政策产生的效果，有时甚至会产生"误诊"。

（二）货币供应量

以货币供应量作为中介指标，首先遇到的困难是确定哪种口径的货币供应量作为中介指标：是现金，是狭义货币供应量，还是广义货币供应量。就可测性、可控性来说，3个指标均可满足，它们随时都分别反映在中央银行和商业银行及其他金融机构的资产负债表上，可以进行测算和分析。现金直接由中央银行发行并注入流通，通过控制基础货币，中央银行也能有效地控制狭义货币供应量和广义货币供应量。问题在于相关性，到底是哪一个指标更能代表当期的社会总需求和购买力，并从而通过对它的调控就可直接影响总供求。现金在现代经济生活中已经起不了这种作用，问题是狭义货币供应量和广义货币供应量的优劣比较，对此有颇不相同的见解。至于就抗干扰性来说，货币供应量的变动作为内生变量是顺循环的，而作为政策变量则应是逆循环的。因此，政策性影响与非政策性影响，一般说来不会互相混淆。

以上两种指标一般视为远期目标。这类中介指标距离货币政策最终目标较近，但中央银行对这些指标的控制力弱于像超额准备金和基础货币这样的短期指标。

（三）超额准备金和基础货币

超额准备金对商业银行的资产业务规模有着直接决定作用。存款准备金、公开市

场业务和再贴现业务等货币政策工具，都是通过影响超额准备金的水平而发挥作用的。但是，作为中介指标，超额准备金往往因其取决于商业银行的意愿和财务状况而不易为货币当局测度和控制。

基础货币是流通中的现金和商业银行的存款准备金的总和，它构成了货币供应量倍数伸缩的基础。不像超额准备金能满足可测性和可控性的要求，数字一目了然，数量也易于调控，不少国家把它视为较理想的近期指标。

三、货币政策的最终目标

货币政策的最终目标包括以下几点：

（一）币值稳定

抑制通货膨胀，避免通货紧缩，保持价格稳定和币值稳定是货币政策的首要目标。通货膨胀特别是严重通货膨胀，将导致严重后果，主要包括：①社会分配不公。一些人的生活水平因此而下降，社会矛盾尖锐化。②借贷风险增加。通货膨胀突然加速时贷出资金的人将遭受额外的损失；通货膨胀突然减速时借入资金的人将遭受额外的损失，正常的借贷关系将遭受破坏。③相对价格体系遭到破坏。价格信号作为市场机制有效配置资源的基础遭到破坏，经济秩序混乱，并最终影响经济的稳定增长。④严重的通货膨胀导致货币的严重贬值，可能导致其货币体系的彻底崩溃。通常，通货膨胀与货币供给的过度扩张紧密相关，抑制通货膨胀，保持价格稳定和币值稳定就成为货币政策的首要目标。

但是，抑制通货膨胀的目标并非通货膨胀率越低越好。价格总水平的绝对下降，即负通胀率，将会带来通货紧缩。通货紧缩将严重地影响了企业和公众的投资和消费预期，制约其有效的投资需求和消费需求的增长，使企业销售下降，存货增加，利润下降，企业倒闭和失业率上升，经济增长停滞甚至严重衰退，陷入经济危机。因此，抑制通货膨胀和避免通货紧缩是保持币值稳定的货币政策目标不可分割的两个方面。

（二）经济增长

经济增长是提高社会生活水平的物质保障，任何国家都要不断地提高其人民的生活水平，必须保持一定速度的经济增长。经济增长也是保护国家安全的必要条件，一个国家的经济实力是决定其在国际经济和政治、军事竞争中的竞争能力的重要因素。因此，加速经济发展对发展中国家尤为重要。一国经济为了有效地竞争并且快速增长，必须有效地利用自己的资源，并为了增加生产潜力而进行投资。低于潜在水平的增长将会导致资源的浪费，高于潜在水平的增长将会导致通货膨胀和资源的破坏。

作为宏观经济目标的增长应是长期稳定的增长。过度追求短期的高速甚至超高速增长可能导致经济比例的严重失调和经济的剧烈波动。货币政策作为国家干预经济的重要手段，保持国民经济的长期稳定增长是其不可推卸的责任。

（三）充分就业

所谓充分就业，是指任何愿意工作并有能力工作的人都可以找到一个有报酬的工作，这是政府宏观经济政策的重要目标。非充分就业，表明存在社会资源特别是劳动力资源的浪费，失业者生活质量下降将会导致社会的不稳定。因此，好多国家都把充分就业作为最重要的宏观经济目标之一。但是，充分就业并不是追求零失业率。由于摩擦性失业、结构性失业、季节性失业和过渡性失业的存在，一定程度的失业在经济正常运行中是不可避免的，这种失业被称为自然失业。由于总需求不足所导致的失业则是应该尽量避免的。因此，充分就业的目标就是要把失业率降低到自然失业率水平。就业水平受经济发展的规模、速度和结构以及经济周期的不同阶段等众多因素的影响。货币政策对国民经济发展的规模、速度、结构以及经济周期变动等方面具有重要影响，特别是在经济衰退、失业严重的时候，实行扩张性的货币政策，对扩大社会总需求、促进经济发展、降低失业率具有重要意义。

（四）国际收支平衡

国际收支既是一国国民经济的一个重要组成部分，反映该国经济结构的性质、经济活动的范围和经济发展的趋势，同时又反映一国对外经济活动的规模和特点以及该国在世界经济中所处的地位和所起的作用。一国的国际收支是一国同其他国家之间在一定时期（通常为一年）全部经济交往的货币价值记录，它通过经常账户、资本账户和黄金账户来反映一国商品、劳务、利息、长短期投资和黄金的流入流出情况。由于黄金通常是作为国际结算的最后手段，因此国际收支平衡主要是指经常账户和资本账户的收支平衡。而这两个账户的平衡与否主要反映在国家外汇和黄金储备数量的是否变动上。一国国际收支如果出现失衡，无论是顺差或逆差，都会对本国经济造成不利影响。国际收支平衡实际上是指一国对其他国家的全部货币收入和货币支出持平或略有顺差、略有逆差。此外，当中央银行讨论货币政策目标时，还会不断地提到金融市场稳定、利率稳定和外汇市场稳定等目标。

货币政策最终目标之间既有统一性，又有矛盾性。其具体关系如下：

（一）充分就业与经济增长的关系

按照奥肯定律，GDP 增长比潜在 GDP 增长每快 2%，失业率下降 1 个百分点；GDP 增长比潜在 GDP 增长每慢 2%，失业率上升 1 个百分点。失业与经济增长之间通常存在负相关关系，因而，充分就业与经济增长之间通常存在正相关关系。但是，由于经济增长可以采取劳动密集型、资本密集型、资源密集型或知识密集型等不同的发展模式，除劳动密集型外，其他几种增长模式都与充分就业有一定的矛盾。

（二）稳定币值与经济增长和充分就业的关系

根据菲利普斯曲线和奥肯定律，通货膨胀与经济增长和就业之间通常存在正相关关系。但过高的通货膨胀将破坏正常的经济秩序，从而迫使经济进行紧缩调整，从而降低经济增长和就业。

（三）稳定币值与国际收支平衡的关系

币值稳定和汇率稳定，有利于国际收支平衡。但为了贸易平衡而对外贬值则可能导致国内通货膨胀加剧。有时为拯救濒临破产的银行而增发货币，可能导致通货膨胀。国际收支平衡有利于金融的稳定。国际收支失衡，如贸易赤字和资本大量外流，将导致货币危机。金融市场的稳定也有利于国际收支的平衡，金融市场动荡将加剧资本外流，加剧国际收支失衡。表 11-1 介绍了西方各主要国家货币政策最终目标的发展变化情况。

表 11-1　　　　　第二次世界大战后西方各国货币政策最终目标选择比较

国别	20 世纪 50~60 年代	20 世纪 70~80 年代	20 世纪 90 年代
美国	以充分就业为主	以稳定货币为主	以反通货膨胀为唯一目标
英国	以充分就业兼顾国际收支平衡为主	以稳定货币为主	以反通货膨胀为唯一目标
加拿大	充分就业，经济增长	以物价稳定为主	以反通货膨胀为唯一目标
德国	以稳定通货，兼顾对外收支平衡为主		
日本	对外收支平衡，物价稳定	物价稳定、对外收支平衡	
意大利	经济增长，充分就业	货币稳定兼顾国际收支平衡	

第二节　货币政策工具

一、货币政策工具概括

货币政策工具是中央银行为了实现货币政策的终极目标而采取的措施和手段。为了实现货币政策的终极目标，中央银行不仅要设置用于观测和跟踪的中介目标，还需要有强有力的货币政策工具。判断一项货币政策工具是否强有力，有以下几个标准：

（一）控制货币供应量的能力

由于货币供应量的增减变动能直接影响总支出，也能影响金融市场资金的松紧，甚至影响利率及资产重估，再间接影响整个经济活动，所以，货币政策工具的优劣主要看对货币供应量的影响力如何。优良的货币政策工具对货币供应量的控制力强，相反则对货币供应量的控制力弱。

当然，不能期望货币政策工具对货币供应量有完全的控制力，因为商业银行和一般大众的活动对货币供应量都或多或少发挥影响，但货币当局所能操作的政策工具具有更大的影响力。

（二）对利率的影响程度

利率也是货币政策的一个中介目标，它是借贷市场上资金的价格，利率水平的变动在一定程度上影响支出意向。所以，货币政策工具的任务之一是影响利率水平，从而影响经济活动。

货币政策工具不仅应当对利率总水平有所影响，还应当影响长短期利率的结构变化，从而影响资金的使用方向。大体上说，提高短期利率，将减少大众持有货币及向银行借款的需求量；提高长期利率，将产生长期投资支出趋减的效果。所以，货币政策工具必须产生对利率结构的影响力。

（三）对商业银行行为的影响

商业银行创造的存款是货币供应量的主要部分，商业银行的经营活动直接影响企业和个人的支出，如果货币政策工具不能强有力地影响商业银行的行为，那么实现货币政策的终极目标就是一句空话。货币政策工具对商业银行行为的影响主要是通过商业银行的准备金变动来实现的，因此，货币政策工具必须能有效地制约准备金的变动。

（四）对大众预期的影响

货币政策对大众预期心理有着十分重要的影响。货币政策工具，经过实施之后，就会立刻产生"告示作用"，从而对企业及大众发生心理影响。而这种心理预期变化，有可能加深货币政策的效果，也有可能抵消货币政策的效果。因此在选择货币政策工具时，必须注意它的反向作用。对大众心理预期影响的方向，如果产生的影响是正方向的，则可视为工具。

（五）伸缩性

货币政策当然要以解决经济问题、实现货币政策目标为任务。但是经济形势是实时变化的，有时货币政策必须随时进行调整，以适应经济形势的变化。因此货币政策工具具备充分的伸缩性，可以根据任何经济形势的新变化而进行调整，当然这是有限制的，如果伸缩性太大，就会引起货币政策多变，使一些的经济部门无所适从。

二、货币政策工具

（一）再贴现政策

再贴现政策也称银行利率政策，是中央银行最先采用的用于控制货币供给量的货币政策工具。该工具是央行通过提高或降低再贴现率，影响商业银行等存款货币机构从央行获得再贴现贷款的能力，进而达到调节货币供应量和利率水平的目的。在中国，中国人民银行通过适时调整再贴现总量及利率，明确再贴现票据选择，达到吞吐基础货币和实施金融宏观调控的目的，同时发挥调整信贷结构的功能。再贴现可采取回购和买断两种方式，最长期限6个月。

自1986年中国人民银行在上海等中心城市开始试办再贴现业务以来，再贴现业务经历了试点、推广到规范发展的过程。再贴现作为中央银行的重要货币政策工具，在完善货币政策传导机制、促进信贷结构调整、引导扩大中小企业融资、推动票据市场发展等方面发挥了重要作用。此外，该政策工具还有中央银行对金融机构的贷款，简称再贷款（包括扶贫再贷款、支农再贷款和信贷资产质押再贷款等）。借鉴国际经验，中国人民银行于2013年年初创设了常备借贷便利（Standing Lending Facility，SLF）。它是中国人民银行正常的流动性供给渠道，主要功能是满足金融机构期限较长的大额流动性需求。其对象主要为政策性银行和全国性商业银行，期限为1~3个月，利率水平根据货币政策调控、引导市场利率的需要等综合确定。常备借贷便利以抵押方式发放，合格抵押品包括高信用评级的债券类资产及优质信贷资产等。2014年9月，中国人民银行又创设了中期借贷便利（Medium-Term Lending Facility，MLF），这是中央银行提供中期基础货币的货币政策工具，对象为符合宏观审慎管理要求的商业银行、政策性银行，可通过招标方式开展。发放方式为质押，并需提供国债、央行票据、政策性金融债、高等级信用债等优质债券作为合格质押品。在美国，美联储给银行的贴现贷款有三种类型：一级信贷、次级信贷和季节性信贷。一级信贷是在货币政策中发挥最重要作用的贴现贷款。健康的银行可以在短期内（通常是一个晚上）通过一级信贷方式借贷任意数量的资金，因此一级信贷也被称为经常性贷款便利，也就是中国的SLF。次级信贷是发放给出现财务困境、遭遇严重流动性困难的银行。次级信贷的利率被定为高于贴现率50个基点（0.5个百分点）。这一利率被设定为一个更高的惩罚利率，以反映这些借款人欠佳的经营状况。季节性信贷用于满足那些位于度假或农业地区、具有季节性特点的少数银行的需求。季节性信贷利率与月度平均的联邦基金利率以及定期存单的利率挂钩。由于信贷市场的不断完善，美联储开始质疑季节性信贷存在的必要性，因此正考虑在将来取消这一工具。

除了使用贴现贷款作为影响存款准备金、基础货币和货币供给工具之外，贴现贷款对于防止金融危机发生也很重要。当联邦储备体系建立起来的时候，其最重要的作用就是充当最后贷款人角色。为防止银行倒闭失去控制，美联储要向银行提供存款准备金，从而阻止发生金融恐慌。贴现贷款是在银行业危机期间向银行体系提供存款准备金的特别有效的方法，因为存款准备金可以立即被注入最需要它的银行。中国人民银行也为帮助发生支付危机的城市商业银行、城市信用合作社和农村信用合作社等金融机构缓解支付压力、恢复信誉，防止出现系统性或区域性金融风险而发放人民币贷款。但中央银行的最后贷款人功能和存款保险一样，会引起严重的道德风险问题。

（二）法定存款准备金政策

根据货币供给基本模型，货币供应量的改变取决于货币乘数与基础货币的调整。而调整法定存款准备金比率直接影响货币乘数，两者之间成反比。以中央银行实施紧缩政策为例，当法定存款准备金比率提高时，一方面，货币乘数变小；另一方面，由于法定存款准备金比率的提高使商业银行等金融机构的应缴法定存款准备金增加，超额准备金则相应减少，从而降低了商业银行创造信用与派生存款的能力，信用规模和货币供应量成倍收缩。根据同样的道理，降低法定存款准备金比率会使信用规模和货币供应量得以成倍扩张。存款准备金政策具有较强的控制货币供给和信贷规模的能力，只要变动比率的半个百分点，都会对超额准备和货币扩张倍数产生很大的影响，而且中央银行操作这一工具极其简便。

存款准备金政策作为一种强有力政策工具具有很强的局限性。主要表现如下：

（1）如果中央银行经常提高法定存款准备率，会导致商业银行和金融机构迅速调整准备金以符合提高的法定限额。因为商业银行一般只保留少量超额准备金，即使法定准备金略有变动，也会使银行的超额准备金大为减少或准备金达不到法定比率的要求，这时商业银行将被迫重新调整其资产项目，从而对商业银行产生很大的强制力，甚至极大地影响到商业银行的利润等。

（2）由于调整法定存款比率产生的效果和影响巨大，使其不具备充分的伸缩性，因此其不能作为一项日常的调节工具，无法供中央银行频繁运用。

三、公开市场操作

公开市场业务（公开市场操作）是最重要的常规性货币政策工具，因为公开市场业务是利率和基础货币变动的主要决定因素，而基础货币又是货币供给波动的主要原因。目前在西方发达国家中，公开市场业务已成为中央银行执行货币政策的主要工具。

（一）公开市场操作的目的与类型

一般情况下，中央银行利用公开市场操作要达到两个目的：一是积极性的调节目的。为达到此目的的操作称为主动型公开市场操作，即主动变动存款准备金和基础货币水平。

二是防御性的中和目的。为达到此目的的操作称为防御型公开市场操作，即被动抵消其他影响存款准备金和基础货币的因素的变动。例如，美联储想抵消财政部在其存款及在途资金的变动等；中国人民银行想抵消太大的外汇顺差对准备金和基础货币的影响。公开市场购买使存款准备金和基础货币增加，进而增加货币供给，降低短期利率。公开市场出售则使存款准备金和基础货币减少，进而减少货币供给，提高短期利率。

（二）公开市场业务的作用

公开市场业务可以调控商业银行等金融机构准备金和货币供应量。当经济出现萧条，金融市场上资金比较匮乏时，中央银行在公开市场买进有价证券，实质是注入一笔基础货币，商业银行在新增超额准备金的同时也增加了放款，其结果必然是信用规模的扩大和货币供应量的增加。反之，当市场货币量过多，中央银行可以出售有价证券以减少商业银行的超额准备金，使商业银行减少或收回贷款，货币供应量也相应减少。公开市场业务可以影响利率水平和利率结构。中央银行通过公开市场业务影响利率水平有两个渠道：当中央银行购入有价证券时，一方面，证券需求增大，从而推动证券价格上升，利率则下降；另一方面，商业银行超额准备增加，货币供给增加，引起利率下降。反之则反是。此外，中央银行在公开市场买卖不同期限的证券，可以直接改变社会公众对不同期限证券的需求额，使利率结构发生变化。

（三）公开市场业务优点

公开市场业务被视为最重要的常规性货币政策工具，因为和其他工具相比，公开市场业务具有以下四个优点：

1. 主动性

公开市场业务由中央银行主动进行，它能够完全控制交易的规模，而贴现贷款操作就不能完全实现这种控制。中央银行可以通过改变贴现率鼓励或限制银行获得贴现贷款，但是不能直接控制贴现贷款的规模。

2. 及时、灵活且精确

中央银行可以根据当时经济形势的需要，及时操作公开市场业务，并可以自主决定其买卖证券的规模，从而能非常精确地控制银行体系的准备金和基础货币，使之达到合理的水平。不论要求存款准备金或基础货币变动幅度多么小，公开市场业务都可以通过购买或出售少量证券来实现。相反，如果存款准备金或基础货币要发生很大的变化，公开市场业务工具也足够强大，能通过大规模购买或者出售证券来实现目标。

3. 可逆性，容易对冲

如果在实施公开市场业务中出现错误，美联储可以立即实施对冲。如果美联储认为联邦基金利率太低是因为进行了大量的公开市场购买，那么就可以立刻实施修正，进行公开市场出售。

4. 快速执行，不会有行政性的延误

当中央银行决定变动基础货币或存款准备金时它只要向证券交易商下达指令，这一交易就立刻被执行。但公开市场业务的随时发生和持续不断，使其告示效果较弱，而再贴现政策与存款准备金政策则具有明确的政策导向和告示效果；各种市场因素的存在及各种民间债券的增减变动，也会减轻或抵消公开市场业务的影响力。

四、其他货币政策工具

（一）直接信用控制

直接信用控制是指中央银行从质和量两个方面以行政命令或其他方式对金融机构尤其是商业银行的信用活动进行直接控制。其手段包括利率最高限额、信用配额、流动性比率管理和直接干预等。

1. 利率控制

规定存贷款利率或最高限额是最常用的直接信用管制工具。例如，1980 年以前，美国的 Q 条例和 M 条例，规定活期存款不准付息，定期存款及储养存款不得超过最高利率限额等。其目的在于防止商业银行用提高利率的办法在吸收存款方面进行过度竞争，以及为牟取高利进行风险存贷活动。

我国在计划经济时期执行严格的利率管制。随着金融改革的逐步深化，中央银行对利率的管制逐步放松，但目前仍然实行计划为主的利率管理体制。我国的利率有 3 个层次：第一层次为中央银行基准利率，即中国人民银行对金融机构的存贷款利率（包括准备金存款利率、对金融机构贷款利率、再贴现利率等）；第二层次为金融机构法定存款和贷款利率（包括储蓄存款利率、企事业单位存款利率、大额可转让定期存款利率、各种贷款利率等）；第三层次为金融市场利率，主要为银行间拆借市场利率。由于实行以计划利率为主的管理体制，中央银行在制定基准利率的同时，也规定金融机构的存贷款利率及浮动幅度。金融市场利率则由市场决定，但也受到计划利率的影响。中央银行通过对计划利率的控制，基本控制了整个社会的资金利率水平，通过对计划利率的调整，即可实现对社会资金供求和社会经济活动的调节。我国中央银行从 20 世纪 80 年代中期开始运用利率调整来调节经济，20 世纪 90 年代后更加注重利率工具的应用，在实施适度从紧的货币政策，抑制通货膨胀和保持经济的稳定增长方面发挥了积极作用。

以计划为主的利率管理体制虽然使中央银行对利率的控制较为直接和迅速，但它也存在许多弊端，突出的就是，利率随资金供求变化自动调整的作用得不到正常的发挥，计划利率很难准确地反映资金市场的供求状况。随着我国金融体制改革的逐步深化和金融市场的逐步发育和完善，利率市场化将是一种必然趋势。

2. 信用配额管理

信用配额管理就是中央银行根据金融市场的供求状况和经济发展的需要，分别对各个商业银行的信用规模加以分配和控制，从而实现其对整个信用规模的控制。信用配额管理是种计划控制手段，在资金供给相对紧张的大多数发展中国家相当广泛地被采用。它也是我国计划经济时期和从计划经济向市场经济转轨初期主要的信用控制手段。但是，随着社会经济从计划经济向市场经济的逐步转变，金融市场的逐步发展，金融工具的逐步增加，信用规模控制的作用已大大降低。1998 年 1 月 1 日，中国人民银行取消对国有商业银行的贷款规模限额控制，只对国有商业银行按年（季）下达贷款增量的指导性计划，实行"计划指导、自求平衡、比例管理、间接调控"的信贷资金管理体制。中央银行对货币供给总量的控制转变为通过对基础货币的调控来实现。

3. 流动性比率管理和直接干预

规定商业银行的流动性比率，也是限制信用扩张的直接管制措施之一。流动性比率是指流动资产与存款的比率。规定的流动比率越高，商业银行能够发放的贷款特别是长期贷款的数量就越少，因而可以起到限制信用扩张的作用。此外，提高流动性比率还具有降低商业银行经营风险的作用。由于流动性与盈利性的矛盾，过高的流动性比率也不利于商业银行的经营。

直接干预则是指中央银行直接对商业银行的信贷业务、放款范围等加以干预。例如，对业务经营不当的商业银行拒绝再贴现或采取高于一般利率的惩罚性利率，直接干预商业银行对存款的吸收等。

（二）间接信用指导

中央银行还可通过道义劝告和窗口指导的方式对信用变动方向和重点实施间接指导。

道义劝告是指中央银行利用其声望和地位、对商业银行和其他金融机构经常发出通告、指示或与各金融机构的负责人进行面谈，交流信息，解释政策意图，使商业银行和其他金融机构自动采取相应措施来贯彻中央银行的政策。这个方法不仅在西方国家采用，在我国也较多地被采用，如各种工作会议。这对于各金融机构正确地理解中央银行的货币政策意图，正确地贯彻和实施货币政策都具有积极的意义。

窗口指导则是中央银行根据产业行情、物价趋势和金融市场动向，规定商业银行的贷款重点投向和贷款变动数量等。这些规定虽然没有法律强制力，但其作用有时也很大。我国在取消贷款规模控制以后，更加注重窗口指导的作用，在1998年国家就颁发了产业投资指导政策，以指导商业银行的贷款方向。此外，还定期（按年和季）对国有商业银行下达贷款增量的指导性计划，引导其贷款规模控制。

间接信用指导的优点是较为灵活，但其发挥作用的大小取决于中央银行在金融体系中是否具有较强的地位、较高的威望和控制信用的足够的法律权力和手段。我国在从计划经济向社会主义市场经济转轨过程中，宏观调控方式逐步以直接控制手段为主向以间接调控手段为主转变，道义劝告和窗口指导具有重要作用。

第三节　货币政策的传导机制

一、货币政策传导机制的一般模式

货币政策传导机制是中央银行运用货币政策工具影响中介指标，进而最终实现既定政策目标的传导途径与作用机理。

货币政策传导途径般有3个基本环节，其顺序是：①从中央银行到商业银行等金融机构和金融市场。中央银行的货币政策工具操作，首先影响的是商业银行等金融机构的准备金、融资成本、信用能力和行为，以及金融市场上货币供给与需求的状况。②从商业银行等金融机构和金融市场到企业、居民等非金融部门的各类经济行为主体。商业银行等金融机构根据中央银行的政策操作调整自己的行为，从而对各类经济行为主体的消费、储蓄、投资等经济活动产生影响。③从非金融部门经济行为主体到社会各经济变量，包括总支出量、总产出量、物价、就业等。

金融市场在整个货币的传导过程中发挥着极其重要的作用。首先，中央银行主要通过市场实施货币政策工具，商业银行等金融机构通过市场了解中央银行货币政策的调控意向；其次，企业、居民等非金融部门经济行为主体通过市场利率的变化，接受金融机构对资金供应的调节进而影响投资与消费行为；最后，社会各经济变量也通过市场反馈信息，影响中央银行、各金融机构的行为。

有些基本的东西可以被视为公认的：①货币数量增加后，对金融市场上的利率会产生影响，同时对股票价格或债券价格也会产生影响；②正是由于利率或股票价格、债券价格的变化。企业家的投资热情和个人的消费欲望以及现实支出就会改变；③当投资和消费发生变化后，国民生产总值自然会发生相应的变化。

二、货币政策时滞

货币政策能否取得预期的效果，固然与中央银行决策的正确与否、与作为政策传导体的商业银行对中央银行政策的配合程度等有关，但也往往受制于货币政策自身传导机制是否顺畅，这就是通常所说的货币政策的作用时滞问题。有些西方学者认为不宜采用货币政策作为维持经济增长的主要政策的一个重要理由，是货币政策效果的滞后。货币政策的滞后效应，就是指从需要制定货币政策，到这一政策最终发生作用，其中每一个环节都需要占用一定的时间，常被称为货币政策的作用时滞。就总体过程而言，货币政策时滞可分为内部时滞和外部时滞。

（一）内部时滞

内部时滞是指作为货币政策操作主体的中央银行从制定政策到采取行动所需要的时间。当经济形势发生变化，中央银行认识到应当调整货币政策到着手制定政策再到实施政策，每一步都需要耗费一定的时间。内部时滞又可以细分为认识时滞和决策时滞两段。

1. 认识时滞

认识时滞是指有实行某种政策的需要，到货币当局认识到存在这种需要所需耗费的时间。比如，通货膨胀已经开始，客观上需要实行紧缩银根的政策。但中央银行要认识到有实行这种政策的必要，需要一定的观察、分析和判断的时间；这段时滞之所以存在，主要有两个原因：一是搜集各种信息资料需要耗费定的时间；二是对各种复杂的社会经济现象进行综合性分析，做出客观地、符合实际地判断也需要耗费一定的时间。

2. 决策时滞

决策时滞是制定货币政策的时滞，即从认识到需要改变货币政策，到提出一种新的政策所需耗费的时间。中央银行一旦认识到客观经济过程需要实行某种政策，就要着手拟定政策实施方案，并按规定程序报批，然后才能公布、实施。这段时滞之所以存在，是因为中央银行根据经济形势研究对策，拟订方案，并对所提方案做可行性论证，最后审定批准，整个制定过程的每一个步都需要耗费一定的时间。这部分时滞的长短，取决于中央银行对作为决策依据的各种信息资料的占有程度和对经济形势的分析、判断能力。决策时滞的长短体现着中央银行决策水平的高低和对金融调控能力的强弱。

（二）外部时滞

外部时滞是指从中央银行采取行动到采用的货币政策工具对经济活动发生作用所耗费的时间，这也是作为货币政策调控对象的金融部门及企业部门对中央银行实施货币政策的反应过程。当中央银行开始实施新政策后会有如下过程：金融部对新政策的认识，金融部门对政策措施所做的反应；企业部门对金融形势变化的认识企业部门的决策；新政策发生作用等，其中每步需要耗费一定的时间。外部时滞也可以细分为操作时滞和市场时滞两段。

1. 操作时滞

操作时滞是指从调整货币政策工具到其对中介指标发生作用所需的时间。银行一旦调整政策工具的操作方向或力度，就会通过操作变量的反应，传导到中介变量。这段时滞之所以存在，是因为在实施货币政策的过程中，无论使用何种政策工具，都要通过操作变量的变动来影响中介变量而产生效果。而政策是否能够生效，主要取决于商业银行及其他金融机构对中央银行政策的态度、对政策工具的反应能力以及金融市场对央行政策的敏感程度。

2. 市场时滞

市场时滞是指从中介变量发生反应到其对目标变量产生作用所需的时间。货币政策要通过利息率的变动，经由投资的利率弹性产生效应，或者通过货币供应量的变动，经由消费的收入弹性产生效应。不仅企业部门对利率的变动、私人部门对货币收入的变动做出反应有一个滞后过程，投资或消费的实现也有一个滞后过程。各种政策工具对中介变量的作用力度大小不等，社会经济过程对中央银行的宏观金融调控措施的反应也是具有弹性的。因此，中介变量的变动是否能够对目标变量发生作用，还取决于调控对象的反应程度。

外部时滞的长短，主要取决于政策的操作力度和金融部门、企业部门对政策工具的弹性大小。外部时滞较为客观，不像内部时滞那样由中央银行掌握，它是由社会经济结构与产业结构、金融部门和企业部门的行为等多种因素综合决定的复杂变量。因此，中央银行对外部时滞很难进行实质性的控制。

第四节　货币政策的效应

一、货币政策的效果检验

考核政策实施效果是制定货币政策的一项重要的研究工作。在实际工作中，常使用一些标志来进行分析、判断。这类标志就是用来表明经济现象某种特征的数量指标，其具有两方面的含义：第一，必须是宏观经济运行状况的自身特征，是国民经济是否恢复或保持均衡的基本表现形式；第二，必须是可以计量的因素，通过不同数据的对比分析，可以反映出宏观经济运行过程是否保持均衡或不均衡的程度。以中央银行为主体，按内部效应和外部效应划分，货币政策的效果检验指标可分为外部效应指标和内部效应指标两类。

（一）外部效应指标

1. 反映总体社会经济状况的指标

货币政策主要为解决经济增长、就业和国际收支等宏观经济问题服务。因此，利用一组国民经济发展比例和效益指标，可以考核货币政策对解决宏观经济问题、实现预期经济目标的效果。具体使用的指标主要有 3 个：①国内生产总值（GDP）指数和国民生产总值（GNP）指数。这两个按不变价格编制的总量指数反映了一国在一定时期内的经济增长状况。②失业率。失业率在一定程度上可以反映经济增长的潜力。③国际收支状况。它反映一定时期内的对外经济关系和对外经济依存程度。

2. 反映通货膨胀程度的指标

在不兑现的信用货币制度下，物价水平波动的主要原因在于货币供给过多。过多投放货币，必然引起物价上涨。因此，利用物价水平指标，可以直接考核通货膨胀程度。具体使用的指标主要有居民消费价格指数、商品零售价格指数、农业生产资料价格指数、农产品生产价格指数、工业生产者出厂价格指数、工业生产者购进价格指数、固定资产投资价格指数、国民生产总值平减指数等。

（二）内部效应指标

1. 反映货币供给数量及结构变化的指标

货币政策操作变量的调整是否有效，取决于中介变量，主要是货币供应量是否发生相对应的变化。反映货币供给数量及结构变化的指标主要有两个。①货币供应量增长率。货币供应量增长率指标是反映在一定时期内货币供应量增量变动情况的相对数指标，包含 M0、M1 和 M2 三个层次。通过不同时期的货币供应量增长率的比较分析，可考核货币政策操作变量对中介变量的实施效果。②货币供应量结构比率。这主要是指 M0 占 M1 的比重和 M1 占 M2 的比重。M0 和 M1 体现现实的社会购买力，M2 还包括了一部分储蓄性质的潜在的或未来的社会购买力。很明显，有效需求过度问题在于现实社会购买力过剩，主要与 M1 的增长率过高有关。

2. 反映币值情况的指标

货币供给的数量变化，总是会体现在货币的币值。如果货币供给过度，引起物价上涨，单位货币所能购买的商品或劳务减少。因此货币的币值能够通过商品的物价水平变动情况反映出来。反映货币币值变动的指标主要是货币购买力指数。在不兑现的信用货币制度下，货币的币值主要是指每单位货币能够在一定的价格水平下买到包含多少价值量的商品或劳务，即通常所说的货币购买力。货币购买力指数是反映不同时期同货币购买商品、支付劳务费用等能力的相对数指标，也就是指单位货币的币值。它一般用物价指数的例数来衡量：货币购买力指数＝物价指数。

二、改革开放以来我国的货币政策实践

在传统的计划经济体制下，事实上只有信贷管理、现金管理政策等概念，货币政策作为一个完整的政策概念，是经济体制改革以来，实行社会主义市场经济，借鉴西方国家的货币信贷管理经验而形成的。

中国的货币政策作为个完整的概念，从一般意义上讲，与西方经济学中货币政策概念一样，由操作工具、操作指标、中介目标和最终目标4个基本要素构成。货币政策对中国宏观经济运行发生作用，是通过这4个要素的逐级传递关系来实现的。

（一）货币政策的宏观经济目标

中国现行的货币政策可以概括为保持货币币值的稳定，并以此促进经济增长。通货稳定是经济发展的前提条件，如果货币投放过多，导致出现严重通货膨胀，市场物价就难以控制，人民生活就难以安定，国民经济就难以稳定增长。同时，经济发展又为稳定通货提供了物质基础。稳定货币不是消极的方针，而是积极的方针，只有通过积极支持生产建设的合理资金需要，增加市场适销对路商品的供给，货币稳定才有可靠的物质基础。

（二）货币政策的中介目标和操作目标

货币政策的中介目标与操作目标分别是信贷规模限额和现金发行量。1984年以后，中央银行对金融机构的贷款被纳入操作目标，并且地位逐渐上升。1993年，《国务院关于金融体制改革的决定》规定中介目标和操作目标为货币供应量、信用总量、同业拆借利率和银行各付金率。1994年第三季度，中国人民银行开始向社会按季度公布货币供应量。1995年中国人民银行开始把M1、M2作为中介目标。1996年，中国人民银行正式将M1和M2作为货币政策的中介目标的组成部分。

（三）关于货币政策工具

长期以来，信贷计划现金计划一直是我国货币政策的基本工具，但自改革开放，尤其是1984年以来，法定存贷款利率、基准利率、法定存款准备金率、存款备付金率、再贷款、再贴现、特种存款、公开市场操作也先后成为货币政策工具并且发挥着越来越重要的作用。1995年《中华人民共和国中国人民银行法》规定货币政策工具为法定存款准备金及其比率、基准利率、再贷款、再贴现率、公开市场操作和国务院确定的其他货币政策工具。1998年，中央银行的货币调控方式向市场化又迈出了关键的一步，从这年开始，中央银行取消对商业银行的信贷规模控制，商业银行实行资产负债管理。

结合中国的货币政策实践，我们可以看到，如果与成熟的市场国家和发达国家相比，中国的货币政策有着自己独特的特点：

第一，中国的货币政策采用多目标制。《中华人民共和国中国人民银行法》规定，货币政策的目标是稳定人民币币值，并以此促进经济增长。经济增长目标间接对应着就业目标以及国际收支目标。目标主要是基于以下两个方面的考虑：一方面，中国经济正处于转轨过程中，一些资源类商品、服务要素的生产价格正在进一步市场化；另一方面，中国作为低收入的发展中国家，改革和发展是国家的一个重要目标。因此，中国的货币政策目标既要关注通货膨胀，又要考虑经济增长、国际收支平衡、就业等重要问题。

第二，货币政策操作中综合、灵活地运用一些数量型和价格型的货币政策工具，并不是单一的货币政策工具。在货币政策操作过程中中国的货币政策较好地掌握了数量型和价格型货币政策工具的混合使用和有效使用。中国在货币政策操作中除了重视货币供应量等数量型货币政策工具外，也非常重视价格工具的使用，利率、汇率、金融市场、金融微观组织结构都处于不断改进的过程中，价格弹性也由低向高演进。

第三，中国在货币政策实施过程中把改革放在优先的地位。可以说中国货币政策目标的实现，如币值的稳定或者实现促进经济增长的目标在很大程度上和中国经济的转轨及改革开放的进度有关系。如果金融危机处于危机的状况，币值不可能稳定；如果传导机制不畅，很难有效依赖那些理论上很诱人的货币政策。从中央银行的角度，货币政策的实施有赖于一个有效运作的经济金融体系，因此中国政府把推动中国金融体制改革、建立现代金融制度等改革放在优先的位置来考虑。只有一个持续稳定的经济体系、完善的金融体制和现代金融制度，才能从根本上防范未来金融危机的冲击，这点与成熟的市场经济国家的情况也有所不同。

综上所述，随着社会主义市场经济体制的确立，我国中央银行的宏观调控已逐渐从直接的、主要依靠行政措施的方式向间接的、主要运用经济手段的方式转变。但是由于各种影响货币政策因素的存在，中国货币政策的效果并不理想，货币政策作用及其作用机制与西方国家不完全一样。我国的特殊情况决定了不能照搬西方国家的做法，只有立足于中国现实，认识中国货币政策构成要素的实际内容及各要素之间的特殊作用机制，才能充分发挥货币政策对宏观经济运行的调节作用，提高货币政策的有效性。

习题

概念解释：

　货币政策　货币政策工具

思考题：

（1）货币政策的特征有哪些？

（2）公开市场业务的优点有哪些？

（3）简述货币政策传导途径的基本环节。

参考文献

[1] 弗兰克·J. 法博兹. 债券市场: 分析和策略 [M]. 5版. 北京: 北京大学出版社, 2007.

[2] 弗雷德里克·米什金, 斯坦利·埃金斯. 金融市场与金融机构 [M]. 王青松, 等译. 北京: 北京大学出版社, 2006.

[3] 弗雷德里克·米什金. 货币金融学 [M]. 郑艳文, 译. 2版. 北京: 中国人民大学出版社, 2006.

[4] 科特·C. 巴特勒. 国际金融 [M]. 张成思, 译. 3版. 大连: 东北财经大学出版社, 2008.

[5] 曹凤岐. 中国商业银行改革与创新 [M]. 北京: 中国金融出版社, 2006.

[6] 陈信华, 叶龙森. 金融衍生品: 天使抑或恶魔 [M]. 上海: 上海财经大学出版社, 2007.

[7] 孙健, 赵昕. 货币金融学 [M]. 青岛: 中国海洋大学出版社, 2000.

[8] 胡庆康. 现代货币银行学教程 [M]. 上海: 复旦大学出版社, 2007.

[9] 窦祥胜. 国际金融学教程 [M]. 北京: 经济科学出版社, 2007.

[10] 贺显南, 王园林. 中外投资银行比较 [M]. 广州: 中山大学出版社, 2004.

[11] 胡海峰, 李雯. 投资银行学教程 [M]. 北京: 中国人民大学出版社, 2005.

[12] 黄达. 货币银行学 [M]. 成都: 四川人民出版社, 2013.

[13] 黄达. 金融学 [M]. 北京: 中国人民大学出版社, 2014.

[14] 霍文文. 金融市场学教程 [M]. 上海: 复旦大学出版社, 2015.

[15] 姜波克. 国际金融 [M]. 4版. 上海: 复旦大学出版社, 2008.

[16] 李曜. 证券投资基金学 [M]. 2版. 北京: 清华大学出版社, 2005.

[17] 马庆泉. 中国证券史: 1978—1998 [M]. 北京: 中信出版社, 2003.

[18] 潘淑娟. 货币银行学 [M]. 北京: 中国财政经济出版社, 2008.

[19] 邱晓华. 中国经济新思考 (2007—2008) [M]. 北京: 中国财政经济出版社, 2008.

[20] 任碧云. 货币银行学 [M]. 北京: 中国财政经济出版社, 2007.

[21] 任映国, 徐洪才. 投资银行学 [M]. 北京: 经济科学出版社, 2005.

[22] 史福厚. 金融监管导论 [M]. 北京: 中国商务出版社, 2004.

[23] 宋鸿兵. 货币战争 [M]. 北京: 中信出版社, 2016.

[24] 王广谦. 中国经济改革30年: 金融改革卷/1978-2008 [M]. 重庆: 重庆大学出版社, 2008.

［25］吴晓求. 中国资本市场：全球视野与跨越式发展 ［M］. 北京：中国人民大学出版社，2008.

［26］殷孟波，曹廷贵. 货币金融学 ［M］. 成都：西南财经大学出版社，2016.

［27］俞乔. 金融衍生产品——衍生金融工具理论与应用 ［M］. 北京：清华大学出版社，2007.

［28］张维. 金融市场学 ［M］. 北京：首都经济贸易大学出版社，2004.

［29］张亦春. 现代金融市场学 ［M］. 2 版. 北京：中国金融出版社，2007.

［30］朱新蓉. 商业银行经营管理 ［M］. 北京：中国金融出版社，2013.